U0032761

秦漢時代的簡牘
畫像與文化流播

今塵集

邢義田 ——— 著

卷二：秦至晉代的簡牘文書

目次

秦漢基層吏員的精神素養與教育：

卷二　秦至晉代的簡牘文書

卷三　簡牘、畫像與傳世文獻互證

秦至晉代的簡牘文書

漢代簡牘公文書的正本、副本、草稿和簽署問題

> 「漢所以能制九州者，文書之力也。」
>
> 《論衡・別通》

　　秦漢公文書的文書格式、起草、定稿、抄寫、簽署、副署、封印、存檔、查核、保密、傳送以及正、副本或草稿性質等等問題，受到不少中外學者關注。過去十餘年，我曾作了少許分析，但總覺得還有太多的地方難以捉摸。近年來新材料不斷出土，舊材料也時有較好的圖版刊布，使我們有機會作進一步的探討。本文打算談談其中較令人困擾的正本、副本、草稿和簽署問題。

　　這是一個目前還無法全面解決，卻不能不面對的基本問題。敦煌和居延出土簡牘成千上萬，它們原本絕大部分是漢代邊塞行政裡的公文書和簿籍。就行政作業而言，它們不是正本、底本、副本就是草稿。不適度掌握正、副本和草稿等的特徵以及它們在行政流程中所居的位置，即不易重建當時行政作業的面貌，也就難以深一層認識秦漢官僚行政最基本和最日常的一面。

　　自王國維開始，早期的研究者已注意到簡牘形制和檢署之制。王國維的《簡牘檢署考》允為開山之作。其後勞榦、陳夢家諸氏續

有考察，[1]唯較少措意於簿籍文書的作業程序以及文書正副本或草稿這一類的問題。日本的森鹿三、藤枝晃和永田英正教授大概是最早主張從「古文書學」（diplomatic）的角度去整理和分析居延漢簡原本文書性質的學者。他們加上曾參加森教授研究班的魯惟一（Michael Loewe）、大庭脩以及後來從永田學習的角谷常子等致力於研究漢簡公文書的構成和收發，成為簡牘文書學研究的先驅。1967年魯惟一首先指出公文副本（duplicate copy）的存在。[2]1981年藤枝晃指出以草書所寫的應是草稿。[3]永田英正受其啟發，在分析破城子、地灣和博羅松治出土的送達文書格式後，曾總結性地說既有簿籍送達文書的正式文書，「也就會有其抄本，又有不得不視為正式文書的副本或草稿的東西。」[4]這等於宣告上述遺址，在他看來存在著行政作業上屬於不同性質的簿籍和文書。永田覺得判別公文書的性質，有時很難把握，但限於當時的材料，他基本上接受了藤枝晃的看法，將某些簡牘文書視為底本或草稿。[5]大庭脩則相當全面地

1　參王國維原著，胡平生、馬月華校注，《簡牘檢署考校注》（上海：上海古籍出版社，2004）。其後勞榦和陳夢家等於簡牘之制續有考察，參勞榦，《居延漢簡考釋—考證之部》（李莊：中央研究院，1944）、《居延漢簡：考釋之部》（臺北：中央研究院，1960）、陳夢家，《漢簡綴述》（北京：中華書局，1980）。

2　Michael Loewe, *Records of Han Administration*, reprinted in 2002 by Routledge Curzon, p.32；于振波、車今花中譯本，《漢代行政記錄》（桂林：廣西師範大學出版社，2005），頁38。

3　藤枝晃，〈居延の草書簡〉，《第三回木簡學會研究報告》（1981）。此文未能得見，轉見永田英正，《居延漢簡の研究》，頁333及注3引述。經請教永田教授，其文所引是藤枝在會上的口頭報告，並非論文。（2010.1.10永田電子郵件）

4　永田英正，《居延漢簡の研究》，頁349：「本文書の寫しもあり、また本文書の控えもしくは下書きとみなさなければならないものも存在する」。

5　永田英正在《居延漢簡の研究》頁333分析各種簿籍格式，討論到居延舊簡永元

考察過漢簡文書裡官吏的署名和副署，並指出正式文書應由發出文書的首長親自簽署。[6]他的看法代表一種對正式文書或文書正本特徵的重要認識。

　　大庭提出此說，主要是他注意到若干簡牘文書在抄寫時，於日期和應由首長簽署之處留空，也有日期和簽名出現不同筆跡的情形。他認為正式發出的文書是由負責的長官親自簽署，由屬吏副署，又文書須填上日期後才生效。至於文書副本的特徵，他指出：

> 文書本身與署名筆跡一致，意味著全文均由書記官書寫，可以認為是文書副本。[7]

他關注的焦點在上級長官的簽署和下級官員的副署，由此推想出正、副本的關鍵性差異。正本經首長親署，副本則不論文書本身和簽署全由書吏代勞。從正、副本的差異，他進而以甲渠候官為例，指出正、副本文書和遺址性質的關係：

器物簿（128.1）時，曾指出「公文書でこのように草書體を用いるというのは控えか下書きだという見解があり、この冊書全體の性格が十分に把握できないという問題を殘している。」中譯參張學鋒譯，《居延漢簡研究》（上）（桂林：廣西師範大學出版社，2007），頁 261：「在公文書中使用草書體，有一種意見認為這應該是文書的存根（按：或宜譯為副本、底本）或草稿之類的東西，因此，我們就很難把握這件冊書的性格，留下了一些尚待解決的問題。」。永田在同一文中，基本上採用了藤枝晃的意見，將其他草書寫的文書視為底本或草稿。參所著，頁 346-350，中譯本，頁 272-275。

6　大庭脩，〈文書簡の署名と副署試論〉，《漢簡研究》（東京：同朋舍，1992），頁 247-270；徐世虹中譯本，《漢簡研究》（桂林：廣西師範大學出版社，2001），頁 205-221。李均明、劉軍和汪桂海等學者也有相關研究，請參李均明、劉軍，《簡牘文書學》；汪桂海，《漢代官文書制度》（桂林：廣西教育出版社，1999）；李均明，《秦漢簡牘文書分類輯解》。

7　大庭脩，《漢簡研究》，頁 250；據徐世虹中譯頁 207，稍有更動。中譯「文書副本」一詞，日文原作「控え文書」，「草稿」作「下書き原稿」。

甲渠候的發文若是在甲渠候官發現，則有必要考慮這些是文書副本或草稿，而非正式向對方發出的文書。因此在原甲渠候官的遺址中發現甲渠候的正式發文，恐怕是困難的。[8]

如果我理解無誤，大庭這麼說應是假設由甲渠候官發出的正式文書或正本，應在甲渠候官以外的遺址出土，而甲渠候官出土的多半應是留下的副本或草稿，因而他認為恐怕不容易在甲渠候官遺址發現發文的正本。

1996 年角谷常子考察居延新出土的寇恩爰書冊的書寫形式，覺察到公文書副本有可能用「札」書寫，而正本則使用「兩行」。[9]所謂的「札」是指寬 1 公分，長 22.5-23 公分，單行書寫的簡，所謂的「兩行」是指同長度，寬 2 公分，書寫兩行字的簡。她全面考察居延新舊簡之後，2003 年進一步確認簡的形制和文書的性質應該有關。此外，她又討論了公文製作的程序、正副本之間以及草稿和副本之間的關係，指出草稿使用兩行，也使用札，但用札的情況較多，端視文書是否需要修訂。如此，我們對文書的性質和作業程序的認識又大大推前了一步。[10]

魯惟一、藤枝晃、永田英正、大庭脩和角谷常子以上的看法，對認識漢代簡牘文書的性質和公文行政程序貢獻很大。近年中國學者也開始重視正副本等問題，除了下文將提到的李均明、劉軍、汪桂海等先生，去年又有初世賓、呂靜和鄔文玲加入了討論。[11]小文是

8　大庭脩，《漢簡研究》，頁 250；中譯本，頁 207。
9　角谷常子，〈秦漢時代の簡牘研究〉，《東洋史研究》，55:1（1996），頁 211-224。
10　角谷常子，〈簡牘の形狀における意味〉，收入冨谷至編，《邊境出土木簡の研究》（京都：朋友書店，2003），頁 89-118。
11　最新的討論可參初世賓，〈懸泉漢簡拾遺（二）〉，《出土文獻研究》，第九輯（北

　今塵集：秦漢時代的簡牘、畫像與文化流播
　　　　——卷二　秦至晉代的簡牘文書

在前賢研究的基礎上，針對漢代邊塞出土公文書的製作、發送和署簽問題提出一些初步的觀察。這裡要先稱明：以下在一般行文中所說的正、副本是據今天一般的概念和習語，也就是以送出的為正本，留底的為副本，這和漢代用法有異；如提及漢代所謂的正、副本，將會特別說明，以免混亂。

一 正本文書基本上由屬吏代為署名

首先，關於簽署。在行政文書使用紙張的時代，例如唐朝，不論傳世文獻或出土的文書實物都可以證明，單位長官和幕僚確實需要在文件上署名或副署。[12]在使用簡牘的時代，是否也是如此？如果有，如何簽署？是在什麼性質的文書上簽署？簽署有無一定的規

京：中華書局，2010），頁 184-187；呂靜，〈秦代行政文書管理形態之考察──以里耶秦牘性質的討論為中心〉，武漢大學簡帛研究中心，《簡帛網》（2010.2.21 檢索）；鄔文玲，〈簡牘中的《真》字與《算》字──兼論簡牘文書分類〉，收入香港中文大學主辦，《簡牘與戰國秦漢歷史：中國簡帛學國際論壇（2016）》會議手冊，頁 59-84；又見《簡帛》，第十五輯（上海：上海古籍出版社，2017），頁 151-170。

12 參中村裕一，《唐代公文書研究》（東京：汲古書院，1996）。中、日文獻和敦煌出土的殘「式」雖然列有許多不同文件署名的格式，但沒提是否必須親署。由可考的各式唐代文書實物看，官員除了花押，似乎並不親自署名於正本文件而是在文件底案上（參以下注 19 引《唐律疏議》）。中村裕一沒有討論親署問題，其他學者也缺乏較明確的討論。例如吳麗娛曾指出魏晉南北朝「諸種文書的簽名畫押、年月日、用語等都有各自固定的格式，某些看得出已是唐朝表狀箋啟的前身。」她提到簽名畫押有格式，但沒說是否親署。參吳麗娛著，《唐禮摭遺：中古書儀研究》（北京：商務印書館，2002），頁 75。

範？這些問題，現在因為有了出土的新材料，已可能進一步討論。

第一，漢代文件題署和簽署應是依據「式」的規範。在已刊布的敦煌懸泉簡中有如下兩條：

1. 皇帝陛下。始昌以私印行丞事，上政言變事書，**署不如式**，有言而誤

2. 六十 公車令奉親劾南廣守長堂琅、右尉平第上女子徐意言變事書一封，平第不為意，稱妾而為稱臣，有言而誤[13]

這兩支簡所屬的簡冊明顯應還有前後文。因為懸泉簡至今尚未完全刊布，是否存在相關的同冊之簡，不可知；目前只知簡 1 應和代行丞事的始昌轉呈一位名為政的人上變事書，其變事書發生了「署不如式，有言而誤」的情況有關。從簡 2 看來，所謂「有言而誤」，似乎是指女子徐意上書應稱「妾」，南廣縣的右尉在抄呈時，將她的身分誤寫為「臣」。那麼什麼是「署不如式」呢？從這兩簡看不出來。

---

13 馬建華編，《河西漢簡》（重慶：重慶出版社，2003），頁 49，或西林昭一編，《簡牘名蹟選》7（東京：二玄社，2009），頁 5。此二簡編號尚未正式公布，字跡清晰。「政」字原釋為「歐」，誤，今改釋。政應為人名，始昌代行丞職，上報政的言變事書，其書之署不合格式，所言也有錯誤。關於什麼是式，請參拙文，〈從簡牘看漢代的行政文書範本──「式」〉，《嚴耕望先生紀念論文集》（臺北：稻鄉出版社，1998），頁 387-404。

圖 1　懸泉簡
局部

圖 2　尚德街簡
212 正面局部

「署不如式」的「署」意義廣泛，此處當指用語、題署或簽署，[14]其形式須「如式」；如不符合格式要求，會遭糾舉或懲罰（圖1）。近年新刊布的長沙尚德街東漢簡即有「上書言變事，**不如式為不敬**」（圖2）的話，不敬乃可至國除爵廢的重罪。[15]可見文書的格式、用語和題署等等是否「如式」是如何重要。漢代官吏應如何題署封檢，如何在文書上簽署職銜、爵、里和姓名等等，應都曾有格式上明文的規定。值得注意的是和簽署發生類似作用的印璽，其書體在秦漢也是八或六體中的一體，被稱為「摹印」或「繆篆」。張家山《二年律令・史律》簡已經證實漢初和秦代確有所謂的八體，如此作為八體之一的「署書」有可能也源於秦，其內涵還不清楚，但應和所謂的「署」有關，也就是說署很可能也有自成一格的書體，有待進一步的研究。[16]

其次，我原本贊同正式文書或文書正本須由長官親自簽署這一

14　署字在出土文獻中使用十分廣泛，意義多種多樣，較新較全面的討論可參陳偉主編和執筆的〈《檢》與《署》〉，《秦簡牘整理與研究》（北京：經濟科學出版社，2017），頁 12-18 或陳偉，《秦簡牘校讀及所見制度考察》（武漢：武漢大學出版社，2017），頁 48-58。本文所涉較窄，僅論簽署和題署方面的問題。

15　參長沙市文物考古研究所編，《長沙尚德街東漢簡牘》。例如不奉詔即屬不敬，罪可至國除爵廢，水間大輔認為不敬的法定刑為棄市，其例頗多。詳參水間大輔，〈長沙尚德街出土法律木牘雜考〉，收入武漢大學簡帛研究中心編，《簡帛》，第十八輯（上海：上海古籍出版社，2019），頁 222-231。

16　曾論析署書的例如有馬怡，〈扁書試探〉，收入武漢大學簡帛研究中心編，《簡帛》，第一輯（上海：上海古籍出版社，2006），頁 415-428；張嘯東，〈從湖南郴州蘇仙橋 J10、J4 出土西晉三國吳簡看魏晉三國孫吳簡牘的署書書體〉，《東方藝術》，20（2009），頁 108-111；張嘯東，〈20 世紀新出土簡牘暨簡牘書署制度綜論〉，收入中國書法院主編，《簡帛書法研究》（北京：榮寶齋出版社，2009），頁 1-49；徐學標，〈秦書八體之署書研究〉，《山東藝術》，3（2017），頁 107-113；徐學標，〈「秦書八體」綜論〉，《中國書法》，10（2017），頁 122-126。

說法，[17]但在對居延簡再作較全面的考察以後，覺悟長官親署供發送用的正本一說恐屬不然，屬吏代為署名可能才是常態。然而，在說明看法為何轉變之前，我仍願意站在大庭提出親自簽署說的立場，盡可能多找一些支持其說的證據。[18]《後漢書・黨錮傳》李膺條似有一旁證。漢桓帝延熹九年，黨錮事件發生，桓帝下詔收考李膺等人，「案經三府，太尉陳蕃卻之……不肯平署。」「案」是指詔書案，汪桂海以為即詔書正本；[19]如果汪說正確，則可以證明正

17　請參 2010 年 3 月在日本東京大學舉行「中國出土簡牘史料的生態研究座談會」上我所發表的初稿，〈試論秦漢公文書的正本、副本、草稿和簽署問題〉，《中國出土簡牘史料の生態的研究學術座談會要旨・資料》（東京：籾山明編，2010 非賣品），頁 41-78、89-121。會議中曾得角谷常子、冨谷至、籾山明、宮宅潔、李均明和劉欣寧重要的指教，才會再一次思考並作了論點的修訂。感謝以上諸位。

18　南北朝時的確有親署文書之例。例如：《宋書・武三王傳》衡陽文王義季條：「義季素拙書，上聽使餘人書啟事，唯自署名而已。」義季因不擅長書法，才特別被允許僅於啟事文書上署名而已。又如《陳書・蕭允傳》其弟蕭引條：「引善隸書，為當時所重。高宗嘗披奏事，指引署名曰：『此字筆勢翩翩，似鳥之欲飛。』引謝曰：『此乃陛下假其羽毛耳。』」蕭引奏章上的簽署必由其自書無疑。這是親署文書的一條鐵證。其餘例子見《北齊書・庫狄干傳》、《魏書・閹宦傳》劉騰條，不贅。

19　汪桂海曾論證此處所謂的「案」是指正本。參所著，《漢代官文書制度》，頁 124-125。但《唐律疏議》卷十：「諸公文有本案，事直而代官司署者，杖八十；代判者，徒一年。」（劉俊文點校本，頁 203）公文本案似指待長官簽署的公文定稿底案；其名為案，與漢代相同。近日得見初世賓先生討論漢代官文書的正副本問題，謂：「上引諸與副本相對應的都不稱正本，似此時尚無正、副本之別。」參初世賓，〈懸泉漢簡拾遺（二）〉，《出土文獻研究》，第九輯，頁 184。誠然，在漢世文獻或出土資料裡都找不到「正本」一詞，但在概念上仍不妨將與副本相對應的名之為正本，因為如同初先生指出在《魏書》、《隋書》、《唐六典》等書中已見正本之名。正本一詞或概念應有淵源，似非隋唐才突然出現。鄔文玲在〈簡牘中的「真」字與「算」字——兼論簡牘文書分類〉一文中指出過去學者多將真字誤釋為算字，而真即正，指文書正本或底本。參《簡帛》第十五輯（上海：上海古

本文書需要簽署。我曾贊同汪先生的意見，作為支持大庭說的證據。但現在傾向於相信將「案」視為存檔用的底本或定稿或許較為妥當，和真（正）本是否完全為同一事，還有些不明。[20]「案」經層層起草、核訂和簽署確認後，才抄成供發送使用的詔書。「案經三府」是說詔書定稿或底本要先由三公簽署確認。[21] 其後據以抄成供發送的詔書上會有三公署名，唯並非三公親署。試想兩漢郡國以百數，中央下達詔書或公文，如果涉及各郡國（例如居延出土的元康五

籍出版社，2017），頁 151-170。私意以為其說有理，而此說的一個堅強證據應屬肩水金關出土字跡清晰的木楬 73EJC:310B：「橐他吏家屬符真副」。真副意即正、副。如何在出土的簡牘文書中辨識出正（真）本，鄔文未及，有待進一步研究。

按：里耶秦簡稱這樣的底本為「真」，有所謂的「乘城卒真簿」(8-113a)、「真書」(8-656) 和「真見兵」(8-458、8-653)，陳偉引《漢書・河間獻王德傳》顏注「真，正也」，認為即指文書原件。參陳偉編，《里耶秦簡牘校釋（第一卷）》（武漢：武漢大學出版社，2012），頁 45；《里耶秦簡牘校釋（第二卷）》（武漢：武漢大學出版社，2018），頁 180 注 4。但李均明據《淮南子・俶真》高誘注：「真，實也」，則認為真見是指「實見」，與實物核對後確定者。陳偉也同意李均明對「真見兵」真字的理解。參李均明，〈里耶秦簡「真見兵」解〉，《出土文獻研究》，第十一輯（上海：中西書局，2012）；陳偉主編並執筆〈里耶秦簡所見的遷陵縣《庫》〉，《里耶秦簡牘整理與研究》，頁 50。可見意見仍有不同，有待進一步深入。

20　漢代議論政事或追究行政責任時，文書中常有「謹案文書」、「案文書」或「案某某文書」這樣的話，其意即指考按文書存檔底案。因為文書反覆抄錄不免有誤而引起紛爭，唯有存檔底案才是最後的依據。漢代特有一類文書名之為「案」，和所謂的「真（正）」是否指同一事或有某些區別？猶待考察；如果實同，則汪先生的案指正本說，就值得重新重視。

21　案須由相關官員簽署也可從後世文書習慣看出。例如沈約《宋書・蔡廓傳》謂廓「徵為吏部尚書。廓因北地傅隆問亮：『選事若悉以見付，不論；不然，不能拜也』。亮以語錄尚書徐羨之，羨之曰：『黃門郎以下，悉以委蔡，自此以上，故宜共參同異。』廓曰：『我不能為徐干木署紙尾也。』遂不拜。干木，羨之小字也。選案黃紙，錄尚書與吏部尚書連名，故廓云『署紙尾』也。」從此可知錄尚書和吏部尚書都須在紙本的選案上署名。選案就是一種有關選事的案或底案。

年改火詔書），理論上一件須抄百份以上，如果都須三公親署，三公可能親署上百份嗎？僅此一點，即可推知親署供發送用的正本詔書，不太可行。

三公親署應僅有公文內部作業上的意義，供發送的公文是以璽印而非簽署保證其真實性和權威性。東漢三公如同西漢的丞相是政務負責人，其實權雖或漸奪於尚書，名義上仍要負責，因此在皇帝或代皇帝掌實權者同意詔書下達前，仍須由太尉、司徒和司空三公先在詔書底案或定稿上簽署。這樣的案最後似乎還需要由皇帝或其代理人以朱筆打勾（「施以朱鈎」），才成為真正存檔的底本，發送出去的都是據此底本抄成。[22]「平署」是說詔書案由三公齊頭並排簽署，[23]以表示他們地位平齊和共同負責，也表示詔書擬訂的慎重。

22　參汪桂海，《漢代官文書制度》，頁 115-117。又《漢舊儀》有所謂的「詔書以朱鈎施行」。我推想在漢代詔令草案上以朱筆打勾的或為皇帝本人或為獲授權的代理人。皇帝或其代理人在詔書稿上打勾，並不真正簽名或代簽皇帝之名。朱筆打勾的程序究竟發生在三公署名之前或之後，缺少證據。我推測三公簽署應在打勾之前，這樣才能確保皇帝最後的決定權。所謂「詔書以朱鈎施行」，應是說詔書經施以朱鈎，才完成最後下達並實施前的程序。

23　《後漢書‧黨錮傳》李賢注謂：「平署猶連署也。」有一間未達。平署固為三人連署，但如何連署？私意以為乃三人平齊並排而非上下署名之謂也。目前所見漢代簡牘文書上的簽署都是在同一簡或牘上，上下排列；地位高的在上在前，低的依次在下在後。所謂「平署」，疑是指簽署者左右並排，以示簽署者地位等齊。東漢桓帝時代的乙瑛碑即依文書格式刻錄司徒吳雄和司空趙戒請求為孔子廟置百石卒史獲准的詔書。在「制曰可」三字批示和「奏雒陽宮」一行之下，即見由司徒公吳雄和司空公趙戒左右並排署名（司徒公河南□□□□字季高／司空公蜀郡成都□戒字意伯）。這應該是平署詔書之一例。因孔廟置卒史事由三公中之司徒和司空提出，因此由二人平署；如由三公奏請，當即三公平署。此碑亦可證所謂署，以三公而言，在某些情況下，包括職銜、爵（公）、里（蜀郡成都等）和姓、名、字。乙瑛碑影參永田英正編，《漢代石刻集成》圖版釋文篇（京都：同朋舍，

由此或可推想，其他不同層級的公文書在下達之前，或許也要依公文所涉事務的重要性和性質，由不同層級的官員或獲得授權的代理者親署底本，或由各級首長和負連帶責任的官吏簽署和副署。傳世文獻有以下兩個署名或副署的例子可考：一為三國時，吳大將軍孫綝欲廢少帝孫亮，「以亮罪狀班告遠近，尚書桓彝不肯署名。綝怒殺之。」[24]東漢以來，尚書位輕而權重。桓彝不肯署名，應是不肯副署大將軍孫綝所草擬的少帝罪狀文書。另一例是曹操欲征吳，三軍不願行。丞相主簿賈逵起草諫書，三位同僚主簿都被迫連

1994），頁 114-115。又按翁方綱曾以為「制曰可和奏雒陽宮二行之下半，恰有此二段空石，於是載筆者補記二人姓字爵里於此，不得謂之題名也。」（《兩漢金石記》卷六，乾隆五十四年刊本影印，頁 15 上）他所謂的「載筆者補記」不論是指當時或後世所補，言下之意，二人姓名爵里為補空而書，非詔書原文。2010 年 7 月 3 日我為此特去曲阜查看原碑，發現原碑相關兩行字，不論書體、刻字筆劃粗細深淺和行款與原碑其他字完全無異，應為同時所刻。既為同時所刻，即便是補空，也是刻碑時所補。孔廟置卒史，獲准而後刻錄詔書為碑，乃重大嚴肅之事，似不容刻碑者為補空或空間不足而加減文字。其所補應會遵從當時的文書格式。有人或以為司徒和司空應稱「臣」，不應稱「公」。原碑兩「公」字俱已漫漶，如今實無法確認《隸釋》所錄「公」字是否無誤。近見王裕昌論懸泉置出土有明帝永平七年四月紀年之簡（V191DXF13C2：28），簡背有「大司馬吳公女嫁為南陽太守男」等字，據王裕昌透露此簡為詔書的一部分，大司馬吳公即開國功臣吳漢。此簡內容一時還難確認，不過大司馬在不同文書脈絡中有稱公的情形，可以和乙瑛碑對照參看。參王裕昌，〈敦煌懸泉置遺址 F13 出土簡牘文書研究〉，《考古與文物》，4（2011），頁 77-80。又應劭《漢官儀》謂：「今司徒、太尉下書州郡文，皆稱『公』，蓋倉頡作書，自環者謂之私，背私者謂之公。」下書州郡的「文」應泛指各種公文書，如皆稱公，則此碑司空、司徒稱公，即不為無據。稱公稱臣這一疑問由侯旭東兄提出，迫使我作了進一步查考，謹謝。又關於乙瑛碑可參侯旭東，〈東漢乙瑛碑增置卒史事所見政務處理〉，《中國中古史研究》，第四卷（北京：中華書局，2014），頁 43-69。

24　《三國志·孫綝傳》（中華書局點校本），頁 1448。

署。《魏略》謂賈逵「乃建諫草以示三人，三人不獲已，皆署名。」[25]這明確是在諫書的草案上署名。我懷疑案乃定稿後的草或草本。[26]所謂不同層級，大庭脩和富谷至都認為以邊地候塞來說，應是六百石以上的官員。[27]六百石以下如何？未見討論。他們所說的署名是在正本上署名，而我目前的意見是在文書底本或草案上親署，[28]親署底本也許不限於某等秩級以上。

第三，接著要對大庭脩分析過的建武三年隧長病書簡冊作些補充討論（圖3）。這件由三簡構成的文書出土於甲渠候官遺址破城

圖 3　EPF22.80-82

25　《三國志・賈逵傳》裴注引《魏略》，頁481。《隋書・百官志》上謂：「陳依梁制……其用官式，吏部先為白牒，錄數十人名，吏部尚書與參當人共署奏。勅或可或不可。……若勅可則付選，更色別，量貴賤，內外分之，隨才補用。以黃紙錄名，八座通署，奏可、即出付典名。」所謂「共署奏」、「通署」都是在奏案或奏草上由相關官吏連署，其制同。

26　兩漢三國文獻常見「削草」、「毀草」和「焚草」這樣的話，就是將留底的稿本毀去。《漢書・師丹傳》：「丹使吏書奏，吏私寫其草」；《後漢書・樊宏傳》宏所上便宜及言得失「輒手自書寫，毀削草本。」如果案也是留底的稿本，性質和草或草本即有相似處。詳下文。

27　大庭脩，《漢簡研究》，頁248；中譯本，頁206。富谷至也主張為了顯示文書的權威性，六百石以上官員的文書才需要親自簽署。見所著，《文書行政の漢帝國》，頁214、216。

28　如果參照鄔文玲前引文的意見，底本也就是正本。如果居延簡中真有許多正本，考察其上是否有不同筆跡的簽署，應該是驗證此說的一個方法。

子 A8，而且是出在保存大量較完整簡冊的房址 F22。這件文書的
內容如下：

> 建武三年三月丁亥朔己丑城北隧長黨敢言之
>
> 迺二月壬午病加兩脾癰種匈脅丈滿不耐食　　　　　　　　EPF22.80
>
> 飲未能視事敢言之　　　　　　　　　　　　　　　　　EPF22.81
>
> 三月丁亥朔辛卯城北守候長匡敢言之謹寫移隧長黨
>
> 病書如牒敢言之　　**今言府請令就醫**　　　　　　　EPF22.82

　　建武三年三月己丑（3月3日）城北隧長黨向上級城北候長報告
自二月以來生病不能視事的情形。城北部守候長匡在接到報告後，
於辛卯（3月5日）向上級甲渠候官呈報。這份文書珍貴之處在於冊
尾出現不同筆跡的批示「今言府請
令就醫」七字，表明當時處理公文
的一種方式就是在來文上直接批
示。以下先對簡冊的編成和書寫，
作以下三點補充觀察：

　　(1) 如果大家注意三簡文字間的
　　　　留空，即可發現簡冊原應有
　　　　兩道編繩，其形制和史語所
　　　　收藏，由三簡構成的請喪假
　　　　文書冊（57.1）一樣（圖4）。
　　　　簡冊 57.1 也在破城子 A8，
　　　　甲渠候官所在地出土，兩道
　　　　編繩仍存。這是一件由甲渠
　　　　候官發送給上級的文書的底
　　　　本。這一簡冊底本兩面筆跡

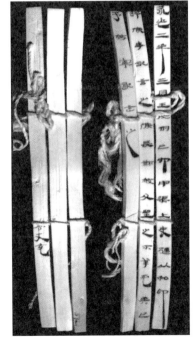

圖4　57.1AB 紅外線照片

相同，誠如大庭所說，是由屬吏一筆抄成，簡背的令史充或許就是抄寫者。它由單行書寫的札組成，符合角谷所說用札書寫者為副本的看法。因為是發文的留底副本，因此其上並無批示，這是和簡 EPF22.80-82 不同之處。值得注意的是甲渠候的官吏在批示城北守候長送來隧長黨的病書時，編繩無疑仍然存在，兩道編繩痕跡至今仍隱約可見。某吏在冊子上批示「今言府請令就醫」。批語的「令」字剛好在編繩處，令字拉長的最後一筆，拉過編繩，因而部分筆跡隨著已遺失的編繩而失去。甲渠候官吏的批語是說當即上言居延都尉府，由都尉府批准黨去就醫。如果簡冊57.1 的正本送交上級，上級官吏應該也會批示其上，出現類似的情況。換言之，負責的官吏在收文原件上直接批示或作後續處理的紀錄應該是當時通常的一種行政處理方式。[29]

(2) 除了最後的批語，EPF22.80-82 這三簡上的字跡相同，毫無疑問出自同一人之手，應由城北守候長匡或其屬吏（候長之下依編制有候史）所書。其次，這份病書簡冊不是城北隧長黨報告病情的原件。[30]所謂「謹寫移隧長黨病書如牒」，城北守候長根據隧長黨的告病原件，在上呈文書中重抄了病情（謹寫移病書如牒），[31]這等於向上級表示已經查證，願為

---

29 在同一簡的簡背或簡面以不同筆跡記錄後續處理的例子見簡 EPT59.36、EPT59.49AB 等。

30 李均明和劉軍看法相同，參氏著，《簡牘文書學》，頁 170-171；李均明，《秦漢簡牘文書分類輯解》，頁 138-139。

31 「謹寫移」即表示所謂「病加兩腂，癰種〔腫〕，匃〔胸〕脅〔脇〕丈〔脹〕滿，

隧長黨的病情背書負責。由於這件上呈告病求醫的報告是由城北守候長發出，在甲渠候官出土，又有甲渠候官吏的批示，應該可以確認是一件由城北守候長送到甲渠候官的正式文書或今天所說的文書正本。

(3) 要這樣認定，仍感有些不安。因為按照大庭的理解，正式文書應有發文首長的親筆簽署。送出這份簡冊文書的是城北守候長匡。可是應由匡親署的「匡」字完全看不出和簡上其他字有筆跡上的出入。大庭之說要能成立，就必須假設這整份文書和簽署都是匡的親筆，筆跡才會如此一致。按編制，候長之下有候史，候史應擔任文書。[32]可惜目前無法知道城北部當時的人事狀況。匡是守候長，其時如果正好沒有候史在任，代理候長一職的匡可能就不得不自己動手繕寫並簽署。邊塞上職位出缺，一時無人遞補是常事。[33]此外我們也不能排除單位首長喜好事必躬親。匡如果是這樣的人，就有可能親自書寫並簽署文書，因此似乎不應僅

不耐食」等病情是經慎重抄寫並移送。當然「謹」字是公文套語，是否真的慎重其事是另一回事。「謹寫移」與「謹移」、「移」用語意義疑有別，後二者似乎指轉移文件而未重抄，前者則經抄寫重錄，故多一「寫」字。

32 例如居延簡 267.15AB：「五鳳五年二月丁酉乙丑甲渠候長福敢言之謹移日迹簿一編敢言之」（A），「／候史定」（B）。

33 例如居延簡 EPT59.106：「城北候史李忠徒缺」。可惜無法知道李忠的時代，也不知是否有人補缺。陳夢家早已注意到邊塞職位難補的現象，參〈漢簡所見居延邊塞與防禦組織〉，《漢簡綴述》（北京：中華書局，1980），頁 68。關於漢代地方人事缺員的一般討論可參鵜飼昌男，〈漢代郡太守の持っ人事權について──地方長吏の缺員を視點に〉，《邊境出土木簡の研究》（東京：朋友書店，2003），頁 273-295。

據這份文書冊就否定大庭之說。

以上三點站在大庭之說的立場，儘量為其說辯護。可是，在居延和敦煌發現的簡牘文書中，迄今真正能判定為長官親署的例子幾乎沒有。[34]依照大庭之說，甲渠候官發出的正本即使不會出現於甲渠候官，無論如何應該出現在其他收文單位的遺址。事實上在其他遺址中可以判明由甲渠候親署的文書也不見任何一例。[35]如果注意在甲渠候官遺址出土，由其他上下或平級單位送來的文書，也幾乎不見足以判定由各發文單位長官親署的情形。例如各候、隧、居延都尉府或輔平居成尉發送甲渠或甲溝候官的文書，多由書吏一氣抄成，包括文書本身、日期、長官職銜和名字；其中有正本，也有甲渠或甲溝候官抄錄存檔者，[36]不見有不同筆跡的簽署。

為何發文單位長官親署的例子見不到，文書本身和署名筆跡相同的例子反而比比皆是？這個疑問迫使我不得不放棄供發送的正本文書須由長官親署之說。依後代文書慣例，長官用印，或簽署，或用花押，是展示權威和保證文件真實可靠性的重要手段。由此推

---

34 冨谷至也觀察到這一點。請參所著，《文書行政の漢帝國》，頁 206。

35 除了大庭已舉出甲渠和肩水候官出土的例子，還能找到簽名處筆跡不同的例子只有數簡：「誠」（EPF22.335、EPF22.337）、「戎」（EPT48.25）、「護」（EPT50.5、EPT50.13AB）、「放」（EPF22.45、EPF22.47、EPF22.48、EPF22.50、EPF22.54）。這些都出土於甲渠候官。

36 自甲渠候官以外單位發來的文書，在破城子 A8 出土的例子僅舉若干為代表：EPT5.1（第二十三隧長宏）、EPT20.4AB（居延都尉諶行丞事）、EPT43.6（萬歲候長宗）、EPT48.135AB（第八隧長九百詡）、EPT50.16AB（居延都尉湯）、EPT59.1（不侵守候長士吏猛）、EPT59.49AB（吞遠士吏戎）、EPT59.56（不侵候長茂）、EPT59.160（張掖庫宰以近秩次行大尹文書事）、EPT65.23AB（裨將軍輔平居成尉仮）。

想，漢代六百石以上的官吏須親署文件，應該是一個合理的假設。然而依據角谷常子十分全面的研究，漢代所有的公文書不論是否有封檢，一律須用印。[37]如果此說正確，這意味著漢代公文書的權威性、真實性和可靠性仍延續自秦以來憑藉印璽的傳統，而不是依賴長官親署或代理人另筆簽署。

簽署對文書內部作業具有意義。也就是說，簽署是發生在文書底本或定稿形成的過程裡。當底本或定稿加上簽署和日期即成為單位內部保留的檔案，因而出現單行的札或雙行的兩行簡上有日期和署名處留空的情形。如果不存在簽署一事，或簽署並不重要，就不會有「式」去規範如何簽署，也不會有前文所提「署不如式」而可能會懲罰的事，所有正副本都該一筆抄成而不應出現日期和人名刻意留空的現象。

為求解釋這樣的現象，本文擬提出一個假說：漢代公文作業理論上由單位長官負最後的責任，一位事必躬親或勤勞的長官，從起草到簽署或批示，都可以親自處理，或僅部分假手他人。事實上通常的情況是「責成有司」，多由幕僚代勞，甚至包括簽署和批示。居延和敦煌出土絕大部分的例行性文書，即使是六百石以上官員發出的，基本上是由屬吏代署和用印，甚或代作批示。[38]這樣的行政

---

37 角谷常子，〈木簡背書考略〉，《簡帛研究譯叢》，第 1 輯（長沙：湖南出版社，1996），頁 226-228。冨谷至也討論到文書「以印為信」的重要，參所著，《文書行政の漢帝國》，頁 80-83。

38 屬吏代為批示，可能自秦已然。里耶秦簡中啟陵鄉嗇夫請求縣令、尉批准鄉之里典和郵人任命，結果代為回覆的不是縣令或縣尉，而是縣丞。關於這一秦牘的討論，請參拙著，〈湖南龍山里耶 J1(8)157 和 J1(9)1-12 號秦牘的文書構成、筆跡和原檔存放形式〉，《簡帛》，第一輯（2006），頁 275-296。高村武幸由此討論到秦漢縣丞具有獨立發文的權力，參氏著，《漢代の地方官吏と地域社會》，頁 303-

實態既見於皇帝和以丞相為代表的中央官僚體之間，也出現在地方郡縣和邊塞。[39]

二 屬吏代為批示文件

以上提到屬吏代作批示一事，需要舉證稍作說明。建武三年隧長病書簡冊正是一個代批的例子。此冊上的「今言府請令就醫」七字批示就不是甲渠候本人的親筆，而是他人代批。[40]嚴格說，要確定這一點，必須先比對這位甲渠候其他可以確認的筆跡。受限於目前可用的材料，要確認某個人的筆跡極為困難，以下提出的不過是些不同於時賢，大膽的假設而已。[41]

首先，筆跡的異同並不是判定文書書寫者絕對或唯一的標準。一個人在同一或不同的時間，使用相同或不同的筆墨，可以因為緩

334。其說可取。

39 最好的說明見於《漢書・陳平傳》那一段文帝向陳平抱怨皇帝無事可作的對話，不贅引。中國古代的政治哲學是以「為君者勞於擇人，逸於治事」和「責成有司」為指導原則。地方首長亦同此理。但也有喜歡躬親文書，不假手他人者如秦皇、漢武，以及如宣帝時河南太守嚴延年「尤巧為獄文，善史書，所欲誅殺，奏成於手，主簿、親近史不得聞知。」（《漢書・酷吏傳》嚴延年條）其他漢代皇帝親自起草詔令者頗多。參汪桂海，《漢代官文書制度》，頁 117 及所引趙翼，《廿二史箚記》「漢帝多自作詔」條。

40 冨谷至也有相同的意見，參氏著，《文書行政の漢帝國》，頁 213。

41 大庭脩曾判斷這別筆所書的七個字是候官之長，也就是甲渠候的批示。參所著，《漢簡研究》，頁 247；中譯本，頁 205；《木片に殘った文字：大庭脩遺稿集》（京都：柳原出版株氏會社，2007），頁 112。籾山明的看法相同，參《漢帝國と邊境社會》（東京：中央公論新社，1999），頁 179-181。

急、健康、心情種種因素，寫出工整或潦草程度頗為不一的字體。不過，我們恐怕也無法否認，兩個不同的人，除非刻意模仿，並經過相當的練習，否則也不易寫出相似到無以分辨的字。[42]

幸好我們現在面對的材料基本上無關模仿。秦漢政府的吏或書吏，在抄寫或簽署行政文書時，一般大概不會像書法家那樣刻意追求書法變化，也不會去模仿他人而隱藏自己的書法特徵和慣性。要辨別書吏的筆跡特徵，相對而言困難較小，誤認的危險性也低得多。魯惟一四十多年前即曾依據筆跡和其他條件，部分復原了四十餘件居延文書簡冊。[43]大庭脩、謝桂華、角谷常子等學者繼續類似的工作，成功取得很多進一步的成果。[44]我相信運用類似的方法，

---

42 依近代刑事鑑定專家對筆跡的意見，筆跡因思想和肌肉動作而形成。人們學習寫字，練習協調腦和手部肌肉到一定穩定程度以後，除非有特殊的原因，都會形成自己書寫上的特徵和慣性。要模仿他人筆跡，一方面須模仿他人書寫上的特徵和慣性，也必要放棄自己的特徵和慣性。完全不露痕跡的模仿，可能性非常渺小。參中央警官學校刑事系教授陳虎生，《文書鑑定學》（臺北：自印本，1983），頁13-15；又參陳虎生，《文書鑑定重要問題系統化分析之研究》（臺北：名佳文化事業有限公司，1987）。後者對中文筆跡特徵和自我隱藏特徵有更進一步實驗分析。又角谷常子曾詳細討論漢簡筆跡鑑定的問題，參所著，〈秦漢時代の簡牘研究〉，頁214-224。對古代字跡研究，如今有鄒濬智，《筆跡檢驗與海歸簡牘鑑別》（桃園：中央警察大學出版社，2015）和李松儒，《戰國簡帛字迹研究：以上博簡為中心》（上海：上海古籍出版社，2015）二書可參考。

43 Michael Loewe, *Records of Han Administration*。永田英正曾推崇魯惟一的古文書學研究有「劃時代」的意義。參氏著，《居延漢簡の研究》（京都：同朋舍，1989），頁55；張學鋒中譯本，《居延漢簡研究》（上）（桂林：廣西師範大學出版社，2007），頁46。

44 謝桂華曾致力於簡冊復原，成果豐碩，如〈新舊居延漢簡冊書復原舉隅〉，《秦漢史論叢》，第五輯（北京：法律出版社，1992），頁264-277、〈新舊居延漢簡冊書復原舉隅（續）〉，《簡帛研究》，第一輯（北京：法律出版社，1993），頁145-167、〈居延漢簡的斷簡綴合和冊書復原〉，《簡帛研究》，第二輯（1996），頁

在小心謹慎比對較大量資料的基礎上，筆跡仍是判別書寫特徵和文書構成的重要依據之一。[45]

　　考察筆跡，必然涉及書寫者，有必要先確認書寫者和筆跡的關係。居延新舊出土簡中保有不少王莽至建武初年前後甲渠候的資料。據李均明、劉軍、鵜飼昌男和李振宏、孫英民等學者的研究，從王莽地皇年間到建武四年十一月以前，一位名叫獲的人曾兩度出任甲溝（甲渠）鄣守候和候。[46]在破城子 A8 出土的簡中，可以找到不少獲的不同筆跡的署名。[47]以下先舉四個筆跡相同的例子（圖 5）：

238-264、〈元康四年賜給民爵名籍殘冊再釋〉，收入大庭脩編，《漢簡研究的現狀與展望》（大阪：關西大學出版部，1993），頁 182-200。角谷常子曾以建武三年候粟君責寇恩爰書冊為例，深入討論筆跡問題，參氏著，〈秦漢時代の簡牘研究〉，頁 214-224。近年注意到簿籍集成和復原的還有李天虹所著《居延漢簡簿籍分類研究》（北京：科學出版社，2003）可以參考。

45 出土文獻筆跡的研究近年日益受到重視。《簡帛》第 4 輯（2009）有好幾篇相關的論文，馮勝君的〈從出土文獻看抄手在先秦文獻傳布過程中所產生的影響〉（頁 411-424）可為代表。相對而言，本文研究的漢代邊塞文書在書寫和字體上存在的問題，要比戰國書體有異的抄本簡單得多。

46 李均明、劉軍，〈居延漢簡居延都尉與甲渠候人物志〉，《文史》，第 36 輯（北京：中華書局，1992），頁 139-142；鵜飼昌男，〈建武初期的河西地區的政治動向——《後漢書》竇融傳補遺〉，《古代文化》，48:12（1996），頁 20-33；徐世虹中譯本，〈建武初期河西地區的政治動向——《後漢書‧竇融傳》補遺〉，《簡帛研究譯叢》，第二輯（長沙：湖南人民出版社，1998），頁 256-257；李振宏、孫英民，《居延漢簡人名編年》（北京：中國社會科學出版社，1997），頁 310-311。獲可能是敦煌廣至縣人張獲。另外居延簡 EPT65.23AB 提到地皇上戊三年有一位書吏獲，乍看或會以為和甲溝或甲渠鄣候獲為同一人。可是 EPF22.273AB 提到地皇上戊四年的甲溝鄣候名獲。似難想像地皇三年的一位秩級甚低的書吏（王莽時書佐稱為書吏）隔一年即晉升為縣令長級的候。我傾向於假定他們是同時代同名而不同的二人。

47 關於如何證明是獲的簽名，舊作曾作討論。參拙著，〈漢代書佐、文書用語「它如

EPF22.273AB 及局部　　　EPF22.460AB 及局部　　　EPF22.532AB 及局部　EPT48.67

圖 5

　　以上四例中的 EPF22.273、EPF22.460 和 EPF22.532 簡出土於破城子 A8 的房址 F22，EPT48.67 出於 A8 的 48 號探坑。時間從始建國地皇上戊四年（西元 23 年）到建武三年（西元 27 年）。其中簡 EPF22.460 是以元始廿六年紀年，這應是光武建號後，居延邊塞一時尚未改奉光武正朔，又不再使用王莽年號，於是沿用平帝元始年號，以致有元始廿六年的紀年。這年相當於建武二年（西元 26 年）。簡 EPF22.532 年號不明，可是從簡上八月乙卯朔可推知此簡必屬建武三年。簡 EPT48.67 甚殘，但比較殘存的「敢」字和 EPF22.460 的「敢」，可知由同一人所書，屬於同一時代。換言之，這四件文

某某」及「建武三年十二月候粟君所責寇恩事」簡冊檔案的構成〉，《中央研究院歷史語言研究所集刊》，70：3（1999），頁 563-564。又筆跡相似的「獲」字在居延簡 131.57B（A33 地灣出土）上也可見之，參本文表 1。

書應寫於三、四年之間,時間相距不算太遠。再看以上四例中的四個「獲」字,雖然簡 EPF22.532 上的較不清楚,仍能看出它們的運筆風格一致,和簡上下其他文字字體大小相比,也都同樣寫得特別大,其出於同一人之手,不成問題。

如果這四個「獲」字是甲渠候的親筆,對照病書牒上的批語筆跡(圖6),就令人不能不懷疑批語是否為甲渠候親筆。因為不論字的整體字形、筆劃結構或運筆特徵差異實在太大。反之,如果批語是甲渠候的親筆(由長官批示,似乎應該是一個較合理的假設),那麼簡 EPF22.273、EPF22.460、EPF22.532 和 EPT48.67 上的「獲」字就不太可能出自甲渠候之手。

在舊作中我曾以為凡文書上留空,填上的「獲」字,都是甲渠候獲的親筆。[48]現在覺悟不然。仔細爬梳史語所所藏居延簡和破城子 A8 新出土的簡牘後,發現:第一,甲渠(甲溝)鄣候或守候獲簽署文件應該有親筆和屬吏代筆兩種不同的情況;第二,病書簡冊上的批語實非甲渠候親筆,是他人代批!

要證明這些新的認識,必須先看看在 A8 出土簡中找到的證據(圖 7.1-7.2):

圖 7.1 簡 76.15「渠鄣候獲守尉」是使我覺察到「獲」的署名非其親筆的關鍵。這雖是一枚 A8 出土的殘簡,殘文中的「鄣候獲」三字十分清晰。渠字殘,但紅外線照片比早年所攝反體照片或近年所攝

圖6 EPF22.
82 局部

---

48 邢義田,〈漢代書佐、文書用語「它如某某」及「建武三年十二月候粟君所責寇恩事」簡冊檔案的構成〉,頁 564。

今塵集:秦漢時代的簡牘、畫像與文化流播
　　　　——卷二 秦至晉代的簡牘文書

圖 7.1　76.15（左）原簡（中）
反體（右）紅外線照片

原簡照片可以多看出一些「渠」字的下半部，[49]其為渠字無疑。此簡「鄣候」二字　和　EPF22.273、EPF22.460、EPF22.532A 上的「鄣候」二字筆跡完全一致，因此可以推定簡 76.15 應該也是建武三年前後的簡。也就是說這枚殘簡上的鄣候獲，就是前文提到始建國地皇至建武初的甲渠鄣候獲。紅外線照片也清楚反映這枚殘簡上的「獲」字和其他字的墨色和筆跡都不同，明顯是文件抄好後另筆填寫在留空處。這個「獲」字的筆跡特徵和圖 7.1 所見可以說完全不同，卻和圖 7.2 簡 EPF22.187A「甲渠鄣候獲」的獲字出乎同一人之手。[50]EPF22.187A 全簡是建武三年以「甲渠言永以縣官事行警徼牢駒隧內中駒死永不當負駒」為標題，由十六枚簡構成，共達四百餘字的簡冊（EPF22.186-201，以下簡稱「駒罷勞病死」簡冊）（圖 8）中的一枚。[51]整個簡冊

圖 7.2
EPF22.187A 及局部

49　圖 7.1（中）是史語所藏居延簡反體照片，經過反轉為正。本文所用反體照片，一律反轉為正。

50　此簡草書「獲」字的辨識參于豪亮，〈釋漢簡中的草字〉，《于豪亮學術文存》，頁 257。

51　籾山明對此簡冊作過詳細文書分析。參氏著，〈居延新簡駒罷勞病死冊書──漢代訴訟論のた

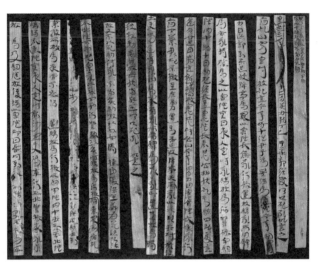

圖 8　EPF22.186-201 採自《內蒙古居延漢簡（三）》（重慶：
重慶出版社，2008）。

字跡雖較潦草，明顯由同一人所抄，應如大庭所說，是一份不須長
官簽署的副本。這份簡冊上另曾出現「獲」字一次（EPF22.201，參
表 1），其筆跡特徵和全冊其他文字完全相同。

　　簡言之，以上兩種留空並由獲署名的文件，其上「獲」字的筆
跡卻明顯不同（圖 9）。如此，一個不可避免的結論是：如果獲曾親
筆簽署文書案，其中一種簽署必然是由他人代簽。進而不得不說文

めに・續〉，原刊《堀敏一先生古稀記念─中國古代の國家と民眾》（東京：汲古
書院，1995），頁 205-221；收入氏著，《中國古代訴訟制度の研究》，第三章第
一節，頁 128-138；趙平安、張溪渝譯，〈居延新簡《駒罷勞病死》冊書──為漢
代訴訟研究而作（續）〉，《簡帛研究譯叢》，第二輯（長沙：湖南人民出版社，
1998），頁 178-192。較佳圖版見馬建華編，《河西漢簡》，頁 158-167 或胡之、馬
建華編，《內蒙古居延漢簡（三）》（重慶：重慶出版社，2008），頁 1-10；或西林
昭一編，《簡牘名蹟選》，8（東京：二玄社，2009），頁 52-65。

表 1 獲字筆跡對照表

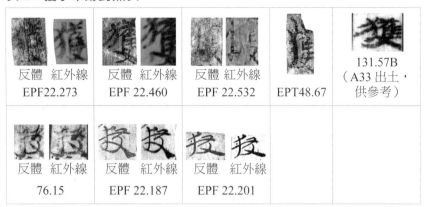

反體　紅外線 EPF22.273	反體　紅外線 EPF 22.460	反體 紅外線 EPF 22.532	EPT48.67	131.57B （A33 出土， 供參考）
反體　紅外線 76.15	反體　紅外線 EPF 22.187	反體　紅外線 EPF 22.201		

書案或文書定稿底本（副本之一種，詳下文），理論上或許應由負責
發文的長官親自簽署，實際上存在著他人代簽的情況。

　　依據前文提到的假說，當然還有一個可能，即以上兩種簽名都
由他人代簽，甲渠候並不親自簽署這些例行性文件。一個由屬吏簽
署的例子見簡 EPT8.1AB。這一簡是甲渠部候放於居攝二年二月上
報正月盡三月吏奉賦名籍的呈送文書，全簡書寫成兩行，八分隸書
字跡極為工整，包括「放」字也由同一人一筆寫成，簡背則由令史
兼單獨署名而且「兼」字寫的特別大，帶有篆味，書法和大小都帶
有刻意性，「兼」應可視為令史兼的親筆簽名（圖9）。各單位上報
四時吏奉賦名籍無疑是例行性工作，因此以此簡作為屬吏令史書寫
並代署例行文書的證據，可以說較為明確。[52]

　　以和甲渠候獲有關的文書來說，既然推定其中確有人代他簽

52　令史是屬吏中除書佐以外，主要負責繕寫之吏，參汪桂海，《漢代官文書制度》，
　　頁 115-119。

署，這就意味著六百石以上的官員並非必要親署所有的文件底本。那麼或許可以追問：誰是獲的代簽者？要找代簽者，最好能符合以下三個條件：

(1) 代簽者必須是建武二、三年左右甲渠候的屬吏，因為前述簡冊都屬於這段時期。這時期甲渠候的屬吏才可能代簽；

(2) 代簽者的文書最好也是在甲渠候官遺址破城子 A8 中出土；

圖 9　EPT8.1AB 及局部

(3) 最好有較多可供比對筆跡的標本。

　　非常幸運的是破城子遺址 F22 出土不少較完整的簡冊，而且有不少建武二、三年左右的。李振宏和孫英民已為這一時期甲渠候的長官和屬吏作了整理和編年，減少了按人尋找筆跡標本的困難。經過比對，我以為某位尉史（名堅？）（圖 10）有可能是這位代簽者。[53]

53　《居延新簡》釋文作「堅」。唯簡上此字（參圖10）上半部筆劃甚簡或殘，難以確釋。

圖 10　EPF22.187B 局部

　今塵集：秦漢時代的簡牘、畫像與文化流播
　　　　——卷二　秦至晉代的簡牘文書

因為比對這位尉史留下的大量筆跡和病書牒上的批語，發現它們頗為相似。在前文提到的「駒罷勞病死」簡冊裡（圖8），文書內容開始的第一枚簡（EPF22.187B）背面有「掾譚尉史□（堅？）」的署名。這份四百餘字的簡冊不論墨色或書法都可以證明，是由同一人用同一支筆一次抄成。背面「掾譚尉史□（堅？）」五字和正面文書筆跡特徵也一致。這份簡冊如果是這位尉史所書，就有了時間和出土地點都十分明確，大量可以比對筆跡的資料。可是因為「請令就醫」簡冊（EPF22.80-82）上可供比對的批語僅有七字，字數不多，較好的比對方法應該是比對其中相同的字，尤其是經常使用的字。這樣更能反映書寫者的運筆慣性和特徵。

　　以下先將兩份簡冊上出現的相同字列出來，供大家參考（表2）：

表2　尉史某筆跡比對表

簡號	今	言	府	請	令	年月
EPF 22.82						建武三年三月
EPF 22.187						建武三年十二月
EPF 22.188						建武三年十二月

簡號	今	言	府	請	令	年月
EPF 22.191						建武三年十二月
EPF 22.192						建武三年十二月
EPF 22.193						建武三年十二月
EPF 22.200						建武三年十二月
EPF 22.201						建武三年十二月

　　如前所述,「駒罷勞病死」簡冊上四百餘字的書法風格完全一致,無疑是由同一人在建武三年十二月同時所書。同一年的九個月前,即三月時所寫的「請令就醫」簡冊末尾的批語共有七個字;兩冊比對,共可找到五個相同的字(今、言、府、請、令)。這五個字可以說都是漢簡文書中經常使用的字,其中「言」字有五例,「今」字有三例,「府」字有兩例,「請」、「令」各有一例,共十二例。比對這些字整體的形態,筆劃長短比例、傾斜和轉折的角度,運筆的輕重,即可看出它們的特徵相當接近。令人較不放心的也許是「令」字。兩個令字的尾筆一較長,一較短。我猜想這是因為批語中的令字尾筆剛好寫在編繩上,寫批語的人乃將尾筆拉長些。如果兩個簡冊書風相近的只有一二字,也許是偶然,無法說一定出自同

今塵集:秦漢時代的簡牘、畫像與文化流播
　　　　——卷二　秦至晉代的簡牘文書

一人；如果在七個字中可以找到五個相同字，風格如此相近而且重複出現，出自同一人之手的可能性應該很高。「請令就醫」簡上批語的字和表 2 中這些字當然也有明顯差異，可是最大的差異我以為主要在筆劃的粗細，而這可能是由於使用了不同的毛筆。它們的書法風格和運筆的慣性特徵其實十分一致。將它們和簡牘中其他人所寫相同的字比較，更可以看出它們的一致性。[54]

　　尉史某是代簽者這一假設在成立之前，還必須澄清兩點。第一，證明簡冊上和尉史某同時署名的掾譚不是書寫者。關於這一點，我在舊作中曾詳細分析過掾譚自己以及他和其他屬吏共同署名的文書，證明掾是甲渠候屬下地位較高的幕僚長，負責文書行政。由他署名（即使是單獨署名），是表示承擔文書作業的總責，卻不表示由他親自繕寫。[55]「駒罷勞病死」簡冊由掾譚和尉史某共同署名，情況應該也是如此。也就是說，文書的總負責是掾譚，抄寫者

54　佐野光一編，《木簡字典》（東京：雄山閣，1985）收錄居延簡「請」字 47 例（頁 667-668），「府」字 110 例（頁 271-272），「言」字 241 例（頁 655-658）。對照這些字例，可以清楚看出本表的「請」、「府」和「言」字書法自有特徵，和其他明顯有別。由此也可旁證，本表所列較可能出自同一人之手。

55　邢義田，〈漢代書佐、文書用語「它如某某」及「建武三年十二月候粟君所責寇恩事」簡冊檔案的構成〉，頁 561-563。角谷常子曾將掾譚稱為甲渠候官的「書記官」，但她注意到譚簽名字體不一，和文書字體也不一致的情形，因此明確表示不能確定「掾譚」署名出自譚的親手。態度十分謹慎。參所著，〈秦漢時代の簡牘研究〉，《東洋史研究》，55：1（1997），頁 223 注 8；鵜飼昌男卻認為「根據筆跡觀察，建武初期的簡基本上都是掾譚書寫的。」此說不確。參前引鵜飼昌男，〈建武初期河西地區的政治動向——《後漢書·竇融傳》補遺〉，《簡帛研究譯叢》，第二輯，頁 266。但鵜飼也警覺到居然由掾而不是由尉史、令史製作文書是奇怪的事，他只能以河西混亂時期的「特例」來解釋由掾書寫。可見他也不覺得在正常情況下，掾會擔任抄寫的工作。

則可能是職位較低的尉史。

　　甲渠候官照永田之說是相當於縣一級的單位，屬吏中還有比尉史更低一級的佐或書佐。書佐職在抄寫。理論上，前述簡冊也可能由佐或書佐書寫。嚴格說，我並沒有百分之百的證據可以證明上述文書出自尉史某或出自職位更低的書佐。那麼，為什麼假設這件簡冊是出自尉史某之手呢？這是因為：第一，目前還無法從 F22 找到筆跡和 EPF22.82 簡上批語或「駒罷勞病死」簡冊相同或相近，其上有書佐署名的文書簡。因此，假設這份簡冊是由署名的尉史某所抄寫似乎較為合理，因為畢竟其上有他的署名；如果假設是不見署名的書佐書寫，署名的尉史反而不是書寫者，將更難以解釋。第二，如果我們同意 EPF22.82 簡上的批語筆跡和「駒罷勞病死」簡冊的相近，出於同一人之手，那麼必須考慮這位代理甲渠候寫批語的人，比較可能是職位較高的尉史或是較低的書佐？[56]兩相比較，似以職位高的尉史可能性較大。

　　其次，依公文製作和發文程序來說，公文依性質和重要性，或先經起草、修訂、核可；核可後，再由書吏抄成正式的發送文件，或不經起草等程序即由書吏一筆抄成正式文件，加封用印後發出。[57]正本供發送，前述「駒罷勞病死」簡冊沒有預留編繩空間，簽署和日期處也沒有留空，一筆抄成，無刪修痕跡，比較可能是副本之類。[58]這裡所謂的正副本是今天概念中的正副本，以送出者為

56　尉史屬斗食吏奉錢月 600，書佐位居史以下，月奉錢 360。參陳夢家，〈漢簡所見奉例〉，《漢簡綴述》（北京：中華書局，1980），頁 145-146。

57　發文程序參李均明、劉軍，《簡牘文書學》，頁 164-171。

58　籾山明認為這是甲渠候呈上之前，候官方面製作的一件副本。參所著，《中國古代訴訟制度の研究》，頁 138；或中譯本，〈居延新簡《駒罷勞病死》冊書——為漢

正，留底者為副。漢代名稱和概念和今天在某些情況下正相反，以送出者為副，留底者為真（正）。其詳請見後文。

經過以上分析，可以暫時作一個結論：漢代居延和敦煌邊塞的正式公文或文書正本理論上在某些情況下，雖不排除由長官親自簽署，事實上多由屬吏或代理人代署或代批。一般而言，正式公文由經辦文書的書吏先起草或直接抄成，抄寫時於長官簽署和發文日期處有時留空，有時不留。留不留空的原則為何？目前仍非完然清楚。總之，書吏抄好例行性文書，或留空或不留，待負責文書作業的吏（以居延和敦煌邊塞而言，通常是掾）核查文書無誤，凡留空者即由書吏或某屬吏代長官簽署、填上發文日期並存為檔案，[59]或同時一筆抄成數份，其中一部分供發送，一份成為存檔底本。但也可能有某些文書由單位首長或其代理人填日期、簽署、加封或用印後發出。目前還無法判斷：是否完全沒有長官親自簽署者？哪些允許屬吏或特定代理人代簽、代批？我們要考慮到親署親批和代署代批一方面牽涉到行政程序的規定，一方面也和長官個人行事作風、健康狀況或勤惰有關，恐怕很難一概而論。我的假設是凡例行性的公文，不論發文長官的秩級是否六百石以上，都較可能交由屬吏或特定代理人代簽或代批。由於居延和敦煌的出土文書以例行性的佔絕大多數，幾乎可以肯定由長官親筆簽署的實例即便存在，也不會多。

代訴訟研究而作（續）〉，頁188。

59 從目前可考的例子看，除掾以外，副署似非由屬、令史、尉史等每一個人親自副署，而是由其中一人代為署名，其詳尚難把握，有待進一步研究。

三 甲渠候官所見的發文正本和簽署順序

以上針對正本文書和簽署問題作了補充。以下據今天正副本的概念和習語，打算就大庭脩認為甲渠候官難以發現發文正本的說法，作一點檢討。大庭之所以認為在甲渠候官難以發現發文正本，似有三個理由：第一是如前文所說，他據今天正副本的概念，假設發文正本是供發送，因此甲渠候發出的正本應在其他遺址出現，而不應在甲渠候官出土。其次，甲渠候官的公文在簽署後，理論上不該留滯不送；即使是作業中的公文，在經一段時間後也會發送出去，不應存留在甲渠候官的遺址中。第三，他將簽署和日期處留空的簡冊視為草稿，[60]因此在這個遺址就難以發現他所認可的正本了。

將出現留空的簡視為草稿或副本，除了大庭，也是目前多數學者的意見（詳本文第四、五節）。這是學者分析文獻和上萬簡牘得到的結論，當然有其理由。但要完全同意，卻又感到不安。因為：

第一，居延和敦煌出土的簿籍和文書凡屬於例行性事務的，私意以為很可能不需要起草，因此也就沒有所謂的草稿（詳本文第五節）。例如各種有關人事調動、勤務分配、回覆上級例行性查詢（例如有無人犯四時之禁等）、糧食出入的簿籍、月言簿、四時簿等以及有固定格式的封檢、標題性的楬和所謂的送達文書等。這些簿籍或文書實在沒有必要次次起草。[61]過去有不少研究都是從詔令和章奏

60　大庭脩，《漢簡研究》，頁251：「三五.九の候の下の空白は署名のために空けたもの、したがって草稿と考えるべきなのであろう」；中譯本，頁208。

61　角谷常子已經提出例行性公文無須用札起草，直接寫在兩行上，比較複雜的才以札起草的意見，參〈簡牘の形狀における意味〉，頁98。我完全贊同比較複雜的公文才須起草，例行性者不必起草的見解。

的起草過程出發，推想其他公文書的作業程序。然而皇帝幕僚草詔和大臣草奏遠比邊塞例行性文書的作業程序要複雜。邊塞文書因涉人員素質和時效，相對而言，可能為求簡單、迅速而簡化程序。因此由詔令和章奏去推想邊塞文書作業，不一定完全合適。起不起草就是一大差別。

第二，如果正本供送出，留底的不論名之為案、真、草、定稿、副本或底本，理應保留最完整的內容而不會任由關鍵性的日期和文書負責者之名空白不書。即使起草時，日期和發文者的名字不寫，存底時也應該補上。漢代經常根據檔案，即所謂「謹案文書」或「案文書」，追查責任或作出決策；文書檔案紀錄不全，追查即成空話。短期之內不填，或許尚可憑藉記憶知道某事於某時由某人經手負責；假使如學者所估計，漢代公文書保存約十至十三年，[62]時日一久，人事一變動，留底檔案如內容不全，責任即難追究。[63]

第三，有些學者指出修訂後的草稿會補上日期和署名，而後成為存底副本。[64]這裡所謂的副本是今天習語中的副本。這是正確的。然而如此，在甲渠候官遺址 A8 所見從王莽末至建武初為數頗

---

62 汪桂海，《漢代官文書制度》，頁 227-232。

63 存檔底本須有日期和姓名的一個旁證是唐五代樞密院的公文「底本」，在存檔時都必須「繫日月姓名」，宋敏求《春明退朝錄》認為「此所以為底」。詳參中村裕一，《唐代公文書研究》（東京：汲古書院，1996），頁 577-579。又沈括，《夢溪筆談》胡道靜校證本（上海：上海古籍出版社，1987），卷一，頁 62：「按唐故事中書舍人職掌詔誥，皆寫四本：一本為底，一本為宣。此宣謂行出耳……中書承受，錄之於籍，謂之宣底。今史館中尚有梁宣底二卷。」又見《五代史記・唐臣傳》安重誨傳末彭元瑞注引《夢溪筆談》，唯臺北藝文印書館景印彭元瑞《五代史記注》本有誤字，「掌詔誥」誤作「堂語詔」。

64 角谷常子，〈簡牘の形狀における意味〉，頁 96。

多，不同年份，未補上日期和署名的文書又是什麼呢？如果將它們都看成是待填而尚未填寫的存底副本，為何經過數年，始終不見補填？應如何解釋？

第四，也有學者認為日期和署名處留空的是草稿或存檔的定稿。但涉及同一事務的文書即使同時發送多個單位，起草一份或保留一份定稿應即足夠，為什麼甲渠候官會出現那麼多年、月，甚至日期都相同的草稿、定稿或副本？[65]而且這些簡所涉都屬例行性事務，竟然留下極為相似的草稿或副本，不是頗難理解嗎？

為解決以上理解上的困難，我提議暫作一個假設：即不將日期和署名處留空的文書一律視為同一性質的文書，也就是說其中有些或如大家所說，在性質上是某種草稿或定稿，待填寫後轉成存檔的案、真或底本；但另有一些不排除是等待發送，我們今天所謂的正本。

甲渠候官發出的正本固然會出現在應送達的其他單位（這是正本最後的歸宿），但在送出之前，某些正本也可能會以未完成作業的狀態存在於發文單位。正本大部分固然是以一筆抄成，不論日期或署名皆出於一人之手，不見長官或代理人親署，但有些例行性文書不經起草，即由書吏一次抄成數份，其中有些則由負責文書作業的屬吏補填長官之名和日期，供發送，成為正本；有些補填後供存

---

65 甲渠候官 A8 遺址曾出土不少年月日不同，內容相同或年月日相同，內容相似或相同，留空情況卻不一定相同的文書簡例如 EPT65.43AB、EPT65.44AB、EPF22.45AB、EPF22.47AB、EPF22.48AB、EPF22.51AB、EPF22.53AB 等。汪桂海在論草稿和定稿時，將文書日期、署名留空者與用「厶」符號代替者等同視之，認為都是草稿。參汪桂海，《漢代官文書制度》，頁 119-121。私意以為有「厶」符號者是草稿，留空者不一定是，應分別看待。

今塵集：秦漢時代的簡牘、畫像與文化流播
　　　——卷二　秦至晉代的簡牘文書

底，成為漢代所謂的案、真或今天所謂的副本。

　　尚在作業中的發文正本，曾一度存在於甲渠、肩水候官等等單位的遺址裡應該十分自然。它們絕大部分最終應依程序在作業完成後送出，某一些卻因種種緣故未被或未能即刻發送出去，應該也在情理之中。[66]以甲渠候官為例，在破城子 A8 的遺址中除了出土草稿（原名為「草」）和留底副本（原名為「副」），仍在作業中的正本似乎也有一些，包括上、下行的文書。以下各舉一例以說明它們還處在不同的發文作業程序中（圖 11-12）：

1.　甲渠言府下赦令

　　詔書謹案毋應書

　　建武五年八月甲辰朔＿甲渠鄣候＿敢言之府下赦令

　　詔書曰其赦天下自殊死以下諸不當得赦者皆赦除之上赦者人數罪別之

　　會月廿八日‧謹案毋應書敢言之　　　　　　　　　　（EPF22.162-165）

2.　建武五年四月丙午朔癸酉甲渠守候＿謂第十四

　　　　　　　　　　　　　　掾譚（背面）

　　隧長孝書到聽書從事如律令

　　第十四隧長李孝　　今調守第十守士吏

　　第十士吏馮匡　　　斥免缺

　　　　　　　　　　　　　　　　　　　　　　　　　　（EPF22.250-253）

66　最終未發出的原因可能很多，例如某些例行或重複性的文書可能一次抄寫多份（如 EPF22.162-165），實際沒用完，或某些文書抄好後待發，文書涉及的人或事臨時發生改變（如 EPF22.250-253）而作廢。

圖 11　EPF22.162-165　　圖 12　EPF22.250-253

　　圖 11 的 EPF22.162-165 簡冊是上行文書，由四簡構成。第一簡為雙行小字「甲渠言府下赦令／詔書謹案毋應書」的標題簡。其餘三簡是文書本身，內容是說建武五年八月甲渠部候向上級居延都尉府回報，甲渠候轄下沒有詔書所說「自殊死以下諸不當得赦者，皆赦除之」之人。「八月甲辰朔」之下日期和甲渠部候以下都留空，待填。[67] 這樣回應上級詢問，是經常性的事，應無起草的必

67　富谷至認為這件署名留空的應書性質為副本。參氏著，《木簡・竹簡の語る中國古代》，頁 135-138；劉恒武中譯本，《木簡竹簡述說的古代中國》，頁 85-87。如果是存檔用的副本，似乎沒有理由容許署名者和日期都空白，而不在檔案上明確記錄簽署者和文件日期。檔案內容不全，如前文所說似乎不符合秦漢「案文書」追查責任的習慣。

要；用札單行書寫，也似乎沒有必要重抄成兩行才發出。如果認定發出的正本必為兩行，札必為草稿，將很難理解為何這一份留空的札可以供存底之用。未填寫完整的底本，會失去作為底本存檔的意義。因此，將這一份單行之札視為待填待發的正本似乎較好。[68]只是為何沒有發出的原因不明。

圖13 EPF22.452

按照其他簡冊上出現的通例，這件上行文書在發送以前，不但要填寫日期，甲渠鄣候也要補填名字，第一簡（EPF22.163）背面或正面也應該補上掾或掾和其他經手之吏的職稱和名字。例如簡 EPF22.452 為兩行形式，其上出現「甲渠候＿下尉謂第四候長」和「掾＿兼尉史嚴」（圖13）這樣甲渠候和掾名都空著的情形。可見備辦文書的是兼尉史嚴；他將掾和甲渠候的名字填上，才得存檔或用印後發文。類似的情形還見於簡 EPT65.44AB「建世二年三月癸亥朔　甲渠守候＿移殄北候官當／掾＿」（圖14），EPT65.43AB「建世二年三月癸亥朔甲申甲渠〔守〕候＿移殄北候官當曲／掾譚」（圖15）這兩件札一較工整，一較潦草，但同年同月，其中一件日期、守候名和掾名都留空，另一件則填上了日期和掾之名，甲渠守候之名仍空白。比對二者，即知簽署的順序應是掾先於甲渠候。如果依學者

---

68 邊塞物資常有不足，文書書寫和編冊用簡多因陋就簡，長度寬窄都不一定全然合「式」，更何況建武初期，河西處於動亂，文書作業不合規矩的情形應會更多（詳下文）。因此似乎不宜單純地從「札」用於起草，「兩行」用於正本的角度去判定文書的性質。例證詳見注115。

的意見，這些以札書寫的為草稿
或副本，則必須解釋為何會出現
兩件僅僅在日期和署名處有不同
留空情況的草稿或副本？草稿或
副本為何需要重複留底？將它們
都當作草稿或副本看待，是不是
適當？反之，將它們視為處在不
同簽署階段中的兩份抄件，是不
是較有可能？簽署完成後，一件
正本供發送殄北候官，一件供甲
渠候官存底。由於這些作業程序
可能在並不太長的時間內由同一
人完成，補填的字跡有時可以從
用墨濃淡或乾濕看出差異，有時
則和先抄好的正文之間幾乎無
異，很難看出先後。

　　再回頭說一下，要確認
EPF22.162-165 簡冊是未完成發
文程序的待發公文，還必須考慮
一下那枚標題簡。為什麼會出現

圖 14　　　　　　　圖 15
EPT65.44AB　　　　EPT65.43AB

這樣一枚標題簡？它是隨公文送出，或供存檔留底用？在 F22 出土
的許多較完整的簡冊裡，常可見到形制類似雙行小字所寫的標題
簡。例如籾山明分析過的「駒罷勞病死」簡冊（EPF22.186-201）就
有一枚格式完全相同「甲渠言永以縣官事行警檄牢駒／隧內中駒死
永不當負駒」雙行小字標題簡。籾山認為這份簡冊是甲渠候官製作

今塵集：秦漢時代的簡牘、畫像與文化流播
　　——卷二　秦至晉代的簡牘文書

的副本，附上標題，供文書存檔用。[69]

　　果如此，那麼以上所說的「赦令毋應書」簡冊（EPF22.162-165）是否也是供存檔的副本呢？比較兩件簡冊，可以發現以下的不同處：

　　第一，「駒罷勞病死」冊書以草書書寫，較潦草；「赦令毋應書」冊的書法雖不甚優美，畢竟是不算太潦草的隸書。

　　第二，「駒罷勞病死」冊書從頭抄到尾，簽署和日期也一氣抄成；「赦令毋應書」冊在簽署和日期處都留空。

　　第三，「駒罷勞病死」冊書抄寫時完全不預留編繩的空間；抄完後，即使編聯成冊，字跡必會被編繩遮蔽若干，這比較像是不供發送和閱讀，而是複抄的副本才會有的現象。「赦令毋應書」的三簡在編繩經過處，空間較大，如第一簡的「甲」、「辰」之間，第二簡的「死」、「以」之間都明顯多空一點，第三簡較不明顯，但三簡同一位置剛好可供上欄編繩經過。下欄在第一、二簡的「皆」、「赦」之間留空不明顯，但可供下欄編繩經過。第三簡在下欄編繩經過處無字，因此不成問題。正式文書如由多簡組成，必經編聯，編聯時應會考慮文字不被編繩遮蔽，以便閱讀。

　　基於以上三點，兩個簡冊雖都有同式標題簡，但在性質上有不同：「駒罷勞病死」冊應是副本，「赦令毋應書」簡冊則比較像是等待署名後發出的正本。由此看來，不論是正本或副本，都會製作同樣形制的標題簡。標題簡對收文者閱讀，或對發文單位查找存檔，都提供了方便。

69　籾山明，《中國古代訴訟制度の研究》，頁 138；或中譯本，〈居延新簡《駒罷勞病死》冊書——為漢代訴訟研究而作（續）〉，頁 188。

圖 12 的 EPF22.250-253 簡冊是下行文書，由五枚簡構成，有兩道編繩痕跡。內容是建武五年四月甲渠守候對第十四隧長等人下達人事調動命令。這份文件背面已有掾譚的署名，日期也已加上，唯有守候的名字待填。

　　綜合分析 EPF22.452 和 EPF22.250-253 的異同，幾乎可以確認這樣一個程序：發文前先由負責文書的掾單獨，或由掾和其他經辦文書者（屬、令史、尉史、書佐…）副署並填寫日期，再署上甲渠候或其代理人的名字。如果稍稍注意一下 EPF22.250 簡上日期「癸酉」二字，即可發現這二字由同一人所書，和前後文的字距稍異，應是後來補寫的。補填日期的情形也見於同一癸酉日期的另一份人事調動簡冊 EPF22.254-257（圖 16、18）。這件冊上的「癸酉」和「守候」四字明顯用筆較濕、暈開，和前後文字不同，明顯是補寫上的。填寫日期時，發現抄漏了「守候」二字，因而在一個字的空間內補寫這兩字，顯得特別擁擠侷促。

　　由掾和其他吏填寫日期，更清楚的例子見於建武六年七月戊戌朔乙卯甲渠候回報轄下無人盜作錢，無人伐樹，無人犯四時禁，由「掾譚令史嘉」署名的一連串文書（圖 17、19）：

　　這些文書在「甲渠鄣守候」之下都留空，日期「乙卯」則已填上；乙卯二字墨色較淡，和簡背署名的「掾譚令史嘉」墨色相近，應是掾和令史署名時同時加上的。這也表示幕僚簽署先於首長或其代理人。這應是一個合乎行政原理的簽署順序。

　　在 F22 還出土了以下這件令我困惑，有關人事調動的文書冊 EPF22.56-60（圖 20）。此冊由五枚簡構成，正面內容如下：

圖 16　EPF22.254-257　　　圖 17　EPF22.38、51、53

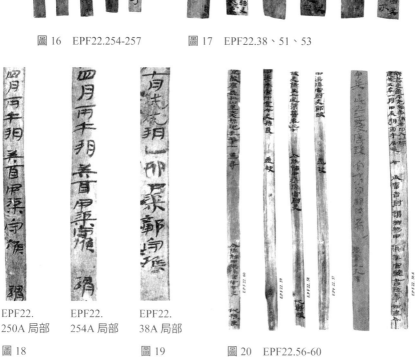

EPF22.　　　　EPF22.　　　　EPF22.
250A 局部　　　254A 局部　　　38A 局部

圖 18　　　　　圖 19　　　　　圖 20　EPF22.56-60

牒書吏遷斥免給事補者四人 二一牒

建武五年八月甲辰朔丙午居延令＿丞審告尉謂鄉移甲渠候官聽書從事如律令

甲渠候官尉史鄭駿　　　　　　　　　　　遷缺

故吏陽里上造梁普年五十　　　　　　　　今除補甲渠候官尉史　　代鄭駿

甲渠候官斗食令史孫良　　　　　　　　　遷缺

宜穀亭長孤山里大夫　勤事[70]　　　　　　今除補甲渠候官斗令史　代孫良

　　第一簡「居延令」三字後留空，看來似乎像是待簽署的文書案，但同一簡背面卻以不同的筆跡註明甲渠候官已收到文書並作了處理：

70　此處「勤事」二字，《居延新簡上：甲渠候官》釋作「薰事」，大庭釋為「薰事」（大庭脩，《漢簡研究》，頁 127；徐世虹、郝仲平中譯，〈《建武五年遷補牒》和功勞文書〉，《簡帛研究譯叢》，第一輯，頁 259 或徐世虹中譯，《漢簡研究》，頁 106）。薛英群釋成「兼事」，永田釋作「□事」，認為意義不明（永田英正，《居延漢簡的研究》頁 499 注 5 引薛氏說；中譯本，頁 400）。按「事」前一字原簡作「■」。馬王堆帛書《老子》甲、乙本和郭店本《老子》之「勤」書作「董」（馬王堆《老子》甲簡 30、103、乙簡 222、郭店《老子》乙簡 9）。居延簡 479.5 有「□力勤事毋害可補造史唯」一句。此句的「勤」字原簡也書作「■」（紅外線），「董」之下有四點。敦煌懸泉所出壁書月令詔條第一行有「不董作〔勞〕」一句，「董」字下無四點，胡平生認為『董』應讀為『勤』，甚確。參胡平生，《敦煌月令詔條》（北京：中華書局，2001）注釋頁 9。《漢書·宣帝紀》神爵元年春正月，「賜天下勤事吏爵二級，民一級。」（頁 259）；《漢書·元帝紀》永光二年春二月，賜「吏六百石以上爵五大夫，勤事吏各二級。」（頁 288）宣、元帝時有所謂的勤事吏，而 479.5 簡上有「勤事」與「毋害」（按：《合校》等作「毋官」，誤）二詞，二者無疑都是考課術語，出現在涉及資格的職位調遷文書中，十分合理。勤事之釋，謝桂華先生早已指出，為我所疏忽。請參謝桂華，〈漢簡札記三則〉，《湖南博物館館刊》，第 4 輯（1998），其後收入謝桂華，《漢晉簡牘論叢》（桂林：廣西師範大學出版社，2014），頁 256-258。關於此簡冊的編排順序，已有新的研究，請參侯旭東，〈西北出土漢代文書簡冊的排列與復原〉，《簡帛》，第十八輯（2019），頁 123-126。

甲渠・此書已發傳致官亭閒相付前　　掾黨令史循

這件簡冊令我困惑的地方在於：

第一，在格式上，第一簡「居延」和「令」字之間，以及「令」和「丞」字間都留空。延、令之間有編繩痕跡，空隙是編繩所經，這比較好理解。「令」、「丞審」之間的留空是怎麼一回事？這是留空有待居延令署名？果如此，居延縣尚待完成簽署程序的文書為何會被送出？為何會出現在甲渠候官的治所遺址？

第二，如果這是一份由居延令發出的正式人事命令，不能不說是重要的文件。最後一簡「斗食令史」居然寫成「斗令史」，可以容許這樣的錯漏嗎？

第三，這份簡冊第一簡背面有「甲渠・此書已發，傳致官亭閒相付前」不同筆跡的紀錄。這個紀錄以甲渠二字開頭，下加一墨圓點，這應是前文所說收文單位在來文上記錄後續處理的現象，是甲渠候官之吏在收文後所作的紀錄。所謂「此書」是「甲渠候官聽書從事」的「書」，也就是「牒書」；「已發」是指書封已開啟。「傳致官亭閒相付前」的意思，有些難解。「閒」應讀如「間」，「相付」一詞見於郵傳文書紀錄（居延簡 179.1、EPF22.151ABCD、EPF22.324）。這一紀錄大致是說甲渠候已將收到的人事調動命令文書開封，並透過亭一站一站向前交付並轉知各當事人。將遞補甲渠候官尉史和斗食令史遺缺的一位是籍屬陽里的故吏，另一位是宜穀亭長，他們可能都不在甲渠候官治所，[71]甲渠候既然已據居延令來文，作了上述

71　永田英正和大庭脩教授都認為他們是居延縣人，宜穀亭不明，但可能是居延縣轄下的亭，參永田英正，《居延漢簡の研究》，頁 498；中譯本，頁 399；大庭脩，《漢簡研究》，頁 129；中譯本，頁 107-108。關於「甲渠・此書已發傳致官亭閒相付前」應如何句讀和理解，相關討論請參前注引侯旭東文，頁 124-126。

後續處理並記錄下來，就不能不承認甲渠候收到的是居延令下達有效的公文正本或正式文書。其中有錯漏，只好承認是書吏書寫不慎的結果，無論如何很難將這樣一件居延令送抵甲渠候官，在甲渠候官遺址出土的文書視為草稿、文書案或副本。

圖 21　EPF22.34-35 及局部

為解開這樣一件未見簽署的「正式文書」或正本造成的困惑，我注意到「建武三年候栗君責寇恩事」爰書冊（EPF22.1-35）也有相同未簽署的現象。破城子 F22 出土的這件爰書冊十分著名。它如何構成，曾引起學者熱烈的討論。姑不論意見如何，大家幾乎一致同意此冊最末的兩簡（EPF22.34-35）是居延令給甲渠候官的移文，永田英正稱之為呈送狀，籾山明稱之為送達文書（圖 21）。它的內容如下：

> 十二月己卯居延令　守丞勝移甲渠候官候所責男子寇恩事郷
>
> 置辭爰書自證寫移書到□□□□□辭爰書自證
>
> 須以政不直者法亟報如律令　　掾黨守令史賞

這份移文上的居延令署名處留空，完全沒有署名！[72]它也出土於甲渠候官遺址的 F22！簡背署名者之一居然也是掾黨！這是一份建武三年的爰書冊，其第一簡背後署有「掾黨守令史賞」。前述居延令下達甲渠候官的人事命令簡冊（EPF22.56-60）屬建武五年，從

三年到五年，黨皆任居延縣掾一職。

　　值得注意的是由掾黨負責發出的正式公文，在甲渠候官出土的只有這兩件可考，而這兩件不約而同，都留空，都沒有居延令的署名。為了確定居延令所發這兩件文件上未簽署的空白不是因切削或修改所造成，我特別檢查了重慶出版社 2003 年和 2008 年先後出版的《河西漢簡》頁 188 和《內蒙古居延漢簡（一）》頁 32 的 EPF22.34-35，《河西漢簡》頁 225 和《內蒙古居延漢簡（四）》頁 25-26 的 EPF22.56-60 簡冊圖版。這些彩色圖版放大原簡，十分清晰，可以確認留空處簡面平整，看不出曾被切削或任何隱約的墨痕，空白處只可能是有意的留空，而不是原曾書寫，後被削去。

　　確認留空是有意為之，出現這樣的留空只能說應有十分特殊的原因。也許在某些特殊的情況下，例如縣令或長因某些原因一時出缺，公文名義上仍由令、長簽發，實際上令、長應署名處留白，而由丞代表署名（此處由書吏一筆抄成而非丞親署）後發出。這合不合乎當時標準的行政作業流程？需要進一步研究。當然還有一個可能即丞有獨立對其他單位發文的權力。[73]果如此，文書似應直書「丞某移甲渠候官」云云，不該先書居延令，又在令字下留出等待簽署的空間。可見此件不應由丞獨立發文。不論如何，建武初年正是河西動亂之時，居延縣令是否有人在職位上，確實是問題。建武初年的居延文書上有不少用更始二、三年（三年相當於光武元年）的年號，也有建武二、三年，建世二年（劉盆子年號，相當於光武二年），甚至有平帝元始二十六年的紀年（相當於光武二年），反映出在這幾年前後，居延地區很可能正處於政局動盪，號令不一，甚至「無主」的

73　參前引高村武幸，《漢代の地方官吏と地域社會》，頁 303-338。

狀態。[74]居延令一時無人在職，文書作業脫軌，正本公文不加長官之名即由丞或其他屬吏發出，或者該發而未發。這些「非常」情況今日固難確斷，衡以莽末東漢初河西局勢，可能性應不低。[75]

如果以上所說尚屬合理，那麼就不必因這些非常時期的「脫軌」文書，影響我們對正常文書作業程序的認識。換言之，私意以為建武三年候粟君責寇恩戊辰爰書冊（EPF22.21-32）因為有以兩行形式和隸書工整抄寫，為編繩留空和附有送達文書的特徵，應是由居延縣發給甲渠候官的文書正本或正式公文。[76]

四 副本的多樣角色和多層意義

所謂的副本，在秦漢行政中稱為「副」，可有多樣角色和多層意義。[77]其根本意義應如《說文》所說「副，判也」，即一物剖判為二。所謂副本原本應指抄寫竹木簡牘同式兩份，剖開後一為正，一為副。理論上剖開的兩份應完全相同。以今天中文習慣的用法同式

---

74 鵜飼昌男教授對這一時期河西的動盪不安如何影響到居延一帶的人事異動以及甲渠候獲的任免，有細緻的分析，參所著，〈建武初期河西地區的政治動向——《後漢書·竇融傳》補遺〉，《簡帛研究譯叢》，第二輯，頁 247-272。

75 永田英正早已指出這時居延令可能懸缺。參永田英正，《居延漢簡の研究》，頁 498；中譯本，頁 399。對於「脫軌」一說的質疑，請參前注 70 引侯旭東文，頁 125。這個問題確如侯文所說，還須更多研究。

76 角谷常子也將這一部分視為正本文書，參〈秦漢時代的簡牘研究〉，頁 211-224。

77 在古代的語言習慣裡，副有副貳（如丞相、校尉、副丞相、副校尉）、符合（如「以副人望」）和從屬（如《續漢書·百官志》引《漢書音義》曰：「正曰掾，副曰屬」）等多重意義，本文不多述。

圖 22　EPT59.578

圖 23　簡 255.21AB 反體照片

的兩份文件中，凡送出的稱為正本，留底的稱副本。但漢世習語或
許正相反，送出的稱為副，留底的底本據里耶秦簡和鄔文玲之說或
稱為「真」。實際上文件不一定都剖分，凡是據某種簿籍或文書同
式謄抄複製而成的，都可以是副。副既可供留底存檔（漢代尚無
「底」或「底本」一詞），也可成為文書的附件，或再經抄製，發送其
他單位。同一份文件在收、發、留底、再抄製轉送的流程中，會因
為在流程中所處的位置和發生的作用而有正、副角色重疊或轉換的
現象。

1. 留底副本

　　先說今天習語中的留底副本。因供留底，性質上就是漢世所謂
的案或真（有時名為草，但指定草或定稿）。居延甲渠候官所在的破城
子探方 59 中曾出土一件圓頭木楬，上分雙行書寫「候尉上書／副」
（EPT59.578）（圖 22）。木楬上端有一供繫繩用的穿孔。甲渠候官的
候和塞尉將他們上書的文稿抄製保存，因而有了這個繫在這類檔案

上的標題籤。上書正本必然呈送上級單位；未上呈的「上書副」，只可能是為了存檔留底。同樣在史語所藏居延簡中另有一雙面分書「元康元年盡二年／告劾副名籍」（255.21AB）（圖23）的帶繩木楬。這件木楬出土於肩水候官所在的地灣A33。這是元康元年至二年兩年間，肩水候官轄下涉及告劾者的名籍標籤，稱之為「副名籍」。可想而知，第一，這一標籤之下匯集了這兩年和告劾相關的名籍；第二，在此之外，理應另有相同內容的名籍正本。以上兩木楬應是留底文書和名籍檔案都被稱為「副」的確證。[78]

誠如大庭脩指出，留底副本的一個重要特徵是由書吏一筆抄成（日期和人名有時可補填，有時由同一人補填，仍可視為一筆抄成）。中央研究院歷史語言研究所所藏通稱為「永元器（兵）物簿」的永元五年至七年廣地南部官兵釜磑月言及四時簿（128.1）（圖24.1-2）即分由兩位書吏一筆抄成，應是大庭所說的副本。

這件簿冊不是供送出的正式文書或正本而是副本，可由幾個方面得到證明：

第一，這七十七枚簡的編繩相當完好，是一個完整的冊子，十分明確。值得注意的是全冊由編繩分四次連綴在一起，內容卻涉及不同時間的五份簿冊。從簿冊正背面編繩的分次打結可以清楚知道，第一至第十六簡是以兩道編繩一次編成，接著第十七至第卅二簡，是以另兩道繩編和第一部分連綴在一起；同樣地，第卅三簡至四十八簡為第三部分，第四十九至第七十七簡為第四部分。前三個

---

78 前文已提到魯惟一教授是最早利用255.21木楬證明副本存在的學者。汪桂海認為官文書副本主要限於章奏，可商。參氏著，《漢代官文書制度》，頁119-121。

圖 24.1　128.1 背面　　　圖 24.2　128.1 正面

部分是所謂的月言簿，分別由「廣地南部言某年某月官兵釜磑月言簿」起首，以「某年某月某日廣地南部候長某叩頭死罪敢言之謹移某月見官兵物月言簿一編叩頭死罪敢言之」結尾。但第四部分包括編繩連續的兩個「四時簿」，分以「廣地南部言某年某月盡某月見官兵釜磑四時簿」起首，以「某年某月某日廣地南部候長某叩頭死罪謹移某月盡某月見官兵釜磑四時簿一編叩頭死罪敢言之」結尾。月言簿是

以月為單位作成報告，四時簿是以四時，也就是每三個月為一單位作成報告。將三年間月份不連續的五份簿冊（永元五年六月、七月、永元六年七月、永元七年正月至三月、四月至六月），分四部分連綴在一起，幾乎不可能是正式文書應有的現象。因為正式上報的月言簿或四時簿，顧名思義應該按月或按四時呈送上級才對。[79]

第二，這個內容涉及三年，由七十七枚簡組成的簿冊，從筆跡看，前兩份月言簿出自同一書吏之手，後一份月言簿和末尾兩份四時簿由另一書吏所抄（表3 永元器物簿筆跡舉例對照表）。前兩份和後三份的筆跡特徵、工整程度和墨色濃淡都有不同。我懷疑這份簡冊是為了某種特定的目的，據 A27 所在障塞單位保存的月言簿和四時簿存底中選取需要的部分，分由兩位書吏再謄抄一份而編成。廣地候官下分南部和北部，兩部所轄之隧可考者最少共有八、九個。雖不確知廣地南部隧之總數，似乎不應只有簡冊所列的破胡和潤上兩隧。這個簡冊僅納入和廣地南部兩隧相關，特定月份和四時的資料，意味著單位和月份都經過刻意挑選。[80]如果這個簡冊單純是廣

---

79 例如肩水金關出土完整的始建國二年五月橐他莫當隧守禦器簿，以月為單位製簿呈交上級，十分清楚是所謂月言簿的一種。參馬建華編，《河西漢簡》，頁 156-157。

80 據陳夢家考訂，廣地候官可考之隧最少有廣地、破胡、潤上、勝之、北界、萬年、□留等七隧（陳夢家，《漢簡綴述》，頁 90）。永田曾重新考證廣地候官所屬之隧，列出六個，並將「潤上」改釋為「河上」。陳氏所列北界隧，永田以照片不清，加以排除（參永田，《居延漢簡研究》中譯本，頁 350-352）。按簡 163.19「廣地北界隧卒」等字紅外線照片十分清晰，足以釋疑。「潤上」之釋實亦無誤。如此陳夢家所考隧數和隧名，仍可成立。在《居延新簡》中另可找到兩個廣地隧名（EPT57.17「廣地同亭卒」、EPT59.645「廣地次□隧長」），如此廣地候官最少有九隧可考。其次，簡冊永元五年的月言簿有五年六月和七月的兩部分，接著編聯永元六年七月的月言簿和七年正月至三月的四時簿，為何沒有永元五年八至十二

地南部的月言簿和四時簿檔案或底本，沒有理由不按月份或按四時連續編排；再者，也不應只納入南部兩隧，而不納入其他的隧。為何要挑選這些特定單位和月份的資料並編聯成冊，仍然是謎。

表3　永元器（兵）物簿筆跡對照表

	月言簿一	月言簿二	月言簿三	四時簿一	四時簿二
廣地南部					
官弩					
四石					
銅鍭					

月這五個月的月言簿？為何六年僅有七月的月言簿？按理說月言簿應每月都有一份。永元七年的四時簿也只有正月至三月和四月至六月兩個部分，沒有七月至九月和十月至十二月的部分。又為何將部分的月言簿和部分的四時簿編聯成冊？可見這個冊子不是單純的月言簿或四時簿的檔案底本，而是經刻意挑選，重抄而後編聯成冊。

候長					
張					
年					
言					
月言簿四時簿					

　　永田教授曾敏銳地注意到永元器（兵）物簿在構成上的特殊性，認為它「極屬例外」。[81]這很有道理。因為如果是月言簿和四時簿，明顯應按月或按四時送呈上級廣地候官。這個簡冊顯然不是為此而編成。不過永田認為此冊雖屬極端例外，但「因為發信人是廣地南部候長，因此，收信人應該是廣地候官。也就是說，簡 1-簡

81　永田英正，《居延漢簡の研究》，頁 333：「極めて例外に屬する」；中譯本，頁 261。

今塵集：秦漢時代的簡牘、畫像與文化流播
　　——卷二　秦至晉代的簡牘文書

13 的兵釜磑簿，由廣地南部候添上簡 14-簡 16 的呈送狀，被送到
了廣地候官那兒。」[82]正常情形下，或許可以如此理解，以廣地候
官為文書的目的地。可是正因為這份簿冊的構成太過例外，收件者
到底是誰？我以為仍然待考，難以確定。更何況出土此冊的遺址
A27 到底是不是廣地候官所在迄今無法判定。[83]不論如何，這都不
影響它原本是副本的性質。

　　第三，這件簡冊會不會是起草的草稿呢？因為一般學者多認為
草稿書寫較草率。這份簡冊書寫草率，不免使人產生這樣的觀
感。[84]但正如前文所論，草稿並不一定用草書，用草書的也不一定
為草稿。草不草多因書寫者的習慣而定，不能作為判定文書屬性的
絕對標準。這份簡冊抄寫上有漏或省字（如「某年某月見官兵釜磑某某
簿」，第一份月言簿即漏「見」字；第一、二份月言簿在列出弩、箭等裝備
數量前書一「今」字，自第三份起無「今」字；第三至第五部分簿中的「右
破胡隧兵物」，「右澗上隧兵物」的「兵物」二字遺漏或省去；負責上報的
「候長信」僅出現於第一份月言簿，此後四份都無信字），有書寫顛倒（如

82　同上，頁 333；中譯本，頁 261。
83　出土永元器（兵）物簿的 A27 是否為廣地候官所在，迄今不能證明。陳夢家曾推
　　測廣地候官或在 A24 小方城，或在 A27 查科爾帖，其他似乎沒有學者對此提出更
　　詳細或具說服力的討論。參陳夢家，〈漢簡考述〉，《漢簡綴述》，頁 33。又吳礽驤
　　先生報導，A27 已於 1960 年代因基本建設的需要，全部被推平。參吳礽驤，《河
　　西漢塞調查與研究》（北京：文物出版社，2005），頁 158。2006 年夏我到額濟納
　　河沿岸考察，得知 A27 在目前中國重要的航天發射基地範圍內，今後要進一步考
　　察或發掘幾乎沒有可能。吳礽驤先生所謂的「基建」，應是指酒泉航天發射基地。
84　永田英正曾注意到此簡冊全部用草書寫成，並提到藤枝晃教授認為草書者為草稿
　　的意見。但永田謹慎地表示「很難準確地把握這件冊書的性格，留下了一些尚待
　　解決的問題。」參永田英正，《居延漢簡の研究》，頁 333；張學鋒中譯本，《居延
　　漢簡研究》（上），頁 261。

「毋出入」寫成「毋入出」），有省句和省簡（例如第一、二月言簿有「今餘官弩二張箭八十八枚釜一口磑二合」句一簡，第三月言簿和第四、五四時簿皆無此句；又三份月言簿都有「凡弩二張箭八十八枚釜一口磑二合　毋出入」句一簡，兩份四時簿都無此句，也無此簡）卻不見草稿較常有的替代符號，或以豎筆刪除，或漏書又補小字的現象。[85]

　　再者，另有兩個須注意的現象，一是全冊有兩道編繩，簡側沒有契口，也沒有為編繩留空，書寫的文字在編繩經過處都被遮蔽。此外，在最後一份月言簿的末尾和四時簿的末尾各有一支空白簡。這些都不是供呈報的正式文書該有的現象。如果排除這份簡冊是正式文書和草稿的可能性，那麼它就比較可能是副本了。[86]抄謄這七十七簡的兩位書吏筆下有不少錯、漏、省略，是不是反映了東漢和帝永元時代居延邊塞行政出現了鬆弛？是另一個值得留意的問題。

　　和此簡冊類似的是肩水候官所在地灣 A33 出土，由大庭脩教

85　令人驚異的是五份簿冊內所記破胡和澗水兩隧弩、箭、釜、磑的數量和保存狀態完全一致。整整兩年間兩隧都未發一箭，未損一弩，釜和磑有損也不見整補，不禁令人懷疑這樣的紀錄是表面文章，還是真實狀況。和帝永元五年至七年已是居延紀年簡的最末者，其時邊塞紀律或已不如前，例行報表似已流於虛應故事了。

86　永田教授也曾為永元器（兵）物簿冊的性質所困惑，但在比較永元器物簿冊和橐他莫當隧守禦器簿以後，他說：「從橐他莫當隧守禦器簿以及作為參考資料的永元兵釜磑簿這兩件簿書中，我們可以作出如下判斷：這就是下級機關作成的簿籍，附上呈送狀以後向上級機關申報。」（永田英正，《居延漢簡の研究》，頁 338；中譯本，頁 266）換言之，他應該是將永元器物簿當作「附有呈送狀」，送交上級的正式文書看待的。不過他完全沒有解釋送交上級的正式文書為何會有空白簡？也沒有談到正式文書是否應有編繩處不留空的現象。對照之下，橐他莫當隧守禦器簿抄寫十分工整，凡編繩經過處皆留空，比較像是正式文書。這些差異似應列入考慮。

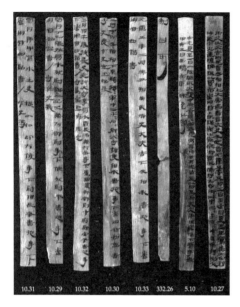

圖 25　史語所藏元康五年詔書冊　　　　　　　　　圖 26　簡 29.4

授成功復原的元康五年詔書冊八簡。[87]此冊簡無契口、沒有為編繩
留空，從頭到尾筆跡一致，完整抄錄詔書內容和層層下達紀錄，誠
如大庭教授指出，無疑是由居於冊尾的肩水候官令史得一手重抄，
用於存檔的副本或底本（圖 25）。這份簡冊已由大庭教授作了令人
信服的分析，這裡就不再多說了。

　　此外，不能不考慮到正、副本是否同時製作的問題。本文以上
的討論，僅著眼於正、副本可能存在的字跡、編繩處留不留空和有
無契口等等差異，沒有考慮正、副本如果同時製作，是否會有所異
同。從作業的合理性看，正、副本同時製作的可能性頗高。[88]書吏

87　大庭脩，《漢簡研究》，頁 13-22；徐世虹中譯本，《漢簡研究》，頁 13-20。
88　汪桂海曾明確指出「副本是和正本同時製作的」。參氏著，《漢代官文書制度》，頁
　　128。

抄製文書或者同時一式多份，同樣留空，經核訂後，由書吏補填留空，分別供存檔和發送。但目前仍無法排除分開製作的可能性，也就是說先完成底本，再據底本另抄一式一份或多份的發送正本。奈何目前僅有同一地點出土（如前文圖 17 之 EPF22.38、51、53 等），卻沒有在不同地點出土，同一內容的簡冊文書足以證明上述的作業流程究竟以何者為是或者兩種情況都有。如果出自同一地點，甚難確認其中哪些為正本，哪些是副本；如有不同地點出土的，第一，才比較容易判別它們在文書傳送流程中正、副本的身份，第二，正副本身份確定之後，接著才可能分析它們是否由同人同時所抄，進而比較好判定正、副本是否同時製作。可惜迄今似乎還沒有材料足以回答這個重要的問題。

2. 其他性質的副本

儘管如上所說，存檔者在秦漢時代稱為「真（正）」或是今日所謂的底本或副本，而秦漢時代對「副」的定義較今日為寬泛，有時也將今日所稱抄送出去的正本簿籍或文件稱為「副」。里耶秦簡有所謂「課上金布副」（8-456）；既曰「課上」，金布副是用以呈送上級的。湖北江陵張家山西漢初墓出土的《二年律令》〈戶律〉有這樣的規定：

> 恒以八月令鄉部嗇夫、吏、令史相雜案戶籍，副藏其廷。
>
> （簡 329）

> 民宅園戶籍、年紬籍、田比地籍、田命籍、田租籍，謹副上縣廷，皆以篋若匣匱盛，緘閉，以令若丞、官嗇夫印封，獨別為府，封府戶。
>
> （簡 332）

每年八月鄉部嗇夫要和縣裡派來的吏和令史一起核定戶籍。由於查核戶籍基本上在鄉舉行，凡經查核確定的戶籍原件，由鄉保

存，副本則上呈於縣，因此叫作「謹副上縣廷」或「副藏其廷」。
同樣的規定也見於《二年律令》〈津關令〉：

> ……令將吏為吏卒出入者名籍，伍以閱具，上籍副縣廷。

（〈津關令〉簡 495）

〈津關令〉所謂「上籍副縣廷」也就是由建立「吏卒出入者名籍」的原單位抄送名籍副本給縣廷，這和「課上金布副」反映同樣的現象。由此可知秦漢縣廷和其他單位應存藏很多這樣由所轄單位送來，被視為「副」的文件和簿籍。此外，居延金關 A32 遺址曾出土這樣的殘簡：「□月詣表枑墨副如牒」（簡 29.4）（圖 26）。簡文十分清晰，文意雖不明，但「如牒」是發文文書中的常用詞，「某某副如牒」很清楚地表明，自發文單位的角度看，牒中所重抄的某種文件或簿籍，被視為副。

這類「副」還包括傳信。一個絕佳的例證就是敦煌懸泉置出土的《失亡傳信冊》。[89]此冊甚長，以下僅節錄相關的部分：

> 永光五年五月庚申，守御史李忠監嘗麥祠孝文廟，守御史任昌年為駕一封詔傳。外百冊二。
>
> 御史大夫弘謂長安：以次為駕，當舍傳舍，如律令。

（簡 866）

> 永光五年六月癸酉朔乙亥，御史大夫弘移丞相、車騎將軍、將軍、
> 中二千石、二千石、郡太守、諸侯相：五月庚申，丞相少史李忠守

89　釋文根據謝桂華和張德芳等所重訂，參張德芳，〈懸泉漢簡中的《傳信簡》考述〉，《出土文獻研究》，第七輯（2005），頁 77-78。完整的釋文又參馬怡，〈懸泉漢簡《失亡傳信冊》補考〉，《出土文獻研究》，第八輯（2007），頁 111-112。簡 869「其傳」二字，《釋粹》和上引馬怡文俱作「莫傳」，上引張德芳文作「□傳」。按原簡字形確較近乎「莫」，但如此文意欠通。張俊民先生在郵電（2009.12.1）中表示應釋為「其」，文意為之豁然開朗。茲從之。

御史假一封傳信，監嘗麥祠 （簡867）

孝文廟事。己巳，以傳信予御史屬澤欽，欽受忠傳信，置車軨中，
道隨亡。今寫所亡傳信副，移如牒。書到，二千石各明白布告屬官
縣吏民，有得亡傳信者，予購如律。諸乘傳、驛駕、廄令、長、丞
迺案其傳，有與所亡傳同封弟者，輒捕繫，上傳信御史府，如律
令。…… （簡868—869）

這是一件由中央御史大夫發到各郡國，追查丞相少史守御史李
忠丟失的傳信憑證，要求各地二千石長官公告此事，如有人拾獲，
可按規定得賞賜，又要求各地不得讓持用和所失傳信相同封印和編
號的人乘坐傳車，並應立即逮捕持用者，將傳信證件送回御史府。
為了讓各地追查失物有所依據，御史府根據底本，將李忠丟失編號
為「外百卅二」的傳信內容抄錄一份傳交各地，這就是所謂的「今
寫所亡傳信副，移如牒」。這裡非常明確將據底本複寫送出的傳信
稱為副。「傳信副」的措詞和前文提到的「上書副」、「墨副」相同，
也和肩水金關簡的「傳副」（73EJC:617）「出入關傳副卷」（73EJT35:2）
同。也就是說，這不是傳信原物，而是複製件。因為要同時送交各
郡國守相，可想而知，為一百多個郡國，就需要謄抄百餘份。

發送文書一式多份時，發給主要對象的相當於今天所說的正
本，發給相關單位的在漢代也稱為副。例如著名的東漢〈史晨碑〉
所錄奏章一份「上尚書」，又「副言太傅、太尉、司徒、司空、大
司農府」。《後漢書》中也有不少例證。對此，過去學者早已論及，
不再多說。[90]

由鄉、縣而郡，由郡而中央，或上行，或下行，或平行，各單

90　汪桂海，《漢代官文書制度》，頁125-126。又參《後漢書》楊秉、李雲和黃琬等人
　　之傳。

位都可能收到無數正本和所謂的副。不論正副，自收文單位視之，都會被視為今人所謂的正本而加以保存，並據以再抄送其他上級、平級或下級單位。在一次次謄抄複製和傳送的過程裡，不免發生各種錯誤。為追查錯誤，也為了劃清責任，收發各單位不但要抄錄文書內容，更要記錄收文上的經手人名、收文時間、傳送者和封印內容或印的完好或破損情況。這些大家耳熟能詳，無須多說。

圖 27.1
135 正

　　本文想要強調的是在一抄再抄，一送再送和分送多個單位的複雜情況下，文書正、副本的界限，如不特別標示，有時根本難以區分。因為理論上正、副本的主體內容，甚至標題簡，應該一致，所不同的僅可能在另筆簽署或由書吏一筆抄成，或因傳送須時，不同收發單位在收發紀錄上出現日期先後、或封題（如《漢書‧魏相傳》提到的副封，在封上題署曰「副」）、或收發者彼此因相對地位而在移送呈文上使用不同的用語（如告、謂、下、移、敢言之等等）。[91]

圖 27.2
150 背

　　此外，香港中文大學館藏可能屬於西漢中期，出土不明的「奴婢廩食粟出入簿」木牘和簡上有署明為「槃副」、「稟槃副」、「稟副」者（圖 27.1-4）；[92]如果這些出

圖 27.3
152 背

91　初世賓先生也認為正副本內容應無別。參初世賓，〈懸泉漢簡拾遺（二）〉，《出土文獻研究》，第九輯，頁 184。

92　參陳松長編著，《香港中文大學文物館藏簡牘》（香港：香港中文大學文物館，2001），簡 134 背、135 正、136 背、150 正、153 背。編輯者陳松長認為它們是廩食簿的副本（頁 8），應屬正確。又湖

圖 27.4
153 背

土不明的簡牘可信，應可證明除了在封上注明「副」，簿籍本身標明為「副」的，也是一種副本。

五 草稿和副本的區分

正、副本應有區分，有時又難分，一大原因是正副本在主體內容上應相同，而副本性質又多樣，已如上述。那麼，副本或底本和草稿如何區分呢？許多學者已討論過。例如永田英正意識到副本和草稿有別，但沒有仔細討論其區別何在。大庭脩在提到簡 35.9 時則指出「候下的空白當是為署名而留，故可視為草稿。」[93]角谷常子認為草稿在日期和長官之名處留空，經推敲修訂後，以兩行形式謄清而成發文正本。經修訂的草稿一旦留存作底，其性質即變為存檔的副本。[94]換言之，她認為所謂的草稿和副本是隨文書作業的階段而定，在不同階段，草稿可以變成副本。汪桂海舉居延簡 27.26、EPT68.81-82、EPF22.38A、EPF22.158、EPF22.163-164 為例，指出「簡文中發文者皆只具職官，於姓名則空缺，簡 EPF22.163-164 發文日期亦只具年、月、朔，而空缺日。由此可

南里耶秦簡中也有明確稱之「計籍志副」的木楬。參里耶秦簡博物館、出土文獻與中國古代文明研究協同創新中心中國人民大學中心編，《里耶秦簡博物館藏秦簡》（上海：中西書局，2016），簡 16-752，頁 71。

93 大庭脩，《漢簡研究》，頁 251：「三五.九の候の下の空白は署名の空け草稿と考えるべきなのであろう」；中譯本，頁 208。

94 角谷常子，〈簡牘の形狀における意味〉，頁 96。

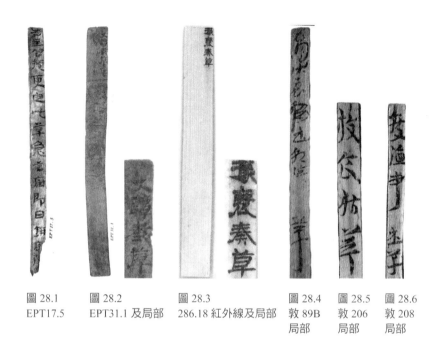

圖 28.1　圖 28.2　　圖 28.3　　　圖 28.4　圖 28.5　圖 28.6
EPT17.5　EPT31.1 及局部　286.18 紅外線及局部　敦 89B　敦 206　敦 208
　　　　　　　　　　　　　　　　　　　　局部　　局部　　局部

知，這些文書簡應是甲渠候官所發文書的草稿。」[95]他又提到「居
延漢簡中有一部分官府簡牘文書是用草書書寫的，很可能就是當時
所草擬文書的草稿。草稿經過修改、繕寫、審查、簽批，最後形成
文書的定稿。一般來說，定稿要存檔。」[96]李均明和劉軍先生論草
稿時，舉出了草稿的三項特徵：

　(1) 書寫比較草率，塗抹、增補較多，

　(2) 發文人名以「厶」或「君」字替代，[97]

95　汪桂海，《漢代官文書制度》，頁 120-121。

96　同上，頁 128。

97　清儒趙翼指出「厶」即古「某」字。參趙翼，《陔餘叢考》（臺北：新文豐出版公
　　司景印湛貽堂藏板，1975），卷二十二，頁 6 上下。又參于豪亮，〈居延漢簡叢釋〉

(3) 發文人名及日期空缺。[98]

換言之，汪、李、劉一致認為草稿有書跡較草率或以草書書寫，發文人名和日期空缺的特徵。大庭脩和角谷常子則同意人名和日期空缺這一點。此外，角谷還提到草稿會有「加筆訂正」，李、劉二位注意到草稿會有塗抹、增補和使用替代字，汪先生則指出定稿要存檔，但沒說草稿存或不存。不過，他在為草稿舉證時，曾列舉五件居延簡資料。換言之，應有草稿存在，居延和敦煌簡即曾明確提到「草」，例如：

1. 告主官掾更定此草，急言府，即日餅庭隧　　　　　　　（EPT17.5）
2. 〔令？〕史譚奏草　　　　　　　　　　　　　　　　　（EPT31.1）
3. 掾襃奏草　　　　　　　　　　　　　　　　　　　　　（286.18）
4. 正月戊辰移書敦德　草　　　　　　　　　　　　　　　（敦89B）
5. 校食枯（？）　草　　　　　　　　　　　　　　　　　（敦206）
6. 敦德尹　草　　　　　　　　　　　　　　　　（敦208）（圖28.1-6）

以上第一例謂「主官掾更定此草」，此「草」既須更改修訂，而且是由主官掾負責，無疑指某種文書的草稿而言。[99]第二、三例

「詣厶治所」條，《于豪亮學術文存》，頁188。

98　李均明、劉軍，《簡牘文書學》，頁164-166；李均明，《秦漢簡牘文書分類輯解》，頁136-137。不過《簡牘文書學》頁101-102論留空時，又云「凡空日期、空人名者當為未正式發出之文件底稿。此類文件皆由秘書人員起草，主管首長審閱後才署上其名……空日期者則待發出之日才署寫日期。」他們似乎是將待簽的正式文書看成是由草稿加上簽署而成。汪桂海先生則將草稿和據草稿而謄正的底本或副本作了區分，又區分了底本和正本。

99　草即草稿，例證頗多。如《史記‧屈原賈生列傳》：「懷王使屈原造為憲令，屈平屬草稿未定，上官大夫見而欲奪之，屈平不與。因讒之曰：『王使屈平為令，眾莫

是令史譚和掾褒所作奏草冊的標籤簡，以優美的隸書題寫在簡的右上角，兩簡格式一致，可見奏草標籤似有一定的格式。第四至六例則是書寫潦草的草稿標題簡，自名為草。既然確定有草，又有副，則草、副必不是一回事。草稿和副本或底本的區別何在？如何從出土簡冊中去辨識？就變成一個需要弄清楚的問題。

第一，誠如汪桂海指出，文獻中所說「真、草詔書」的草不是指草書而是草稿。[100]如此，真即應如鄔文玲所說即正本。李均明和劉軍二先生也正確地指出草稿用什麼書體，很大成分上取決於書者的習慣。居延和敦煌遺簡中，固有不少草書者，它們不一定就是草稿；有些不用草書，也有可能是草稿。例如汪先生所舉五件草稿例證，字體都並不草，簡 286.18 的「掾褒奏草」四字標籤更是優美規矩的隸書，敦煌簡 89B 則為潦草的草書。因此，要論證草稿，草書本身似乎並不是一個可靠的標準。不過，本文想要強調如果草書和其他書寫現象如替代字、替代符號、增刪痕跡等一起出現，則其為草稿的可能性即大增。

一個佳例是李、劉二位提到那份長達五十餘簡，敦煌出土「始建國天鳳四年正月使西域大使五威左率都尉某」給王莽所寫的奏草。[101]這份奏草目前還難以復原其編聯順序，因為從一些跡象看

不知，每一令出，平伐其功以為非我莫能為也。』」此草稿無疑即起草之草。草稿亦稱之為槀草，見《後漢書・南匈奴傳》等。
100 汪桂海，《漢代官文書制度》，頁 121；初世賓，〈懸泉漢簡拾遺（二）〉，《出土文獻研究》，第九輯，頁 185-186。
101 關於這次天鳳四年戰役的背景考證，可參饒宗頤、李均明，《新莽簡輯證》（臺北：新文豐出版公司，1995），頁 200-207；內容考證參張德芳，〈關於敦煌漢簡中西域史料的幾個問題〉，《懸泉漢簡研究》，頁 303-322。

來，似乎不止一份，不止抄寫一次。例如「使西域
大使五威左率都尉冀土臣厶稽首再拜上書」這樣完
全相同格式和內容的簡出現了三或四枚（圖29）。[102]
這樣的上書專用語句在同一份奏章中應不會重複多
次。如果是多份奏稿的殘簡，所奏內容又不相同，
如何將散亂的數十簡復原成多份文書冊，就十分不
易了。

　　所幸本文所關切的不在編聯，而在於它們是不
是草稿。從筆跡幾乎全同這個角度看，這些簡不論
原屬幾份文書，當出於同一人之手。它們的特徵有
以下幾點：

圖29
敦 117、118、146

(1) 都是潦草的草書；
(2) 凡「臣某」處不留空，而用替代符號「臣
　　厶」；
(3) 有增刪痕跡。以下先將圖版較清晰有替代
　　符號和增刪修改痕跡的簡表列如下（圖30）：
「厶」的符號不但用於「臣某」的場合，也用於例如職銜「大泉都」
（簡60）之後。[103]代擬奏章的屬吏要先將草稿呈給長官，或許因為
不敢直呼長官之名，又不宜留空，遂用了替代符號。這樣的符號在
供存檔用的底本或副本上極少見（詳下）。底本應是據修正核可定案
後的草稿重抄而成，其上應完整記錄發文日期、內容、收文、經手

---

102 甚至可能出現了四枚。另一枚簡76上也有「使西域大使五威左率都尉□□□」等
　　字，但簡下段部分文字從圖版難以辨釋。
103 「厶」符號在草稿中似也可用於替代錢數和其他的場合，參簡 EPS4T2.52。本文不
　　及細述。

今塵集：秦漢時代的簡牘、畫像與文化流播
——卷二　秦至晉代的簡牘文書

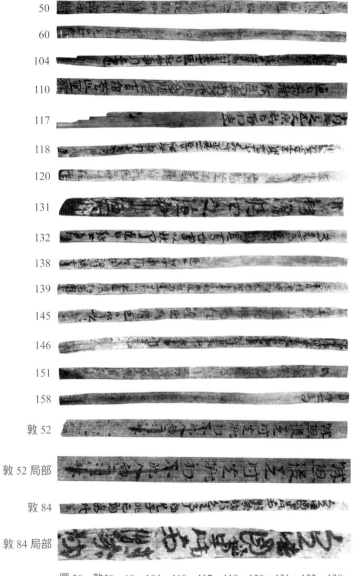

50
60
104
110
117
118
120
131
132
138
139
145
146
151
158
敦 52
敦 52 局部
敦 84
敦 84 局部

圖 30 　敦50、60、104、110、117、118、120、131、132、138、
139、145、146、151、158

者的職銜和名字，甚至包括內容題要的標題簡，才比較合理。因為完整，日後才可能據底本處理後續和追查責任。這應是起草草稿和底本或副本的一個不同。

其次，草稿如經起草者或長官修改，應會留下痕跡。[104]如修改者非起草者本人，則筆跡會不同；如起草人擬稿時自己作了增刪，筆跡應一致。圖30簡52「誠恐誤天時失戰利不敢入塞從報□□□□鄣☒」的「不敢入塞從報」六字明顯被一豎筆劃過，應是表示刪去。同樣的修改方式也見於居延木牘EPT56.73AB（圖31）。這類以豎筆刪修的簡或牘在居延簡中十分少見。[105]圖30簡84「空諸國不止車師前附城」云云，其中「不止」二字是以較小的字體補寫在「諸國」、「車師」之間的右側。從筆跡看，似為起草人自己所補。類似補寫的情形也見於居延簡55.13＋224.14＋224.15和

圖31　EPT56.73 AB

圖32.1　　　圖32.2
55.13＋224.　EPT59.117A
14、15 局部

---

104 這和一般竹木簡用削刀不留痕跡地削改不同。我猜想為使起草吏易於辨別長官所作的修改，長官或在字句旁增補字、句，或以豎筆槓去應刪之處。

105 我另外找到僅有的一例是EPT44.3。

EPT59.117A（圖 32.1-2）。這兩簡書寫都不潦草，但「言」字以較小的字體，補寫在「者」、「須」二字之間的右側，「縣」字以相同的方式補寫在「安」和「吏」字之間。這樣的刪修訂補痕跡比較可能出現在草稿上，而不應出現在重抄寫定，供簽署和存檔使用的草、案，或今天所謂的底本上。[106]這是副或底本和草稿的又一不同。

　　最後，一個決定性判定草稿的理由，誠如李均明和劉軍二位指出，敦煌簡 86B 有「正月戊辰移書敦德　草」字樣，既然自名為草，其為草稿無疑（圖28.4）。[107]前引兩件「奏草」，同理也必是草稿。正本和副本都不會自名為草。這是第三點不同。但我也同時注意到古代所謂草，意義頗寬泛。尚待修潤增刪的初稿，固可名為草，最後謄清待簽署或批示的草案也稱為草。除了前文曾提及的「諫草」，建武二

圖 33

十八年北匈奴遣使乞和親，光武下三府議酬答之宜。司徒掾班彪回奏，於奏書中附有報答之辭的「槁草」。[108]這類的「草」應算是奏書正文的附件。它雖名為草，卻不可能書寫潦草。實物例證見湖南長沙五一廣場出土的臨湘縣文書。有一件嘉禾五年上報臨湘縣請求

---

106 不能排除抄寫副本時偶有失誤或遺漏，角谷常子指出 EPF22.195 有一「留」字補寫在右側旁，她稱之為「加筆訂正」即為其例。參角谷常子，〈簡牘の形狀における意味〉，頁 95。

107 李均明、劉軍，《簡牘文書學》，頁 165；李均明，《秦漢簡牘文書分類輯解》，頁136。

108 見《後漢書·南匈奴傳》（頁 2946）。

批示的木牘上即註明附呈有「四年頃畝收米斛數草」（圖33）。

　　由此看來，秦漢官僚文書作業雖然已較戰國時代大為發展，已因文書性質和作業流程而訂出不同的名稱和特定的用語，但在概念上仍明顯有界限不夠明確和不夠細緻處，實際上也很可能存在著用語不一致和不夠系統化的情況。

　　基於以上三點草稿和副本的可能差異，我以為迄今在居延和敦煌遺簡中能見到較多的正本和副本或底本，增刪待訂中的草稿其實很少。[109]以居延出土的數萬枚簡牘來說，具有前述刪修或訂補痕跡，可以由此判定為草稿的簡不過數件。草稿不多的原因最少有三：

　　第一，誠如汪桂海所說，草稿不一定保留。如果保留，加上副本和收文正本等等，各單位保存文書的空間壓力太大。一旦供存檔用的副本或底本完成，起草性質的草稿很可能在短期保留後，即削改供重複使用、或移作它用。這樣可以大大節省儲存的空間。[110]

　　第二，前文提到有修改痕跡的這件草稿是使西域大使五威左率在敦煌前線所上的奏草，而敦煌、張掖太守等大吏或甲渠、肩水候

---

109 也有學者看法不同，例如李均明在前引《秦漢簡牘文書分類輯解》中說：「今見簡牘文書，草稿所占比例甚大，尤其上行文書中草稿居多，有較明顯的特徵，例如：字體較草率、塗抹、增補較多。」（頁136）初世賓先生對此說有所保留，認為「居延、敦煌漢簡基本上全屬官文書檔案，但像前述之草稿特徵，卻為數甚少，例如修改文字筆誤，是以筆削為主，塗抹或增添者微乎其微。」參前引所著，〈懸泉漢簡拾遺（二）〉，頁185。個人有同感。

110 過去除了汪桂海先生，大家在討論文書制度時比較忽略竹木簡這樣的文書載體所須的儲存空間，以及對文書管理制度造成的影響。我在汪先生的基礎上，曾試作了進一步討論。參邢義田，〈漢代簡牘的體積、重量和使用——以中研院史語所藏居延漢簡為例一〉，《古今論衡》，17（2007），頁65-101。

今塵集：秦漢時代的簡牘、畫像與文化流播
　　——卷二　秦至晉代的簡牘文書

這樣的官吏也會上奏，凡下級給上級文書皆可名為奏；奏由掾或令史起草改訂，理論上這類奏草在居延和敦煌各塞遺址中應保留甚多，實際上卻有限。根本原因似乎在於例行性文書有「式」，[111]可依固定格式書寫公文，起草這一程序常可省去，或最少可以省去有式可循，格式上固定的部分。需要起草者多為文書主體內容較複雜、敏感或非例行性者。例如邊郡太守上奏中央，尤其是奏報軍情，必得小心拿捏分寸，字字斟酌。先起草，十分自然；有奏草留下來，十分合理。此外，司法文書因涉刑罪和權益，記錄案情須字字計較，案情部分應該也要起草。[112]其他地方性或單位內部的例行事務如屬吏升黜、糧餉出入、任務分派、勤務考核獎懲等等，經辦之吏早已熟悉相關簿籍及文書格式，應該不必起草即可作出符合要求的簿籍或文書。

第三，居延和敦煌邊塞障候層級甚低，較多單位內部、上下或平級單位之間例行事務，出土的其實絕大部分是例行性的簿籍和文書。[113]因此少有草稿出土，反在情理之中。前引簡中有「掾褒奏草」、「〔令？〕史譚奏草」，我相信其內容應該都是需要起草，而不是例行性事務。

為了證明以上所說草稿和副本的差異，還必須澄清一件李均明和劉軍論草稿時，引用的居延新出土簡冊，即建武四年「甲渠言卅

---

111 參邢義田，〈從簡牘看漢代的行政文書範本——「式」〉，《嚴耕望先生紀念論文集》（臺北：稻鄉出版社，1998），頁387-404。

112 例如簡 EPS4T2.52 是一件以小字書寫與債務糾紛有關的木牘，出現不同墨色的增補筆跡和四次「ㄥ」符號，應可視為草稿。

113 永田英正作居延簡集成，據其集成可知絕大部分為例行性簿籍之類。另可參李天虹，《居延漢簡簿籍分類研究》、李均明，《秦漢簡牘文書分類輯解》。

井關丁宮等入關檄留遲謹推辟」冊和保存完整，書有「甲渠鄣候以郵行」和詳細標題內容的相關封檢（EPF22.125-150, 151ABCD）（圖34）。這個冊上曾出現一處「厶」符號（簡 EPF22.131），文字較草率，因此曾被視為草稿。[114]這個冊子和上述封檢是否相關？是否都屬草稿？似乎應該再仔細斟酌。第一，應注意這個封檢。容我先移錄內容如下：

府告居延甲渠鄣候卅井關守丞匡十一月壬辰檄言居延都田嗇夫丁宮祿福男子王歃等入關檄甲午日入

到府匡乙未復檄言　　　　　　　　　　　　　　　　　　　　　（A面）

男子郭長入關檄丁酉食時到府皆後宮等到留遲記到各推辟界中定吏主當坐者名會月晦有

　　　　　　　　　　　　　　　　　　　　　　　　　　　　　（B面）

甲渠鄣候以郵行□

　教　　　　　　　　　　　　建武四年十一月戊戌起府　　（C面）

十一月辛丑甲渠守候　告尉謂不侵候長憲等寫移檄到各推辟界中相付受日時具狀會月廿六

　日如府記律令　　　　　　　　　　　　　　　　　　　　　（D面）

　　不論這個檢上所書內容為何，標題「甲渠鄣候以郵行」明確告訴我們，這是建武四年十一月戊戌居延都尉府透過郵傳系統送交甲渠鄣候的文件，所以在甲渠候官遺址出土。其次，從檢上 D 面的紀錄可知，甲渠守候已據都尉府的要求作了相應的處理。封檢書寫一般有固定格式，應不必起草，因此也不該是所謂的草稿的一部分。

　　既有正式的檢，應該也有所封的正式文書。正式文書在那兒？圖 34 中的二十六枚簡是不是正式文書或正本呢？我以為不是。它們確實如李、劉所說，比較像是文書的草稿，因為這個冊上曾出現「厶」符號。在正式文書中出現這樣的替代符號，實屬不可思議。

---

114 李均明、劉軍，《簡牘文書學》，頁 165。

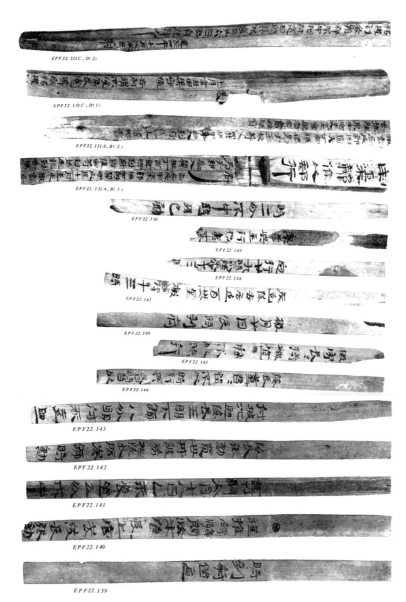

EPF22. 151C、D(2)

EPF22. 151C、D(1)

EPF22. 151A、B(2)

EPF22. 151A、B(1)

EPF22. 150

EPF22. 149

EPF22. 148

EPF22. 147

EPF22. 146

EPF22. 145

EPF22. 144

EPF22. 143

EPF22. 142

EPF22. 141

EPF22. 140

EPF22. 139

圖 34　EPF22.125-150、151ABCD

EPF22.138

EPF22.137

EPF22.136

EPF22.135

EPF22.134

EPF22.133

EPF22.132

EPF22.131

EPF22.130

EPF22.129

EPF22.128

EPF22.127

EPF22.126B

EPF22.126A

EPF22.125

今塵集：秦漢時代的簡牘、畫像與文化流播
——卷二　秦至晉代的簡牘文書

其次，在同一遺址中曾出土了另一枚書寫和格式都較為
正規的簡（EPF22.324），這一簡比較像是和檢相關的正
式公文或正本的一部分（圖35）。其內容如下：

> 持行到府，皆後。宮等到，留遲。記到，各推辟界
> 中，相付日時具言狀，會月廿六日。謹案鄉嗇夫丁宮
> 入關，檄不過界中。男子郭長入關，檄十一月十八日
> 乙未食坐五分，木中隧長張勳受卅井誠勢

EPF22.324 簡的內容雖不完整，但明顯和
EPF22.125-150 內容一致，形式上分三欄兩行書寫，有
兩道編繩，字體是規規矩矩的隸書，格式則和「建武三
年候粟君責寇恩事」戊辰爰書（EPF22.21-32）的部分幾
乎一樣，是正式公文該有的模樣。[115]由此或可推想，和
上述檢有關的正式文書簡冊原應存在，只是目前僅有這

---

115 正式公文書的格式之一為兩行，即一簡雙行書寫。角谷常子曾指出
這一點，參所著〈簡牘の形狀における意味〉，頁 90-98。其說可
得到出土簡牘證明。敦煌懸泉所出王莽簡謂：「詔書必明白大書，
以兩行著故恩澤詔書。無嘉德，書佐方宜以二尺兩行與嘉德長短等
者，以便宜從事……」（胡平生、張德芳，《敦煌懸泉簡釋粹》，頁
2，簡 II01143：404）。這裡所說的「二尺兩行」無疑是針對正式
詔書而言，由此可推知正式文書在簡的長度和書寫方式上都會有規
定。又可參胡平生和馬月華對「兩行」的討論，《簡牘檢署考校注》
（上海：上海古籍出版社，2004），頁 41-42。但據前文討論，正式文書也可能有單
行書寫，或簡冊中單行和雙行、甚至三行書寫並存的情形。懸泉出土所謂的《失
亡傳信冊》即為其例，此冊編繩完整，第一簡的上欄分成三行書寫，下欄又分為
兩行書寫，值得注意。此簡冊圖版見《出土文獻研究》，第七輯，圖版頁 11。又懸
泉置出土的《傳車亶轝簿》有簡十枚，編繩仍在，簡寬窄不一，或為札，或為兩
行，札上有書寫單行字者，也有同一札上欄單行，中欄書作兩行的情形，可見文
書冊的實際狀況比以前所認識的更為複雜。

圖 35
EPF22.324

一枚較確定可考。[116]換言之，似乎應將簡 EPF22.324 視為 EPF22.151 檢所要封的正式文書。如果能有更多和簡 EPF22.324 相關的其他部分簡冊出土，加以比對，我相信就更可以看出草稿和正式文書之間的異同。

六 結論

目前對秦漢文書的形成、傳送和保存等等雖然知道稍多，要十分明確地指出哪些是正本、副本、底本，哪些又是草稿，還存在著相當大的困難。本文試圖從出土簡牘尋找不同性質文書的某些特徵，並解析其間的差異，但不得不承認還面臨著頗多認識上的盲點，目前還無法對正、副本和草稿作出較為全面的定義。相對於前賢已經獲致的成果，本文拾遺補闕，無法有太多新的突破。以下的結論，與其說是結論，還不如說是階段性的假設。它們必會隨著更進一步的研究和更多的新材料，而被證實、修正或推翻：

第一，居延和敦煌出土的文書正本或正式公文應出現在公文應送達的單位，已抄成但未發出的正本也可能以不同的狀態存在於發文單位。某些待發的正本會在日期和首長簽署處留空，等待補填日期和人名。補填者不一定是單位首長本人，常常是其屬吏或書吏。

---

116 拙文修改稿送請角谷常子指教，角谷曾指出 EPF22.464 和 EPF22.324 兩簡一行之字數相同，又 EPF22.464 第一行最後的「界」字和 EPF22.324 的界字書法相同，疑可接續，屬於同一簡冊。其說如可取，則此正本還有一枚簡存在。可惜 EPF22.464 的圖版除最後一個界字，幾乎完全無法辨識，其釋文是據字跡剝落後的痕跡釋出，最好能進一步驗證。

今塵集：秦漢時代的簡牘、畫像與文化流播
——卷二 秦至晉代的簡牘文書

補填的程序尚多不明之處。一個較明確的現象是總負責文書行政的
掾先署名或由掾及其他經手的屬、尉史、令史、佐或書佐副署,並
填上發文日期,接著再填上單位首長或代行職務者的名字,再用印
或加封用印發送。例行性的文書一般多由屬吏或代理人代為簽署和
代為批示。或許因為邊塞公文書多屬例行性,目前可以確認由長官
親署的例子實際上幾乎不曾見,但是今後出土的可能性不能排除。

　　第二,正式文書或正本如果由多枚簡構成,在簡冊形式上應會
有編繩,編繩所經之處留空。文書的主體內容部分往往採「兩行」
的形式,也以隸書抄寫的比較工整。但不一定完全如此。正式文書
簡的一種長度應為漢尺二尺(約 46 公分),也有一尺等等不同尺寸
者。可能因為邊塞地區物資困難或沒有那麼嚴格按規定執行,邊塞
出土的正式文書編冊不一定用二尺簡,一尺者反而較多,簡寬一公
分和兩公分的有時混合使用,寬窄非必一致,「兩行」簡中央也不
一定有高起的脊。[117]總之邊塞編冊簡牘的長短寬窄往往遷就可到手
的材料,任意性較高,例外頗多。

　　第三,今人所謂的副本於秦漢時代名為副,在行政中可有多層
意義,其根本意義似乎在於凡據某種文書或簿籍謄抄複製而成的都
是副。副既可用於留底存檔,也可再抄製供發送其他單位。再者,

---

117 長約 46 公分,兩行書寫,中央有脊,簡面呈兩斜坡狀的簡牘文書以長沙走馬樓八
　　號井所出武帝時期兩行文書最為典型。參長沙簡牘博物館、長沙市文物考古研究
　　所聯合發掘組,〈2003 年長沙走馬樓西漢簡牘重大考古發現〉,《出土文獻研究》,
　　第七輯(上海:上海古籍出版社,2005),頁 57-64 及彩色圖版。又見謙慎書道會
　　展 70 回記念《日中書法の傳承》(東京:二玄社,2008),頁 124-125 或西林昭一
　　編,《簡牘名蹟選》,2,頁 28-32。但前引懸泉置出土的《失亡傳信冊》僅長 23.2
　　公分,其前五簡以兩行書寫,只有中間三簡中央起脊,嚴格而言,並不完全合於
　　形制標準。

當發送文書一式多份時，發給主要對象的相當於今人所說的正本，發給相關單位的被稱為副。發送的正式文書也可以有隨文抄附的某種簿籍或文件而被稱之為「副如牒」。同一份文件在收、發、留底再轉送的流程中，會因為在流程中所處的位置和發生的作用而有正副本角色重疊或轉換的現象。公文在一抄再抄，一送再送和分送多個單位的複雜情況下，文書正副本的界限，如不特別標示，頗難分辨。因為理論上正、副本的主體內容，甚至標題簡，應該一致，所不同的可能僅在因抄、送作業造成的日期先後、封題和收發者彼此因相對地位而有的不同用語上。是否可由親筆或別筆簽署判別正副本，目前證據還不夠充分。

第四，居延和敦煌漢簡中毫無疑問有「草」或草稿存在。其特徵在於有刪補痕跡，有替代符號，有時書寫也較潦草。但後二者並非絕對標準。目前可較明確辨識屬起草性質的草稿簡冊和簡甚少。其原因在於邊塞單位層級較低，日常經手的多為例行性事務，相關公文有固定格式，大多數不須先行起草。也就是說例行性文書為求快速簡便，一次即抄成正式文書數份，有些供發送，有些供存底。這其中有些完全一筆抄成，又有些在日期或簽署處留空。如何決定留不留空？目前尚不清楚。須先起草的可能限於章奏、司法爰書等等較複雜或敏感的文件。因為不須起草，出土的也就少。其次，一旦據草稿核訂謄抄成為存檔的底本或正本，為減少保存上的空間壓力，草稿可能不再保留，因此少有遺存。

第五，收文單位在收到公文後，會在來文封檢的正面或背面註記封印內容和完損情況，也會註記傳送者的職銜人名和送達日期，有時會有發封者和發封情況的紀錄。此外，也有在來文和封檢上直接批示或紀錄其他後續的處理。凡出現不同筆跡後續處理紀錄的應

可視為今人概念中的文書正本。但後續處理紀錄在存檔底本上的情形，也應存在。[118]這方面還需要更進一步研究。

第六，據編聯和書寫等等特徵分析，中研院史語所所藏的永元五年至七年廣地南部官兵釜磑月言及四時簿，在性質上應是一件A27所在的障塞基於某種需要，挑選月言簿和四時簿底本中特定的部分而後編成，或由兩位書吏據月言簿和四時簿底本，抄錄特定部分而後用四段編繩，將五份簿冊連綴在一起的再抄本。為何要挑選永元五年至七年某些月份和時段的月言和四時簿？為何將月言簿和四時簿編聯在一起？原因仍然不明。[119]不論它是底本或再抄本，性質上都屬副本。廣地南部月言簿和四時簿的正本，理論上應曾按時送往其所屬的上級單位——廣地候官。但這份為特定目的編成的簡冊是準備發送給誰？仍然難以確定。地灣A33出土的元康五年詔書冊則如大庭教授指出，應是由肩水候官屬吏重抄的副本。

以上所論難有大的突破，其中一大原因是編冊復原的工作做的還不夠全面。成千上萬的出土簡牘原本大多數是以簡冊的形式存在，迄今只有數十簡冊在魯惟一、大庭脩和謝桂華等人手中得以局部復原，有些由永田英正和李天虹等作了「集成」，還待復原的仍

---

118 例如湖南里耶J1（9）1-12號秦牘即可能在存檔底本上記錄了後續處理。參邢義田，〈湖南里耶J1（8）157和J1（9）1-12號秦牘的文書構成、筆跡和原檔存放形式〉，《簡帛》，第一輯（上海：上海古籍出版社，2006），頁275-296。居延出土文書中則有EPT56.6A補記「書即日餔時起候官」、EPT48.25補記「候君詣府」等在文書底本上記錄後續處理情況。

119 理論上可以推想可能有兩種情況：一是這時上報制度由月言簿簡化為四時簿，也就是由每月上報簡化為一季上報一次。或者，月言簿仍然存在，四時簿是據月言簿，每三個月編成一份四時簿。經排比可考的資料，可知月言簿和四時簿事實上應同時存在。為何將它們編聯在一起？原因仍待考索。

極多。如果今後能以出土地、坑位和層位（例如尚待出版的敦煌懸泉、居延新簡考古報告能附有出土簡層位資料）為準，較全面地將敦煌和居延出土的殘簡復原成文書冊，再比對不同遺址出土相關文書的不同抄件，將可大大有助於我們對公文書性質、構成、傳送和保存管理的認識。

當然更有幫助的是能在居延和敦煌邊塞沿線進一步發掘，出土更多可供比對的公文書。理論上，公文書在烽隧線上傳送，各單位要記錄收發或抄留副本，這頗像一粒粒的珍珠原本串連在一條線上。今後雖不能期待散簡如珍珠項鍊般成串出土，只要出土越多，線索必然越多，我們就越有希望明白珍珠是在怎樣的一條線上串成的。

最近幾十年來，除了居延和敦煌邊塞，秦漢內郡地區也陸續出土了許多與地方行政相關的簡牘文書。湖南龍山里耶的秦遷陵縣城出土文書簡多達三萬餘件即為一例。湖北江陵和荊州、湖南長沙走馬樓、東排樓和五一廣場等地更有大量地方性政府文書簡牘等待整理和刊布。這些資料一旦出版，我們對秦漢地方行政和文書管理的理解必將遠勝於今日，本文暫作的若干結論也可得到檢驗。

尤其重要的是長期以來由於缺乏秦漢內郡的資料，我們是依據邊塞簡牘文書去建立對漢代一般文書行政的認識。例如永田英正研究居延漢簡後的一個重要結論就是指出邊塞候官相當於內郡的縣，邊塞文書制度以上計文書為例，不是邊塞特有之制，乃是內郡文書制的再生和發展。[120]這頗有道理。最近得見北韓平壤出土樂浪郡戶

---

120 永田英正十分正確地指出作為帝國行政的末端機構，邊塞的候官相當於內郡的縣，並在討論漢代邊塞候官職掌後，結論道：「所謂的文書行政，是否只是限於邊

口簿木牘圖影及內容，其內容與格式與安徽天長、江蘇尹灣、湖北荊州紀南松柏村等地出土者相似，可為永田之說添上新證。但相對而言，邊塞物資條件不同，又前文引據最多，出土於甲渠候官遺址F22 的文書簡多屬王莽和建武初最動盪不安的時代，文書用簡和書寫格式常有「脫軌」現象，依據它們研究文書的常態或一般格式，其難度無疑較依據承平時代的內郡文書為高。其次，漢代邊郡和內郡在自然條件上頗有差異，漢朝政府曾在行政上明確劃分二者，賦予不同的功能和角色；[121] 果如此，邊郡和內郡在日常行政和文書作業上是否完全一致？是否可能也會存在著差別？值得今後進一步研究。

郡軍事地區的特殊情況呢？絕對不是（決してそうではない）。因為漢代施行於天下的上計制度其實就是這種文書行政的一環。邊郡的這種制度只能是內郡制度在邊郡的再生和發展。」（永田英正，《居延漢簡的研究》，頁 516；中譯本，頁 415）上計制重要的一環是戶口簿。其他簿籍和文書制度方面，則有待內郡的資料刊布後才會有更明確的答案。例如按漢制，許多正式文書或簿籍須用二尺、二尺四寸或三尺簡牘，以現在可考的材料看，居延和敦煌邊塞或因竹木資源較為缺乏，或因行政上特殊的規定，極少見到合乎標準長度的簿籍或文書，但在秦漢內郡地區出土簡牘中卻已有不少可考（例如里耶戶籍簡長 46 公分、走馬樓 J8 出土長 46 和23 公分兩行和單行文書）。這個現象值得繼續關注。參湖南省考古文物研究所編，《里耶發掘報告》（長沙：岳麓書社，2006），彩版頁 36-39；長沙簡牘博物館等，〈2003 年長沙走馬樓西漢簡牘重大考古發現〉，《出土文獻研究》，第七輯，頁 57-64 及彩版。長沙走馬樓西漢簡較清晰的圖版又見《日中書法の傳承》，頁 124-125 或西林昭一編，《簡牘名蹟選》2，頁 28-37。

121 我曾草成〈漢代的邊郡與內郡〉、〈漢代的邊吏、邊患與邊民〉二文，因為有些問題一時尚難解決，迄今無法完稿。幸喜朱聖明先生已有專章討論，參朱聖明，《華夷之間：秦漢時期族群的身份認同》（廈門：廈門大學出版社，2017），第九章〈漢代「邊民」的族群身份與身份焦慮〉，頁 264-301。此書重點不同，但已注意到邊郡和內郡的差異。

後記

　　本文初稿曾得前輩永田英正、好友角谷常子、籾山明、冨谷至、李均明、侯旭東、馬怡、張俊民、黎明釗、劉增貴、李宗焜及學棣劉曉芸、劉欣寧、游逸飛指教，謹此誌謝。一切錯誤由作者自行負責。又匿名審查人曾提出極有啟發性的想法：「現在出土的秦漢公文書簡牘，或與文獻所記簡冊制度不能吻合，那麼，是否有這樣的可能，即合乎簡冊制度的文書被傳送出去了，而作為抄（副）本則無須拘泥簡冊制度，如今被發掘出來。也就是說，倘公文書形制規格符合文獻所記簡牘制度，其為正本可能性較大；倘形制規格不合文獻所記簡牘制度，其為副（抄）本可能性較大。」抄錄如上，供同好思考和進一步研究。

98.4.4/100.10.28

　　原刊《中央研究院歷史語言研究所集刊》，第 82 本第 4 分（2011），頁 601-678。109.9.24 再訂。

漢至三國公文書中的簽署

　　簽署，漢代稱之為「署」或「署名」。署、署名可以僅指署寫姓名，也可以包括爵里或職銜等。何時僅署姓名，何時署職銜和姓或名，何時又須署爵里、職銜和姓名，又爵里、職銜和姓名等應如何排列，哪些部分須自署，哪些允許書手代筆，字體大小、間距等等在公文書的世界裡都曾有所規定。這些規定在漢代叫作「式」，「署不如式」就會受到糾舉或處罰。[1]這幾十年來因出土簡帛文書日多，我們才有了機會去認識。

一 漢簡文書中的簽署

　　簽署或簽名本來如人之面，人人有異。居延漢簡上所見署名，絕大多數由文書吏代筆，筆跡和文書正文無異；少數別筆所書者，與文書正文常用的隸書有別，其字形：

1. 或具篆味，字體約略拉長，部分筆劃婉轉如篆，例如令史羕的「羕」字（圖 1.1 簡 EPT8.1），相對於由書吏一體抄錄的「令史

1　邢義田，〈漢代簡牘公文書的正本、副本、草稿和簽署問題〉，《中央研究院歷史語言研究所集刊》，82:4（2011），頁 601-678。本書，頁 18-19。

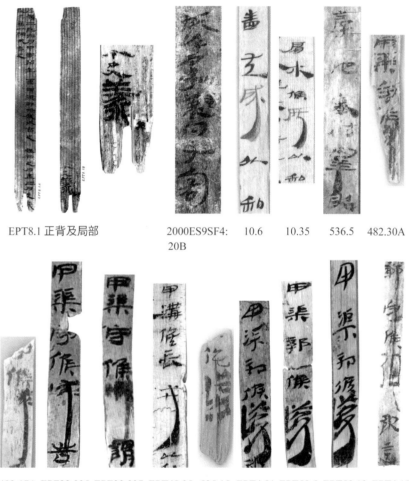

EPT8.1 正背及局部　　　　2000ES9SF4:　10.6　　10.35　　536.5　　482.30A
　　　　　　　　　　　　　　20B

483.17A　EPF22.335　EPF22.337　EPT48.25　525.15　EPT4.81　EPT50.5　EPT50.13　EPT4.18

圖 1.1

今塵集：秦漢時代的簡牘、畫像與文化流播
　　　　　　── 卷二　秦至晉代的簡牘文書

羕」（圖 1.1 簡 2000ES9SF4:20B），後者即一無書體上別筆所書
的特徵；

2. 或寫得特別大（如圖 1.1 簡 10.6「嗇夫成」、10.35「肩水候房」、
簡 EPT8.1「令史羕」、525.15「□候護」、EPT50.5「甲渠鄣候
護」、EPT50.13「甲渠鄣候護」、圖 1.2 簡 EPF22.273「鄣候獲」、
EPF22.460「鄣候獲」、EPF22.532「鄣候獲」）；

3. 或寫得較潦草（圖 1.1 EPT50.5「甲渠鄣候護」、EPT50.13「甲
渠鄣候護」、76.15「鄣候獲」）；

4. 或將尾筆拉長（圖 1.1 簡 10.6「嗇夫成」、10.35「肩水候房」、
536.5「橐它塞尉舉」、482.30A、483.17A、EPF22.335、
EPF22.337「甲渠鄣候成」、EPT48.25「甲溝候長戎」、EPT50.13
「甲渠鄣候護」）。

這些署名不論是親筆或由他人代筆，常同時具有以上幾項特徵，既
大又草又拉長尾筆，似乎刻意要顯示所署的字和文書中其他的字體

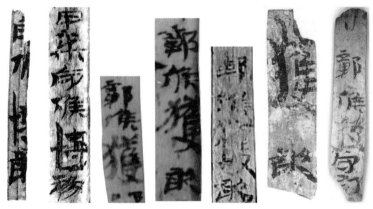

EPT6.138　EPT48.7　EPF22.273　EPF22.460　EPF22.532　EPT48.67　　76.15

圖 1.2

不同，以求一望可辨。

公文書的簽署除了易辨醒目，可能也為表現獨特性或防止模仿造假，儘量個性化，在長期發展中，甚至變成一種書法藝術。較著名的例子是南朝陳宣帝時，金部侍郎蕭引「善隸書，為當時所重。宣帝嘗披奏事，指引署名曰：『此字筆勢翩翩，似鳥之欲飛。』引謝曰：『此乃陛下假其羽毛耳。』」（《陳書‧蕭允傳》弟蕭引條）由此可知蕭引上奏，署名必為親筆。宣帝用「筆勢翩翩，似鳥欲飛」形容他簽署的字跡輕盈飄逸，流露出對藝術化、個性化簽名的欣賞。

從文獻看，似乎到了使用紙張，重視書法的南北朝才出現藝術化和個性化的簽名，可是據前引居延漢簡，漢代早已出現刻意增大字體，甚至拉長末筆，末筆猶如鳳尾的簽署。這是否可以視為魏晉以降藝術化和個性化簽名或批示如鳳尾諾的前身？目前證據嫌少，不好論定，但值得留意。[2]此外，上述南朝的例子能夠證明像侍郎這樣的臣子，需要在奏章之類的文件上親署名字，一般例行性的行政文書是否也都需要單位長官或經管業務的吏親署呢？

這個問題困惑我很久。起初我追隨大庭脩教授的意見，認為居延和敦煌漢簡文書上的署名，是由單位長官親自簽署。後來再經考察，發現所謂的親筆簽署其實絕大部分僅能證明是由屬吏代筆，尤

---

2 注意到漢簡一般書法藝術的大有人在，但關注行政文書書寫「藝術性」和「視覺性」問題的似乎只有富谷至。參氏著，《文書行政の漢帝國》，頁 141-171。他更提出「視覺木簡」這樣的概念，注意簡的尺寸大小、檢、觚以及書法、書體在視覺上造成的效果和意義。參所著，〈視覺木簡への展望〉，收入角谷常子編，《東アジアの簡牘と社會：東アジア簡牘學の檢討：シンポジウム報告集》（中國政法大學法律古籍整理研究所、奈良大學簡牘研究會、中國法律史學會古代法律文獻專業委員會，2012），頁 31-42。但他的討論不包括簽署。

其是例行性的公文書，幾乎找不到長官親署的明確例證。[3]那麼，漢代簡牘文書上為什麼會出現凡應書寫職銜和人名的地方，人名部分留空而等待簽署的情形？為探討這些問題，我放棄了舊說，提出不同的解釋方案，但遠遠沒能真正解決問題。近日想到，三國去漢未遠，文書仍用竹木簡牘，何不到三國吳簡中去尋找線索？

二 三國吳簡別券上的簽署

長沙走馬樓出土十幾萬枚三國孫吳的竹木簡公文書，這些年來除了大木簡田家莂，竹簡部分已出版了圖版六大冊。其上有大量署名的地方吏。他們是以什麼形式簽署？值得認真梳理。稍作梳理後發現，田家莂上三位戶田曹史的署名多為代簽而非三人各自親筆；收付財稅等物資的竹木同文別券上或有基層員吏的親署，也有很多

3　《後漢書‧百官志》「縣萬戶以上為令」條下本注曰：「丞署文書，典知倉、獄。」所謂丞署文書，是指縣的文書由輔佐縣令、長的縣丞負責處理。處理至少有兩層意思：一是負責文書作業，二是在文書上署名或用丞印加封後送出。在秦漢縣令、長印或封泥之外，的確有很多縣丞的印或封泥傳世或出土。縣丞甚至也有可能在某些情況下，代令、長對外行文如在里耶秦簡所見遷陵縣丞回覆啟陵鄉任命郵人事。參高村武幸，《漢代的地方官吏與地域社會》，頁 303-334；孫聞博，〈簡牘所見秦漢鄉政新探〉，《簡帛》，第六輯（2011），頁 468。又紀安諾（Enno Giele）早已據里耶簡、印和封泥等指出秦漢文書的簽署和西方簽名的意義不同。在大多數情況下，秦漢出土資料中書吏代簽長官的姓名或名，並非自己的名，因此並沒有現代西方簽字（signature）那樣的意義和權威性，漢代文書的權威性反而是建立在印章上。參 Enno Giele, "Signatures of 'Scribes' in Early Imperial China," *Asiatische Studien /Études Asiatiques*, 59:1(2005), pp. 353-387；風儀誠、馬克，〈西文秦代簡牘研究概要〉，《簡帛》，第六輯（2011），頁 215。

應是他人代簽。不論親署或代簽，簽署的筆跡和墨色都和券上其他文字明顯不同。這種情形不見於竹木別券以外已發表的走馬樓孫吳文書簡。

1. 吏民田家莂的簽署

1999 年《長沙走馬樓三國吳簡‧嘉禾吏民田家莂》出版時，書前在「嘉禾四年吏民田家莂解題」中曾對田家莂的文書簽名作過如下簡略的介紹：

> 繳納米、布、錢的竹「別」，最後由田戶經用曹史彙總校核，製成「都莂」。田戶經用曹，有時也稱「田戶曹」或「田曹」（五年也有稱「戶曹」者），有時亦泛稱『主者』。校核的時間主要集中在五年三月三日、六日、十日。先由某人寫好校核文全文及田戶曹史官吏的姓氏，再由負責校驗的田戶曹史趙野、張惕、陳通簽署名字。從簽名筆跡看，有的文書的簽名是三人各簽各的，有的簽名是三個名字由一、二人代簽。簽名也有簽錯的情況，如四四六八簡在「張、趙、陳」三姓氏後簽署的名字是：「惕、野、野」。「惕」、「野」、「野」三字都是一人筆跡，這顯然是將「陳」字下應簽「通」字處誤簽成了「野」。[4]

這是整理者在通觀全部田家莂資料後得出的結論。誠如整理者所說，田家莂先由書手寫好全文以及田戶曹吏的姓氏，再由趙野、張惕和陳通簽署名字。整理者又指出「從簽名筆跡看，有的文書的

4　長沙市文物考古研究所、中國文物研究所、走馬樓簡牘整理小組、北京大學歷史系編，《長沙走馬樓三國吳簡‧嘉禾吏民田家莂》上（北京：文物出版社，1999），頁72。

簽名是三人各簽各的，有的簽名是三個名字由一、二人代簽。」整理者對以上不同情況沒有分別舉證，只曾以簡 4.468 為例，指出有代簽簽錯的情形。在 2001 年長沙三國吳簡的國際研討會上，參加田家莂整理和釋文工作的胡平生曾進一步談到田家莂「都莂」的書寫製作過程。他說：

> 觀看大木簡的書寫行款筆跡，可以看出田戶曹史製作「都莂」時，過錄竹別的先後次序。第一，最先書寫的部分，內容是佃戶的基本情況、佃田旱熟數目及繳米情況，如果繳米有租米、稅米之別，且不是一次同時繳納，如上引潘調者，也要分為兩筆統計。但書寫時可能是一同寫入的。第二，續寫的部分，內容是繳納布的情況。第三，再續寫的部分，內容是繳納錢的情況。第四，是田戶曹史校核的署名。這也是「都莂」書寫製作的過程。[5]

胡平生因大木簡出現「別」、「別莂」、「都莂」等詞，覺得「別」、「莂」意義不同。並以簡 4.463 為例，說明木簡「別莂」特指「都莂」，應是由四種竹簡之「別」組成。[6]

可是在同一年即有學者提出異說。關尾史郎指出「別」、「莂」並無不同，「莂」字也出現於竹簡上，有「右莂十四枚」、「右莂卅一枚」等語。其次，他認為重要的戶籍簡只用二十幾公分長的竹簡，吏民收執的「納稅證明書」反用五十餘公分長的大木簡，太不合理。他比較樓蘭出土魏晉時期有「同文」符，簡頭又有「出」、「入」字的木簡和走馬樓竹質別券的格式和內容，證明走馬樓出土

5　胡平生，〈嘉禾四年吏民田家莂研究〉，《長沙三國吳簡暨百年來簡帛發現與研究國際學術研討會論文集》（北京：中華書局，2005），頁 38。

6　同上，頁 37。

的同文竹別並不是交給納稅者的納稅證明，而可能是由倉、庫、邸閣保存的財物收付總賬或底冊。大木簡田家莂可能是由鄉和縣分別保管，由縣（侯國）的田戶曹史製作和核驗的佃田、納米、布、錢等等的總賬或底冊。此後學者綜合大木簡和陸續刊布的竹簡，大致傾向於同意關尾史郎的看法，[7]唯製作於鄉或臨湘縣（侯國），意見明顯不同。例如有學者說：「關尾史郎對『莂』的形制與製作做過細密的分析，如果結合『田家莂』書寫特點與新發表的竹簡，更可以斷定是製作於鄉，後上報縣（侯國），由田戶曹史審核。」[8]另有學者進一步指出：「標題簡也表明大木簡由鄉製作再上呈田戶曹史，田家莂的編連當在鄉就已完成了」；「嘉禾吏民田家莂是由鄉統計本『鄉一丘』之租稅繳納製作而成，再送交縣署由田戶曹史負責檢校和署名。」[9]田家莂製作於鄉是一個重要且不同的看法，值得進一步討論。

　　以上學者立論時，雖然提到筆跡、署名或書寫特點，但這些年研究孫吳簿籍和財務出納制度的很多，卻幾乎沒有人再進一步分析大木簡和竹簡上的筆跡和簽署，或由此進而討論竹木別券的製作過

7　關尾史郎，〈吏民田家莂の性格と機能に關する一試論〉，《嘉禾吏民田家莂研究：長沙吳簡研究報告第 1 集》（長沙吳簡研究會，2001），頁 3-15。

8　侯旭東，〈長沙走馬樓三國吳簡所見《鄉》與《鄉吏》〉，《吳簡研究》，第一輯（武漢：崇文書局，2004），頁 103-104；其他類似意見「參張榮強，〈孫吳《嘉禾吏民田家莂》中的幾個問題〉，《中國史研究》，3（2001），頁 43；王素，〈長沙走馬樓三國吳簡研究的回顧與展望〉，《吳簡研究》，第一輯，頁 19。

9　凌文超，〈嘉禾吏民田家莂編連初探〉，《簡帛研究 2007》（桂林：廣西師範大學出版社，2010），頁 227-228。本文更進一步具體指出某些大木簡是屬某些鄉丘所製之租稅簿。

今塵集：秦漢時代的簡牘、畫像與文化流播
　　——卷二　秦至晉代的簡牘文書

程。[10]2003 年《長沙走馬樓三國吳簡・竹簡（壹）》出版，書前「凡例」曾提到釋文對簽署酌情加注，但頻繁出現的各種吏如丞弁、李嵩、郭據、董基、殷連、潘有、監賢、谷漢、黃諱、潘慮、孫儀等，「其名多為簽署，不再一一注明」。[11]書前凡例僅能點到為止，不能多談簽署，可以理解。但所謂簽署，到底是怎麼簽的？有什麼特徵？和文書作業程序有什麼關係？有何意義？幾乎沒有人進一步追問。

　　近來稍稍觀察田家莂和竹簡別券上的筆跡和簽署，以及臨湘侯國鄉丘的規模和鄉吏的構成，感覺田家莂是在鄉級機構製作，上報縣或侯國，由田戶曹審核之說，恐怕還不是那麼明確可以斷定。再者，所謂的簽署，看似親筆，實際上並不像有些學者所說由幾位當事人各簽各的，或由一、二人代三人簽，絕大部分更像是由其中一人或其他人代簽所有的名字。以下挑選圖版中簽署較完整清晰的為例，先談談田家莂和竹簡別券的簽署筆跡和現象，再討論竹木別券的製作過程。

10　少數論文在討論到文書格式時會偶爾提到文書是由官吏簽名，唯多不作進一步分析。例如：侯旭東，〈長沙三國吳簡三州倉吏《入米簿》復原的初步研究〉，《吳簡研究》，第二輯（武漢：崇文書局，2006），頁 3；谷口建速，〈長沙走馬樓吳簡所見孫吳政權的地方財政機構〉，原發布於武漢大學簡帛研究中心，《簡帛網》：http://www.bsm.org.cn，發布時間：2009.6.27；又見《簡帛》第五輯（上海：上海古籍出版社，2010），頁 497-510。對原簡簽署曾作仔細觀察的則有關尾史郎等。參關尾史郎，〈賦稅納入簡の形式と機能をめぐつて——2009 年 12 月の調査から〉，《長沙吳簡研究報告 2009 年度特刊》（長沙吳簡研究會，2010），頁 82-84。

11　長沙市文物考古研究所等，《長沙走馬樓三國吳簡・竹簡（壹）》（北京：文物出版社，2003），凡例頁 2。

(1) 簽署格式

首先要說明的是三國孫吳和漢代一樣，公文簽署曾有格式上的規定，雖然事實上未必都嚴格遵守。大木簡田家莂上比較明確的格式有三：

(A) **職官名之後，署名者須署姓和名。** 為何田家莂三位擔任相同職位的吏，會用「田戶曹史」、「田戶經用曹史」、「田曹」或「主者」等不同的職稱？還難解索。「田戶曹史」應是「田戶經用曹史」之省，為何更省為泛稱—「主者」？是圖省事？或簡上空間不足？難以確言。不論職稱如何，同時簽署姓和名，無一例外，應是格式要求。[12]

(B) **姓和名之間常留下可達一兩字，甚至更大的空間。** 簡上之字寫得又小又密，甚至兩三行並排，但最後三人署名處卻常留下極大空間。留空無疑是遵照格式，刻意為之。也有不少不留空，這可能是未嚴守格式。不論留不留空，加上最末一「校」字，簽署幾無例外，全貼近簡底寫在簡左側最下端。

(C) **署寫姓名的字體，一般比文書正文只大不小。** 書手通常抄完文書正文，一氣抄下三位曹史的姓「趙」、「張」

---

12 湖南郴州蘇仙橋四號井所出三國吳簡也有相同的情形，參湖南省文物考古研究所、郴州市文物處，〈湖南郴州蘇仙橋 J4 三國吳簡〉，《出土文獻研究》，第七輯（上海：上海古籍出版社，2005），頁 152-168；圖版，簡 V-17，頁 19。職銜後署姓和名的例子還有很多，尚待發表。郴州十號井所出西晉簡之文書簽署亦同，參〈湖南郴州蘇仙橋遺址發掘簡報〉，《湖南考古輯刊》，第八輯（長沙：岳麓書社，2009），頁 93-117；圖版五，簡 1-10。

和「陳」，但將三字寫得較正文大，並留下較大空間供署名之用。這和居延漢簡上的署名處先留空，可謂一脈相承。[13]但漢代在職官名稱後一般僅署名，不署姓。田家莂上田戶曹史的姓名字體雖較其他的字為大，但姓和名相比，字體有時相差不大，有時姓寫得較大，名較小，有時姓小名大，頗不一律，何者才合乎格式，還無法判定（參表1各例）。

⑵ 親署或代簽？

接著，再談談趙野、張惕和陳通三人各自親署或代簽的問題。整理者指出有三人各簽各的，或一、二人代簽的不同。理論上三位吏都是田戶曹史或田戶經用曹史，似乎應由三人各自簽名，以示一體負責。[14]

實際上代簽遠多於親筆。代簽一個較明確的證據就是整理者已指出的簡4.468。此簡所署之姓正確，署名卻錯而重複，變成「張惕、趙野、陳野」（參圖2）。一般親筆簽自己的名，除非身體過勞、精神恍忽或故意，因習慣成自然，簽錯的機率不高。代簽應比較有可能出錯。這一簡的「陳通」錯成「陳野」，應該可以假設非陳通親筆。以下打算再仔細看看這一簡書寫和簽名部分的現象。

13　前引郴州四號井出土三國吳簡V-17也有完全相同留空，等待簽署的情形。

14　在漢、唐的行政文書上的確看見經手之吏各自簽名的情形，參邢義田，〈再論三辨券—讀嶽麓書院藏秦簡札記之三—〉，本書頁221-231; Henri Maspero, *Les Documents Chinois*, London: 1953, N° 272-Ast.III.4.092, p.102, plate XVIII（本文圖17）。釋文參陳國燦，《斯坦因所獲吐魯番文書研究》（武漢：武漢大學出版社，1997修訂版），頁271-273。陳氏注明此件出於阿斯塔那三區三號墓（見書前附圖八說明），又列其於三區四號墓出土文件中（頁8、271）。出處必有一誤。

表 1　田家莂　趙野　張惕　陳通的簽署

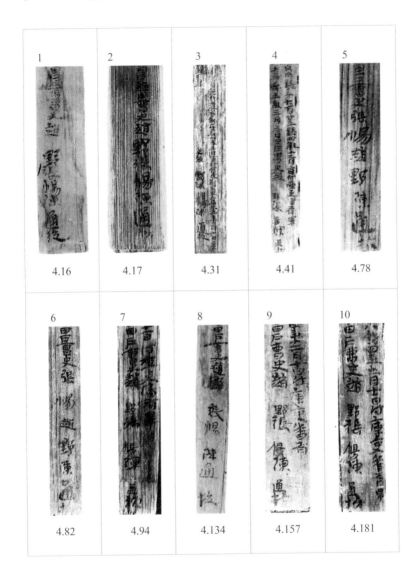

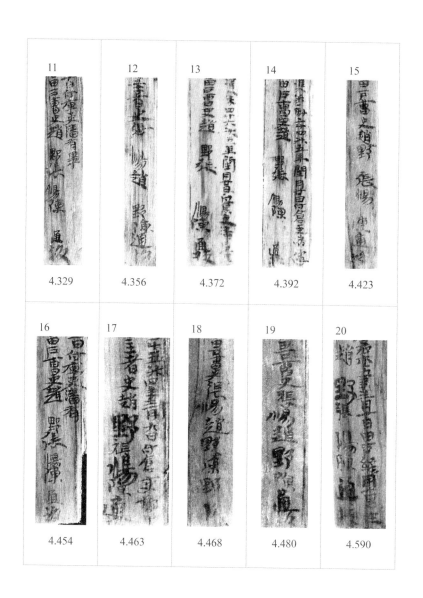

11	12	13	14	15
4.329	4.356	4.372	4.392	4.423

16	17	18	19	20
4.454	4.463	4.468	4.480	4.590

簡 4.468 通簡看來，是一支十分完整，字跡清晰的所謂「大木簡」。如果參看《長沙走馬樓三國吳簡・嘉禾吏民田家莂》此簡同頁和前後幾頁圖版中其他簡的筆跡，幾乎可以推定抄寫這些大木簡的書手不過極少數人。不論幾人，誠如胡平生指出，他們抄寫時，大致依循一定的格式，凡抄至田戶曹史趙野、張惕和陳通應簽署的地方，先寫好「張」、「趙」、「陳」三字，留出簽名空格。「張」、「趙」和「陳」三字寫得常比正文字體和職銜「田戶曹史」稍大，但不論墨色、筆劃粗細或運筆，都像出自同一書手。留空處簽上的「惕」、「野」和「野」三名不論墨色、大小或筆勢，也如整理者指出，無疑是出自同一人。

接著再觀察一下其他簡上沒有簽錯的三個名字——「惕」、「野」和「通」三字，則獲得一些和整理者不太相同的印象。簡單地說，無法確認其他田家莂上「惕」、「野」和「通」三字簽名出自三個不同的人。所謂「各簽各的」應是指田戶曹史趙野、張惕和

圖 2
簡 4.468
全簡及局部

圖 3
簡 5.554

圖 4
簡 5.977

圖 5
簡 5.47

陳通三人分別親自簽名。筆跡猶如人面，尤其是簽名，各有特徵，除非刻意模仿，否則特徵應可分辨。但細審同一簡上三人所簽之名，幾乎看不出是三種不同的筆跡。[15]所謂由「一、二人代簽」，應是指由一人代簽三人，三人筆跡一致；二人代簽，則二同一異。以目前可見的例子，實難看出這「一異」。因此，我傾向於認為較可能是由趙、張和陳三人中某一人代筆，甚至是三人之外的某書手代筆（參表 1 各例）。如果是三人中的某一位，是那一位呢？田家莂署名有趙野、張惕和陳通三人，有些莂上沒有陳通，只見趙和張二人（例如：5.1、5.2、5.3、5.4、5.5、5.46、5.113、5.118、5.987、5.1029），或僅趙或張其中一人（例如：5.19、5.71、5.77、5.98、5.121、5.128、5.130、5.997）。目前實難斷定由誰代簽。不過簽錯「野」字的這一件，代簽者較有可能是慣於簽寫「野」字的趙野，但也不能排除是由其他的書手所代簽。

可以證明或旁證田家莂由三位田戶曹史中某一人代為署簽，或由三人以外其他人代筆的理由，歸納起來可有五點：

第一，漢代簡牘公文書常見一人代多人署名的情形。居延和敦煌漢簡凡出現掾、令史、屬、佐（或書佐）多人署名的，幾乎都由一人代筆；還不曾見過各簽各的或由一二人代簽三人的例子。[16]三

15　關尾史郎早已指出由筆跡看，三位田戶曹史各自簽署的例子一個也沒有，反而有一人代簽三人的例子。因而他懷疑是否有「自署」。參關尾史郎，前引文，頁 11 注 17。必須聲明寫完本段，才看見劉欣寧 2011.8.2 自日本傳來關尾論文〈吏民田家莂の性格と機能に關する一試論〉的 PDF 檔，其所見與敝人不謀而合。關尾論文多次提到筆跡，不過未對筆跡多作分析和論證。

16　邢義田，〈漢代書佐、文書用語《它如某某》及《建武三年候粟君所責寇恩事》簡冊檔案的構成〉，《治國安邦》，頁 505-511。

國去漢未遠，吳簡文書由書手或某一吏代署三人，其來有自，並不特別。這算是一個旁證。

第二，三個簽名由上而下，簽第一、二人名時，墨色常較濃，簽第三個名字時，墨色變淡。這意味著簽署者一筆連簽三名，沒有另行沾墨，墨漸少而變淡（例如表 1 例 3、5、6、16、17、18）。

第三，如前所述，同一簡上所簽之名「野」、「惕」和「通」三字大小或運筆筆勢特徵頗為相似，不像出自不同三人或二人之手。如果比較不同簡上的三人簽名，有些筆跡固然有別，但這是由不同的人在不同簡上代簽的結果，不是因為同一簡由三或二人各自簽名。

第四，署名居然有脫或衍字的情形。例如簡 5.554 上的「張惕」，脫漏「張」字（圖 3），簽署變成「田戶曹史__惕趙__野」；簡 5.977「張惕」二字之間衍一「趙」字，簽署成了「田戶曹史張__趙__惕趙__野」（圖 4）；又簡 5.47「張惕」二字之間衍一「史」字，簽署成了「田戶曹史張__史__惕趙__野」（圖 5）。如果張惕確曾親筆署簽，在簽「惕」字時怎會不補上遺漏的「張」字？又怎可能不削去衍字而任由自己的姓名之間夾上「趙」或「史」字？姓、名之字或脫或衍，應可證明這些簽署很可能和田家莂上大量的脫衍錯漏一樣，是因為書手代筆不慎，而不會是當事人的親筆。

第五，不少田家莂應是由書手一氣抄寫，包括最後三人的姓和名在內。以下「表 2」中同一牘上的署名和其他筆跡幾乎沒有明顯差異（表 2）。再具體以三人中的張惕為例，如果稍稍觀察「張惕簽署運筆特色分類表」（表 3），不難發現張惕二字簽署實出於書手，而不同書手的代簽，各具字形和運筆上的特色。表 3 中的例 1 至 11 可為一類，例 12 至 19 可為另一類，例 20 至 29 又可別為一

類。這些「惕」字右側的「易」可寫成「易」或「易」，左側豎心最左的一筆，或刻意大角度地朝左斜撇。如果比對以上三類，它們應較像是出於三人而非出於同一人之手。

不僅張惕的「惕」字非由張惕自署，應該也有書手代替主管之吏簽署姓和名的現象。不過，我們仍然要問：有沒有張惕親署的例證呢？為回答這個問題，以下再進一步分析一下張惕的署名。嘉禾五年和六年大木簡有不少僅見張惕一人署名。如果有所謂親署，又僅一人署名，簽署「惕」字的，應該只可能是張惕自己；又如果是親筆，理論上所有「惕」字的筆跡特色，基本上應該一樣或沒有太大差別。但稍加觀察，即發現署寫的「惕」字粗看頗為相像，細看則最少有四種不太一樣的偏旁寫法，以下依偏旁書法特色分類，略舉四十例，列表如下（表4）：

1. 第一類 1-12 例「惕」字書法上最大的特色是左側豎心偏旁，寫成幾乎等長的三豎，三豎和右側的「易」相比，顯得有些大。這是第一種類型。
2. 第二類 13-22 例「惕」字書法上最大的特色是左側豎心，寫成幾乎等長的三豎，在最左一豎之外還多了像是「フ」的一筆。這是第二種類型。
3. 第三類 23-28 例「惕」字書法上最大的特色是左側豎心，寫成一長三短共四筆，保留比較多篆形「心」字的特色。這是第三種類型。
4. 第四類 29-40 例「惕」字書法上最大的特色是左側豎心，寫成中央一筆稍長，兩側兩筆稍短的三筆，和後世楷書豎心的寫法幾乎無別。這是第四種類型。

表 2　田家荇 趙野 張惕 陳通的代署

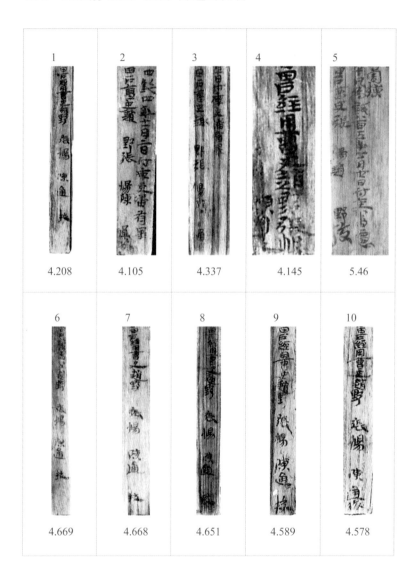

1	2	3	4	5
4.208	4.105	4.337	4.145	5.46
6	7	8	9	10
4.669	4.668	4.651	4.589	4.578

今塵集：秦漢時代的簡牘、畫像與文化流播
　　——卷二　秦至晉代的簡牘文書

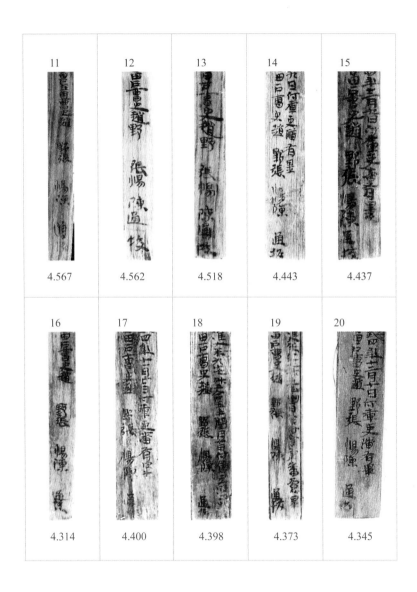

11	12	13	14	15
4.567	4.562	4.518	4.443	4.437

16	17	18	19	20
4.314	4.400	4.398	4.373	4.345

表 3　張惕簽署運筆特色分類表

1 4.58	2 4.109	3 4.157	4 4.161	5 4.164
6 4.165	7 4.173	8 4.174	9 4.181	10 4.392
11 4.438				
12 4.77	13 4.78	14 4.216	15 4.468	16 4.472
17 4.478	18 4.480	19 4.563		
20 4.134	21 4.259	22 4.298	23 4.423	24 4.426
25 4.518	26 4.578	27 4.589	28 4.651	29 4.765

今塵集：秦漢時代的簡牘、畫像與文化流播
——卷二　秦至晉代的簡牘文書

表 4　張惕獨自署名田家莂「惕」字書法類型表

1	1 5.3	2 5.5	3 5.6	4 5.9	5 5.48	6 5.580
	7 5.863	8 5.987	9 5.1029	10 5.1040	11 5.1063	12 5.1241
2	13 5.113	14 5.118	15 5.313	16 5.407	17 5.408	18 5.410
	19 5.415	20 5.433	21 5.579	22 5.642		
3	23 5.38	24 5.39	25 5.40	26 5.224	27 5.1052	28 5.1074
4	29 5.47	30 5.76	31 5.121	32 5.128	33 5.131	34 5.492
	35 5.493	36 5.500	37 5.569	38 5.713	39 5.751	40 5.1210

理論上簽名和寫字一樣，可以隨興。事實上一個人簽名，尤其是在這種成百上千例行性的行政文書上，除非刻意或在極特殊的情況下，通常會依日常習慣簽寫，表現出簽名的一致性，不應有太大的差異。但以上「惕」字的右旁「易」雖如出一人之手，但左側豎心偏旁居然出現多一筆，少一筆，或等長，或不等長四種差異。這應如何理解？是因簽名時難免會有些小差異？或因它出於不同人之手，不是惕的親筆簽名？右側「易」的部分為何筆勢又都頗為相似？這些問題很不容易回答。

在一般的書寫習慣裡，某些字寫得多一筆，少一筆或長一點，短一點，運筆輕重走勢略有出入都是可能的。因此，必然會有人以為以上的差異，並不足以認定出於不同人之手。但是以上表 4 第二類將偏旁豎筆「丨」寫成「フ」，表 3 的「易」、「易」，在筆劃和運筆上頗不一樣，似乎比較難以看作是同一書手簽名的習慣性出入。但又要如何去解釋「惕」字其他部分運筆和字形上的相似呢？左思右想，我傾向於假設這些張惕的簽署，有可能是由書手模仿張惕而代筆。由於出於模仿，即使書手不同，代簽的名看起來多少有些相像；仔細看，則見其差異。因為書手在模仿時，除非十分小心，否則幾乎不可避免會帶入若干自己的書寫習慣。豎心偏旁和「易」、「易」的差異或許就是如此。

為了進一步證明代筆者就是書手，以下再舉出僅見「張惕」一人署名的十五例，這些例子裡的「惕」字和書手抄寫的文書正文，筆跡上幾無明顯的差異（參表 5）：

表 5 的這十五例僅局部截取了簡末端字跡較清楚的兩行十餘字，「惕」字和其餘書手所寫的字無論運筆筆勢、粗細或濃淡，幾乎看不出是出自不同的人。果如此，簽寫惕字的只能是書手。前文

表 5　疑由書手代張惕署名表

1 5.19	2 5.25	3 5.51	4 5.499	5 5.500
6 5.670	7 5.674	8 5.701	9 5.713	10 5.741
11 5.751	12 5.798	13 5.799	14 5.803	15 5.1154

假設因書手代筆模仿，故而「惕」字出現四種寫法；假如有人認為這些稍有差異的惕字仍可能是由同一人所書；那麼，從這十五例看，豈不是更必須推定它們都是由同一書手包辦抄寫和簽署，而無所謂長官親署了？

再綜觀以上三表，表 3 之例全來自嘉禾四年，表 4 和表 5 來自嘉禾五、六年，年份不同，張惕的署名筆跡也有不同。張惕是三位田戶曹史中唯一曾單獨署名的，如果他的署名出於代筆，其他二人也難保是親署。書手代三位田戶曹史署名，有時或先書他們的姓，再補寫其名，有時在抄錄文書時，乾脆一併就寫上了他們的姓名。為何出現這樣不同的情況？還待研究。總之，制度上或許應由三人親簽，實則多委屬吏代簽，情況多種多樣，久之代簽似乎也就成了慣例。以目前已刊布的資料言，實難證明三人曾各自親署或由三人中的一、二人代三人簽署。

筆跡較不同的反而是最末的「校」字。據我粗略觀察，發現簡末的「校」字從字的大小、墨色、工整或潦草看，除了少數不易確定，絕大部分出自別筆另書。

(3) 簡末「校」字和官樣文書

田家莂形式上須經核校，確認形式和內容無誤，簽上「校」字後，才剖開分由相關人員或單位收執。學者幾乎無人否認這一點。從筆跡看，大部分的「校」字確實寫得較大較草，墨色也常不同，像是別筆另寫在簡的末尾。可是也有若干「校」字和文書中其他的筆跡很難分別。例如表 1 例 3、表 2 例 1、6、7、9、10、12、15、19 的「史」、「趙」、「張」、「陳」和最後的「校」字，不論大小、墨色或運筆都相當相似，幾乎可以視為同一人所書。這真是同一人所書？還是加注「校」字者和書手偶然書法相似？很不容易判斷。

唯果真出自同一人之手，又如果像不少學者所相信的，田家莂乃製作於鄉，那麼「校」字豈不是在鄉吏手中就已經寫上？又不論「校」字是在文書形成過程的哪個階段加上，文書中充斥各種錯漏脫誤，不見改正，所謂的「校」到底何指？僅指形式？或兼及內容？目前並不清楚。

不論如何，整理者和後來的研究者幾乎都已注意到，田家莂和竹簡別券中涉及的佃田畝數和錢、布、米租稅等數字有很多計算錯誤。[17]胡平生曾仔細考察嘉禾四年吏民田家莂一百個錯誤例，指出致誤的原因多種多樣。田家繳納米、布、錢等而持有的別券上數字錯誤已多，後來由田戶曹史負責的都莂也錯得「一塌糊塗」。[18]因此所謂的「校」，如果不及內容，多屬虛應形式，難怪他要形容田家莂是「官樣文書」。[19]在這種情況下，經管之吏是否親署或代簽，其實變得無關緊要了。

不過，大家也需要回過頭來思考和追問：為什麼孫吳嘉禾年間，在臨湘縣或侯國之內，從十幾個鄉、丘到縣侯屬下的倉、庫、邸閣，要動員那麼大的行政能量，去製造多達十幾萬枚錯到「一塌

---

17 請參胡平生，〈《嘉禾四年吏民田家莂》統計錯誤例解析〉，《簡帛研究 2001》（桂林：廣西師範大學出版社，2001），頁 492-513；伊藤敏雄曾統計嘉禾四年 782 件田家莂中有 427 件有誤；嘉禾五年 1269 件中有 181 件有誤。參所著，〈從嘉禾四年吏民田家莂看米的交納狀況與鄉、丘〉，《吳簡研究》，第二輯（武漢：崇文書局，2006）頁 97。又蘇俊林對錯誤率下降有進一步分析。參氏著，〈嘉禾吏民田家莂與孫吳身份等級體系〉，《走馬樓吳簡研究論文精選》（長沙：岳麓書社，2016），頁 201-210。

18 胡平生，〈《嘉禾四年吏民田家莂》統計錯誤例解析〉，《簡帛研究 2001》，頁 512。

19 同上，頁 512。

糊塗」，不堪為憑的官樣文書？這些文書有多大代表性？它們僅顯示了孫吳治下一時一地的行政狀態？或意味著各地行政都如此腐敗？如果普遍腐敗，孫吳如何能夠外抗魏、蜀，鼎立而三？此其一。

又誠如很多學者指出，不少經手田家莂或竹簡別券的吏（例如田戶曹史張惕、庫吏潘有（珃）、倉吏鄭黑、谷漢、孫儀等等），本身享有各種租稅優惠，但仍要繳納米、布、錢等等。[20]胡平生曾計算田戶曹史張惕繳納的布和錢，發現他的券書中少計布五尺二寸二分，但多計錢九百九十一！[21]張惕是在田家莂上署名的三位曹史之一。一尺布值八十錢左右，五尺餘約值四百多錢，少算四百多錢的布，卻多繳九百九十一錢的稅。經管租稅的張惕豈能容忍這樣的錯誤，造成自己的損失？為了本身的利益，張惕和其他也要繳稅的州、郡、縣、鄉之吏不會去糾正嗎？此其二。

三國亂世，地方吏的品質可想而知不及漢世。漢吏「能書」、「會計」，又「知律令」；漢末世亂，吏的養成難如承平，計算能力很可能下降，更何況有不少吏是由平民充役，所謂的「給吏」或「給縣吏」，行政和文書技能更不易保證。可是不少學者已注意到走馬樓廿二號井所出的某些文書，反映出當時的統治者仍然努力以各種方式保證行政品質，糾舉或彌補行政中的過失和錯誤。侯旭東研究「折咸米」後，曾明確指出：「『備』米與錢的存在表明孫吳『吏』工作上普遍存在責任追究制，體現了官吏管理上的嚴密。」[22]

20　韓樹峰，〈從吳簡所見的州郡縣吏〉，《吳簡研究》，第二輯（武漢：崇文書局，2006），頁 41-55。

21　胡平生，〈《嘉禾四年吏民田家莂》統計錯誤例解析〉，頁 509。

22　參侯旭東，〈吳簡所見《折咸米》補釋——兼論倉米的轉運與吏的職務行為過失補

從制度上看，當時確實有所謂的責任追究，例如學者討論甚多的南鄉勸農掾番琬木牘文書，番琬即依據黃簿，審驗私學番倚的身分，指出番倚「不應為私學」。[23]錄事掾潘琬曾奉督郵之命，復核審問許迪盜賣官米，[24]鄉吏編造州吏父兄人名年紀簿，需要立券保證「審實，無有遺脫」，如有其他官員發現不實或遺脫，鄉吏和有關的吏會坐罪或連坐。[25]此外，在戶籍簡和收受錢穀等財物的別券上會出現表示確認，加注「已」或「中」的朱筆或墨筆勾校，[26]如果作為戶口簿的黃簿可以證明身分，凡人口財物數字須經核校，盜賣官米會受到追查和複核，編造簿冊需要切結保證，表明當時確實存在著責任追究制，管理要求並不馬虎。行政品質事實上儘管很可能不如要求，但牽涉田地、米、布和錢等等財政的別券或賬簿，是否全都是沒有實際作用的官樣文章？需要再思，此其三。

　　此外，伊藤敏雄已經指出，錯誤之多雖然令人吃驚，但比較集

償〉，《吳簡研究》，第二輯，頁 189。

23　參侯旭東，〈長沙三國吳簡所見《私學》考〉，《簡帛研究 2001》，頁 514-516；王子今、張榮強，〈走馬樓簡牘《私學》考議〉，《吳簡研究》，第二輯，頁 67-82；王素、宋少華，〈長沙走馬樓三國吳簡的新材料與舊問題──以邸閣、許迪案、私學身份為中心〉，《中華文史論叢》，1（2009），頁 13-26。

24　胡平生，〈長沙走馬樓三國孫吳簡牘三文書考證〉，《文物》，5（1999），頁 45-48、50-51；王素、宋少華，〈長沙走馬樓三國吳簡的新材料與舊問題──以邸閣、許迪案、私學身份為中心〉，頁 8-13。

25　長沙市文物工作隊、長沙市文物考古研究所，〈長沙走馬樓 J22 發掘簡報〉，《文物》，5（1999），頁 19，簡 J22-2543 及無編號簡。

26　張榮強，〈走馬樓戶籍簡的《中》字注記〉，《中國歷史文物》，5（2009），頁 72-76；伊藤武敏，〈長沙吳簡中の朱痕・朱筆・「中」字について〉，《長沙吳簡研究報告 2009 年度特刊》（2010），頁 87-94；〈長沙吳簡中の朱痕・朱筆・「中」字について（その2）〉，《長沙吳簡研究報告 2010 年度特刊》（2011），頁 11-17。

中發生在某年某些鄉丘,例如嘉禾四年的中鄉、廣成鄉、平鄉和小武陵鄉,嘉禾五年的廣成鄉、小武陵鄉、西鄉和平鄉。其他大部分田家莂上的數字不免有錯,還不能說都到一塌糊塗的地步。[27]此其四。

2. 從筆跡再思田家莂的性質和製作

以上四點迫使我不得不去重新考慮田家莂和竹簡別券的性質到底是什麼?它們的製作是不是像有些學者「斷定」的,出自鄉吏之手?過去主張由鄉製作田家莂的學者,似乎沒有考慮一鄉之中有多少吏,有多大的能量去承擔如此龐大的文書工作。

三國孫吳臨湘縣或侯國,據考應有約十餘鄉;[28]每鄉約二百戶,一戶約四、五人,一鄉人口在千人左右。但也有如廣成鄉者,有戶三四百,人口達二千三百餘。為管理這些人戶,每鄉有多少鄉吏?有些學者認為鄉有「勸農掾」、「典田掾」有或僅名之為「鄉吏」之吏,也有人指出鄉有「鄉書史」,其人數則不明。[29]他們和漢世鄉

27　參前引伊藤敏雄,〈從嘉禾四年吏民田家莂看米的交納狀況與鄉、丘〉一文對各丘計算失誤頻率的統計,《吳簡研究》,第二輯,頁 132-138。

28　關尾史郎較新的估計達到三十一鄉,參所著,〈『湖南長沙三國吳簡』の賦稅納入木簡について〉,《長沙吳簡研究報告 2010 年度特刊》(長沙吳簡研究會:2011),頁 66-67。但據侯旭東先生告知 (2012.3.27),過去釋文有誤,楊振紅剔除錯誤,發現其實只有十二鄉。參楊振紅,〈長沙吳簡所見臨湘侯國屬鄉的數量與名稱〉,《簡帛研究 2010》(桂林:廣西師範大學出版社,2012)),頁 139-144。

29　張榮強引《續漢書・百官志》認為勸農掾當為縣吏而非鄉吏,參所著,〈孫吳《嘉禾吏民田家莂》中的幾個問題〉,《中國史研究》,3(2001),頁 46。侯旭東和孫聞博也都有類似見解,參侯旭東,〈長沙走馬樓三國吳簡所見《鄉》與《鄉吏》〉,《吳簡研究》,第一輯,頁 97-98;孫聞博,〈走馬樓吳簡所見《鄉》的再研究〉,《江漢考古》,2(2009),頁 112-118;〈簡牘所見秦漢鄉政新探〉,《簡帛》,第六

吏相近，主要的工作不外登記戶口、分配徭役、徵收租稅和司法治安等等。[30] 目前不少學者認為田家莂應由鄉吏製作，然後上呈縣或侯國。但我以為必須考慮以下兩點：

(1) 大木簡田家莂一枚有字百餘或近兩百，這只是剖開為兩或三份別券中的一份；換言之，鄉吏處理某人戶的田家莂須書寫二、三百（左右券）甚至四、五百字（右、中、左券），一鄉有二至四百戶或人口一兩千，這會形成多大的文書作業量？我們不要忘了嘉禾五、六年的田家莂集中製作於少數幾個月的少數幾天，也就是說鄉吏必須在少數日子之內，核查登記並抄寫大量的這類文件。即便這些文書的部分內容可以先抄寫備用，仍需要足夠的人手花時間去準備。除了田家莂，鄉吏還要處理不知多少其他例如戶籍、吏民人名年紀口食簿等等和人口、賦役或司法相關的文書。一鄉的二百到四百戶所謂的「田家」中，能有多少人識字？又有多少人「能書」、「會計」，夠格應役或任職，承擔鄉的文書工作？這個問題重要，是因為秦漢以來鄉里之吏例由本地人擔任，鄉里中有多少人具備基本讀寫的能力，直接關係到鄉里可能有多少處理文書的吏。

(2) 再者，田家莂上都是寫明某丘男子、大女或某州、縣、郡、軍吏向縣倉或庫繳納米、布、錢等，丘和鄉有一定的對應關係。臨湘侯國有十餘鄉，如果田家莂一律由各鄉製

輯（2011），頁467。

30 侯旭東，〈長沙走馬樓三國吳簡所見《鄉》與《鄉吏》〉，《吳簡研究》，第一輯，頁103-104；高村武幸，〈長沙走馬樓吳簡にみえる鄉〉，《長沙吳簡研究報告 第2集》（長沙吳簡研究會，2004），頁24-38。

作，各鄉各有鄉吏，理論上應該可以找到十餘種不同筆跡的田家莂。伊藤武敏曾由嘉禾四、五年田家莂納米狀況找出鄉、丘一部分的對應關係，已知部分丘民明確和小武陵鄉、平鄉、桑鄉、東鄉、廣成鄉、中鄉、都鄉、南鄉等至少八鄉有關。[31] 八鄉的鄉吏不會是同一人，應有多人。因此這八鄉的田家莂是不是可以假設由最少八人抄製，有八種左右不同的筆跡呢？

三國時代的識字、「能書」、「會計」人口有多少，尤其是孫吳長沙臨湘的鄉丘中有多少？這是評估該地一鄉行政能量，不能不面對的基本問題。奈何限於資料，目前恐怕沒有任何人能夠回答。針對第二點，則不妨以鄉為單位，比對嘉禾四、五年同一鄉田家莂上的筆跡，也可以比較不同鄉的筆跡。如果同一鄉田家莂上的筆跡相似，不同鄉則筆跡有異，就可為鄉吏製作說添一強證；否則，此說即難成立。

以下試以伊藤敏雄大作所附〈從嘉禾四年吏民田家莂看丘別、倉吏別的米交納狀況〉和〈從嘉禾五年吏民田家莂看丘別、倉吏別的米交納狀況〉各表為據，[32] 選出其中木牘完整，字跡較清晰，丘、鄉關係明確（排除同名丘屬於不同鄉的例子），以鄉為單位比對筆

---

31 伊藤敏雄還列出一些鄉名不完整者，這裡暫時不計。參前引伊藤敏雄，〈從嘉禾四年吏民田家莂看米的交納狀況與鄉、丘〉文所附各表，頁 102-115。凌文超從「大木簡」的檢校日期等等線索，認為田家莂由鄉吏製作，甚至編連也在鄉就已經完成。他在列表考察檢校日期後，直指某些大木簡就是西鄉、桑鄉、中鄉或廣成鄉等的租稅簿。參凌文超，〈嘉禾吏民田家莂編連初探〉，《簡帛研究 2007》，頁 227-228。

32 伊藤敏雄，〈從嘉禾四年吏民田家莂看米的交納狀況與鄉、丘〉，頁 102-113。

跡。這樣比對的前提假設是這一兩年內，各鄉負責抄製田家莂的吏較有可能是同樣的一批人。由於田家莂數量太大，以下僅挑選資料較多的「中鄉」（四例，圖6）、「廣成鄉」（六例，圖7）和「平鄉」（八例，圖8）三個鄉的例子作觀察。結果發現中鄉四枚筆跡相近，廣成鄉和中鄉的六枚和八枚，也都各自彼此相似。看來似乎可以證明田家莂是在各鄉抄製。然而有趣的是，如果將以上十八枚放在一起觀察，筆跡雖非完全一致，竟然仍頗多相似。

　　這意味著什麼呢？只有一個可能——這十八枚出於少數人之手，不是由各鄉不同的書手各自抄製。嚴格說，要得出這樣的結論，最好將已刊布的田家莂，以鄉為單位都作一次比對。可是只要稍稍流覽《長沙走馬樓三國吳簡・嘉禾吏民田家莂》圖版，即不難察覺來自十幾鄉的兩千餘枚木牘筆跡，差別甚微。不要說十幾種，八種不同的筆跡都難以找到！

　　其原因或許不難理解：它們或是由臨湘縣或侯國田戶曹的書手抄製，或由縣田戶曹在收繳租稅的季節，臨時派到鄉丘去的少數吏所製，因此筆跡不出若干人之手，差別不大。[33]胡平生很早即已指

---

33 筆跡比對的可靠性只能到一定的程度，未做更大規模和細緻的比對之前，實無法斷言必出自幾人之手。如果能將同一鄉的大木簡田家莂集中起來，看看其上的日期，如果同一鄉的日期相近，日又和它鄉錯開，更可以證明有少數縣吏巡迴於各鄉，支援各鄉收稅的文書工作。凌文超已注意到大木簡嘉禾五年三月三日校核的多屬中鄉，六年二月十六日的多屬桑鄉，六年二月二十日的多屬西鄉和廣成鄉。但也有例外。這個工作值得更進一步去作。參凌文超，〈嘉禾吏民田家莂編連初探〉，《簡帛研究 2007》，頁 229-230。侯旭東在前引〈長沙走馬樓三國吳簡所見《鄉》與《鄉吏》〉一文中已指出鄉勸農掾，可能是以縣吏的身分下鄉工作而有時限。《續漢書・百官志》提到縣五官掾時說：「五官為廷掾，監鄉五部，春夏為勸農掾，秋冬為制度掾。」東漢縣廷之五官掾要監鄉，春夏時特名之為勸農掾。這可

五·六六九　　四·四三三　　四·三九六　　四·三七二

圖 6　中鄉田家莂

今塵集：秦漢時代的簡牘、畫像與文化流播
　　　——卷二　秦至晉代的簡牘文書

圖 7　廣成鄉田家莂

圖 8　平鄉田家劏

今塵集：秦漢時代的簡牘、畫像與文化流播
　　　── 卷二　秦至晉代的簡牘文書

出「都莂」是由田戶曹史製作。我以為從筆跡看，其說比較合理。[34]
鄉丘之民每次向鄉、縣繳納錢物，即由鄉吏或倉、庫、邸閣之吏以
竹作成同文別券。這些別券要上交一份，由田戶曹彙總，因此最終
出現在走馬樓廿二號井。經田戶曹史綜合別券各項資料而重抄的大
木簡，我臆測都應是所謂的都莂。[35]都者，總也。都莂乃莂之總
彙。[36]以前文提到的大木簡 4.463 為例，這是谷丘郡卒潘調擁有二
十處佃田（包括常限田、旱田、餘力火種田）以及在嘉禾四年十二月八
日、十一日、卅日三次向倉吏鄭黑交稅米、租米的紀錄彙集。匯而
總集的性質十分明顯。這個彙總是由田戶曹的吏抄製並由田戶曹史

啟發我們思考三國時吳臨湘縣的勸農掾恐怕如侯旭東所說在一定的時限內（二、三
月或七到十一月？）下鄉，並協助鄉的文書工作。近來有學者研究吳簡中的列曹，
指出漢及三國縣吏人數甚至比郡吏為多，縣是官府文書最基層的保存單位。參徐
暢，〈走馬樓簡所見孫吳臨湘縣廷列曹設置及曹吏〉，《吳簡研究》，第三輯，頁
300。如果此說可取，則具有較強大文書作業能量的縣吏下鄉協助處理租稅文書，
即值得進一步思考和研究。

34 陳明光的意見和胡平生相近而稍有不同。陳認為「莂」為原始憑證，一式兩份；
「別莂」為「莂」之另一份。他沒有注意莂有一式三份的，也沒談到「都莂」該如
何理解？和別莂的關係為何？參氏著，〈走馬樓吳簡所見孫吳官府倉庫賬簿體系試
探〉，《中華文史論叢》，1（2009），頁41。

35 從「南鄉謹列嘉禾四年吏民田家別頃畝旱熟收米錢布付授吏姓名年月都莂」（4.2）
這一標題清楚標出「都莂」應包含的內容，而這些正是二千餘大木簡的內容。因
此我認為大木簡就是都莂。「南鄉謹列」云云像是南鄉上報文書的口氣，這是鄉製
作說的一個重要依據。但我推測這不無可能是縣吏在南鄉協助鄉官抄製都莂，因
而採用鄉上呈縣文書的格式。

36 曹丕〈與吳質書〉：「頃撰其遺文，都為一集。」（《三國志・王衛二劉傅傳》吳質條
裴注引）私意以為都莂不是別莂。「都莂」與「別莂」乃相對而說；都莂是吏民田
家別和「頃畝、旱熟、收米錢布、付授吏姓名、年月」的總彙，別莂相對之下，
或應為某種分類之別券（如布別等等）。是否如此，還待更多材料公布，進一步研
究。

趙野、張惕和陳通三人在嘉禾五年三月六日核校，至少形式上是由他們三人署名負責。能如此彙集抄製的似乎只可能是縣級田戶曹的吏。由於彙集於縣，並由縣抄製的是總賬和底冊，經過核校，特別重要；又因為需要較長期地保存，才會慎重地以相當於吳尺二尺餘的大木簡來製作。

為什麼彙總後的紀錄仍要作成別券的形式？一個推想是因為田戶曹要保留一份，有關的倉庫或鄉也要收執一份為憑，即所謂的「破莂保據」。[37]有些學者認為田家莂不是憑證，而是租稅總賬簿。其實二者並不衝突。將剖開幾份，某一時期內的收付憑證，不論依校核日期或以丘鄉為單位，編連在一起，就形成了具有賬簿和憑證雙重意義的簿冊。[38]

3. 竹簡別券的簽署與製作

長沙走馬樓除了出土形體特大，約吳尺二尺長的木質吏民田家莂，還有數萬枚書寫在一尺左右竹簡上繳納限米、稅米、租米等物，帶有「同文」符號的別券。以下要談談有圖版可據的同文別券上不同的簽署現象。其簽署也像前述大木簡田家莂一樣有一定的格式。簽署之處留空，職銜和姓氏都先抄好，簽署之名一般寫得較

37　「破莂保據」四字雖然出現在某鄉勸農掾條列州吏父兄等人名年紀簿無有遺脫的「保證書」中，我認為以破莂為形式的文書應該都具有「保據」和憑證的意義和作用。有些學者將莂看成僅僅是賬簿，心有未安。本文雖稱大木簡為總賬簿，但因它仍剖別為二或三，應也具有憑據的意義。

38　高敏認為田家莂具有契約和憑證二重性。憑證可說，契約卻不像。關尾史郎已有評論。參高敏，《長沙走馬樓簡牘研究》（桂林：廣西師範大學出版社，2008），頁10-16；關尾史郎，前引文，頁5。

大，而最令人注目的是有些簽名刻意用不同尋常的字體，無疑是別筆另書。以下先列若干字跡較清晰的全簡為代表（圖9）：

簡 1.7276「入廣成鄉嘉禾二年稅米十五斛胄畢＊嘉禾二年十月廿二日惕丘[潘][止]關邸閣董基付三州倉吏鄭黑受」

簡 1.7277「入廣成嘉禾二年稅米十一斛五斗就畢＊嘉禾二年十月廿二日上簿丘蔡通關邸閣董基付三州倉吏鄭黑受」

簡 1.7278「入廣成鄉嘉禾二年稅米二斛二斗胄畢＊嘉禾二年十月廿八日周陵丘周兒關邸閣董基付三州倉吏鄭黑受」

簡 1.7282「入西鄉嘉禾二年稅米五斛三斗胄畢＊嘉禾二年十月卅日上俗丘男子馬德關邸閣董基付三州倉吏鄭黑受」

簡 1.7344「入平鄉嘉禾二年稅米卅一斛胄米畢＊嘉禾二年十月廿四日常略丘大男伍叙關邸閣董基付三州倉吏鄭黑受」

（以上以「＊」代同文符號）

這五件入某鄉嘉禾二年稅米若干，經由邸閣吏董基之手，交付三州倉吏鄭黑的別券，[39]基本文書格式相同。同形式的文書很多，

---

39 按「邸閣董基」應是邸閣吏或邸閣郎中董基的省寫，《竹簡・二》簡 859：「……付邸閣吏董基、倉吏鄭黑」。未刊但已知釋文的《吳簡・柒》中更有左、右郎中。關邸閣的「關」應是動詞，由也，經由之意。《漢書・董仲舒傳》「太學者，賢士之所關也。」師古曰：「關，由也。」走馬樓簡中另見「關主記某」（2.8265）、「關丞某」（2.8247）、「關經用曹史某」（3.253）等，即經由主記、丞、經用曹史如何如何之謂。邸閣乃儲存物資之處無疑。將「關邸閣」當作一詞，欠妥。邸閣有吏掌管。據少許尚待正式刊布的資料，三州倉和州中倉各有邸閣，邸閣有吏名左、右郎中，而董基、李嵩等即為郎中。參戴衛紅，〈長沙走馬樓吳簡中軍糧調配問題初探〉，《簡帛研究 2007》（桂林：廣西師範大學出版社，2010），頁 204-212；孫

或殘或全，字跡或清晰或漫漶。儘管數量大，極可注意的是邸閣吏「董基」的署名。「董」字的書寫和文書上其他的字無大差異，應是由書手代寫，但「基」字字體巨大而突出，筆劃刻意婉轉拉長，尤其是「其」下的左右兩撇，有時甚至彎轉成圈（表6，例12-15）。其形非隸，非楷，略具篆意，卻又不是中規中矩的篆字。這個「基」字無疑是在文件抄好，留出空間後，另行寫上富於個性的簽名（表6）。[40]觀察絕大部分的「基」字簽名，幾乎都出於同一人之手。不過表3末尾也特別列出四個非別筆所書的基字（表

七·一七四四　七·一七二八二　七·一七二七八　七·一七二七七　七·一七二七六

1.7344　1.7282　1.7278　1.7277　1.7276

圖9

6，例16-19）。這四個基字，字形在楷、隸之間，筆劃不見婉轉拉長，像是由書手一氣寫下。邸閣吏李嵩的簽名也有類似的情形（表8，例11、12）。為何會如此，仍待思索。和董基簽名筆劃婉轉拉長風格近似的還有邸閣吏郭據的簽名（表7）。「據」字除拉長，有篆

正軍，〈走馬樓吳簡中的左、右郎中〉，《吳簡研究》，第三輯（北京：中華書局，2011），頁262-271；徐暢，〈走馬樓簡所見孫吳臨湘縣廷列曹設置及曹吏〉，《吳簡研究》，第三輯，頁287-352。

40　我只根據圖版，沒有見過原簡。不過關尾史郎考察原簡後，也得到「基」字從墨色上看為「自署」的結論。參氏著，〈賦稅納入簡の形式と機能をめぐつて──2009年12月の調查から〉，《長沙吳研究報告2009年度特刊》（2010），頁84。

表 6　董基

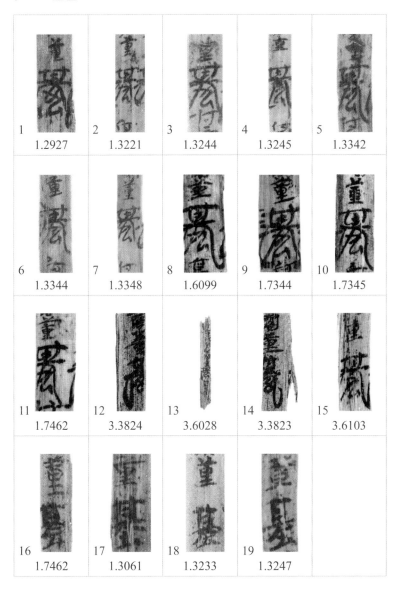

1 1.2927	2 1.3221	3 1.3244	4 1.3245	5 1.3342
6 1.3344	7 1.3348	8 1.6099	9 1.7344	10 1.7345
11 1.7462	12 3.3824	13 3.6028	14 3.3823	15 3.6103
16 1.7462	17 1.3061	18 1.3233	19 1.3247	

表 7　郭據

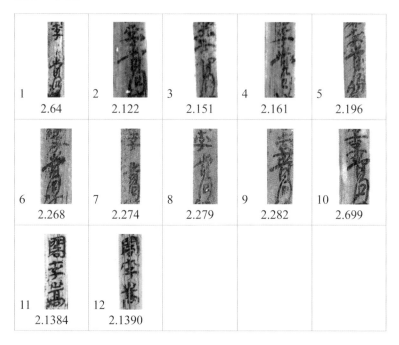

1　2.495	2　2.716	3　2.2712	4　2.6812	5　2.6877
6　2.8062	7　2.8902	8　2.8918	9　3.601	10　3.6015

表 8　李嵩

1　2.64	2　2.122	3　2.151	4　2.161	5　2.196
6　2.268	7　2.274	8　2.279	9　2.282	10　2.699
11　2.1384	12　2.1390			

今塵集：秦漢時代的簡牘、畫像與文化流播
——卷二　秦至晉代的簡牘文書

味，也寫得特別大。此外，李嵩的簽名刻意將嵩字拉得瘦長，也別具特色（表8）。總之這幾位的簽名都比較像是展現個性的簽署。

在竹簡別券的簽名中還有另外一個極有趣而不見於大木簡田家莂的現象，即這些吏將自己的名字和名後的「受」字連筆而書幾乎成一字，例如孫「儀受」（表9）、殷「連受」（表10）、谷「漢受」（表11）、鄭「黑受」（表12）。以上各例的姓和名之間都有間距，甚至很大的間距（如殷連），但名和「受」字或者緊緊連在一起如「黑受」，或者根本連筆書寫成一字如「儀受」、「連受」和「漢受」。如此一來，簽名部分在整簡上造成了相當特殊的視覺效果，十分突出搶眼（圖10.1）。又如圖 10.2 簡 3.60、3.448 和 3.454 三簡的筆跡明顯互不相同，應是出於不同的書手，但其上庫吏殷連的署名特色非常相似，殷字和連字之間有距離，連字卻一律和受字緊緊連書。如果比較三簡中任一簡的署名和同簡其他的字，則「連受」二字和其他的字跡無論字的大小或筆勢都有不同。出現這樣的現象，一個可能的解釋是「連」字即由殷連自署，簽署時一併連筆寫接著的「受」字（表10）。[41]

為什麼簽名要這樣簽法？我不禁聯想到漢末三國以來出現的道符。華夏之民很早以來即認為文字具有神奇的力量，如果一個字作某種常體以外的變形，如改變某部分筆劃，或重複一字的某些部件，或將變化後的多個字或重複的部件連書成一字，其神力會更為

41　關尾史郎考察原簡後，也認為「連」字是自署。參氏著，〈賦稅納入簡の形式と機能をめぐつて──2009 年 12 月の調查から〉，頁 83。當然我也無法否認所謂的自署實際上是書手或屬吏模仿而為之的可能性，因此看起來像別筆另書，實則仍是代簽。為什麼要模仿呢？可能是因為制度上原本要求主官自署，但如要求不嚴，屬吏模擬筆跡代簽更為簡便，久而久之也就成了常態。

強大。早期道符即常由變造字的常體而構成。[42]作為收付憑據的別
券，如果收受者簽上了不同於一般字形的名，一則便於識別，防止
偽簽，二則似乎也顯得更為權威、神聖而可以憑信。

綜合來看，也就是說竹別上不但作為中轉物資的邸閣之吏要親
筆簽署名字，收受物資的倉庫吏等也要簽名。以下再以筆跡較清楚
的簡 3.1203 為例（圖 11）。此簡雖殘上半段，但邸閣「郭據付倉吏
黃諱史潘慮受」十分清晰。郭據的「據」字，黃諱的「諱」字，潘
慮的「慮」字，都明顯有各自的運筆特徵，是在留空的簡上，分別
以別筆另外簽上。這種諸吏各自簽署的現象在羅布淖爾出土，時代
相隔不遠的晉泰始四年木牘文書上也可見到（圖 12）。

儘管像是親署，除了邸閣吏董基、郭據和李嵩等，三州倉吏鄭
黑、谷漢、三州掾孫儀、庫吏殷連和倉吏黃諱、潘慮等人的署名是
否必然為親筆，其實並無百分之百的把握。和吏民田家莂相似，如
果設想書手抄寫文書，獲得授權，刻意模仿長官的簽名，代署一
切，豈不是也有可能？我會如此設想，是因為例如「谷漢」的署名

42　參王育成，〈東漢道符釋例〉，《考古學報》，1（1991），頁 45-56；李零，《中國方
　　術正考》（北京：中華書局，2006），頁 64；趙超，〈道術東傳——談日本飛鳥・
　　藤原宮出土的一件符咒木簡〉，《出土文獻研究》，第九輯（2010），頁 242-243。
　　這類道符除見於《抱朴子・登涉》，迄今較明確的道符見於安帝元延元年（122）
　　朱書陶瓶、順帝陽嘉二年（133）戶縣曹氏瓶朱書符、有熹平元年（172）紀年的
　　四川長寧七個洞一號崖墓門右側的「入門見妻」四字合文、初平元年（190）紀年
　　朱書陶瓶兩件。請參禚振西，〈陝西戶縣的兩座漢墓〉，《考古與文物》，1（1980），
　　頁 46-47 或王育成，前引文，頁 46；高大倫、賈麥明，〈漢初平元年朱書鎮墓
　　瓶〉，《文物》，6（1987），頁 71-72；林泊、李德仁，〈臨潼發現漢初平元年墓〉，
　　《文博》，1（1989），頁 41；社科院考古所洛陽唐城隊，〈1984 至 1986 年洛陽市
　　區漢晉墓發掘簡報〉，《考古學集刊》，7（1991），頁 60；羅二虎，〈長寧七個洞崖
　　墓群漢畫像研究〉，《考古學報》，3（2005），頁 279-305。

雖然極具個性，但谷漢二字的筆劃粗細和運筆特色有不少與簡上其他的字跡極難分別，甚至可以說一樣（表 11，例 2-5）。[43]在前述晉泰始四年木牘文書上也可見到「主簿梁鸞」簽署中的「鸞」字即有相同，也有不同。有兩例的「鸞」字和簡上其他字較相似，似由書手代簽，但也有一例的「鸞」字和簡上其他字明顯不同，可見梁鸞的鸞字有代簽，也可能有當事人親署（圖 12）。[44]簽名筆跡雖有不同，有趣的是同一批簡中的梁鸞擁有「主簿」、「領主簿」、「領功曹掾」和「錄事掾」不同的職銜，在不同職銜的簡上卻偏偏有極為相似的梁鸞簽署筆跡（圖 13）。這些梁鸞應該是同一人吧。果如此，則他頗像三國孫吳的縣鄉小吏，會在不太長的期間內，以不同的職銜，為不同的事署名負責，卻不一定是親署。

關尾史郎曾注意到邸閣吏董基之名為親署，因而推定簡頭有「入」字，表示納入賦稅的小型竹簡別券應是在邸閣作成。[45]他歸納整個納入賦稅的過程時指出，納賦的吏民自己和鄉吏將交納之錢米

---

43 關尾史郎在近著中特別提到谷漢的簽署為具有個性的自署，但似乎沒有考慮「漢受」二字和其他字的相似性，其是否為自署仍不無疑問。參關尾史郎，〈『湖南長沙三國吳簡』の賦稅納入木簡について〉，《長沙吳簡研究報告 2010 年度特刊》，頁 65。

44 冨谷至認為「梁鸞」二字以及其他簡上的「吳樞」都是親署，但沒有解釋為什麼親筆簽名會有筆跡不相同的情形（參見冨谷至，《流沙出土の文字資料》，頁 495 附圖 11-20-22 三個吳樞簽名的「樞」字，有二筆跡相同，另一不同）。是否為親署，或其中哪些為親署，還得仔細研究。參冨谷至，《流沙出土の文字資料》（京都：京都大學學術出版會，2001），頁 495-496。冨谷至，《木簡・竹簡の語る中國古代》，頁 177-179；劉恒武中譯本，《木簡竹簡述說的古代中國》，頁 112。相關研究另見胡平生，〈樓蘭木簡殘紙文書雜考〉，《胡平生簡牘文物論稿》（上海：中西書局，2012），頁 432-434。

45 關尾史郎，〈吏民田家莂の性格と機能に關する一試論〉，頁 9。

和寫好的竹簡文書拿到縣的「關係窗口」，也就是倉庫或邸閣等處，由庫吏或邸閣之吏計量稱重，庫吏或邸閣之吏在所計實際數量上加注勘合的記號，親自署名並保存。而同一別券另一半帶有「出」字的簡則由鄉吏帶回。[46]除了縣吏下鄉，我覺得關尾史郎的「邸閣作成說」是目前比較好的一種解釋。以下這一簡或可旁證其說。《竹簡·參》簡944：

「禾二年十一月七日　付庫吏殷　連受」（圖14）

此簡上端大半段殘缺，文字十分清晰。它是走馬樓簡中極少尚未完成作業的簡，透露了文書作業程序上頗為重要的信息。「十一月七日」之後有一段空白，接著的「付庫吏殷　連受」的「連受」二字已以另筆署妥。空白處不見任何殘墨，明顯是留空，等待某人或某吏最後署名。從此可知簡末「付某某受」的「受者」署寫在先，反而是「付者」最後署名。這意味著其他同格式簡上的署名作業順序，可能也是如此。例如《竹簡·參》簡3179是一支同式的竹簡別券，其上於日期之後即有筆劃特別粗黑「烝弁」的另筆簽署（圖15）。「烝弁」二字即應在「殷　連受」署寫後才簽上的。這有點像今天在某些情形下，收受者先行簽好收據，發放者才簽署並發放錢財或物品。[47]

46　關尾史郎，〈賦稅納入簡の形式と機能をめぐつて——2009年12月の調查から〉，頁84。關於朱筆「中」「已」字等為確認後補加，參伊藤武敏，〈長沙吳簡中の朱痕·朱筆·「中」字について〉，《長沙吳簡研究報告2009年度特刊》（2010），頁87-94。

47　曾有日本學者以為烝弁二字皆別筆所書，非一般吏之僅自署名不署姓，而認為烝弁是庶民。參中村威也，〈獸皮納入簡から見た長沙の環境〉，《長沙吳簡研究報告第2集》，頁55。此說疑有未安。阿部幸信也提出質疑，並推測烝弁可能擔任縣或鄉三老的工作。參阿部幸信，〈長沙走馬樓吳所見的「調」〉，《吳簡研究》，第三輯，頁232-236。

今塵集：秦漢時代的簡牘、畫像與文化流播
——卷二　秦至晉代的簡牘文書

表 9　孫儀

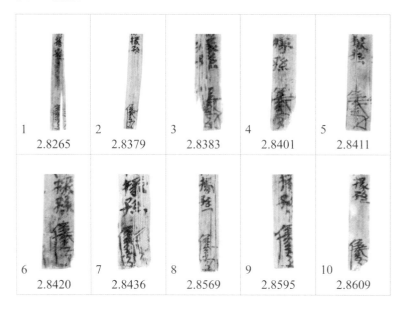

1 2.8265	2 2.8379	3 2.8383	4 2.8401	5 2.8411
6 2.8420	7 2.8436	8 2.8569	9 2.8595	10 2.8609

表 10　殷連

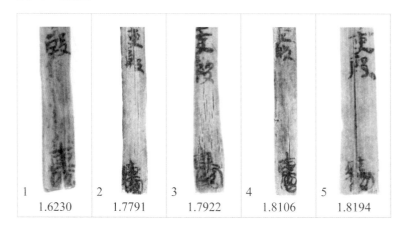

1 1.6230	2 1.7791	3 1.7922	4 1.8106	5 1.8194

表 10　殷連（續表）

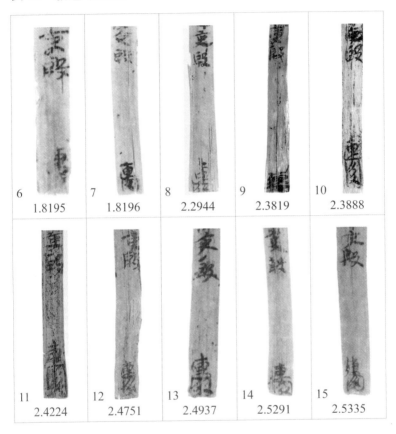

| 6 1.8195 | 7 1.8196 | 8 2.2944 | 9 2.3819 | 10 2.3888 |
| 11 2.4224 | 12 2.4751 | 13 2.4937 | 14 2.5291 | 15 2.5335 |

今塵集：秦漢時代的簡牘、畫像與文化流播
　　——卷二　秦至晉代的簡牘文書

表 11　谷漢

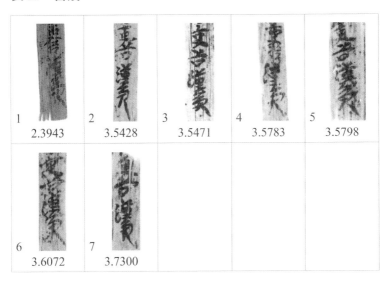

表 12　鄭黑

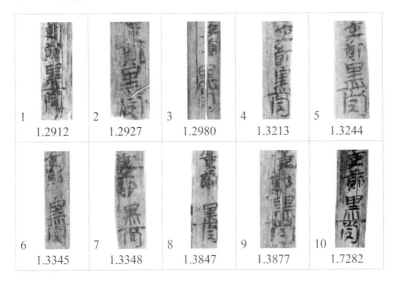

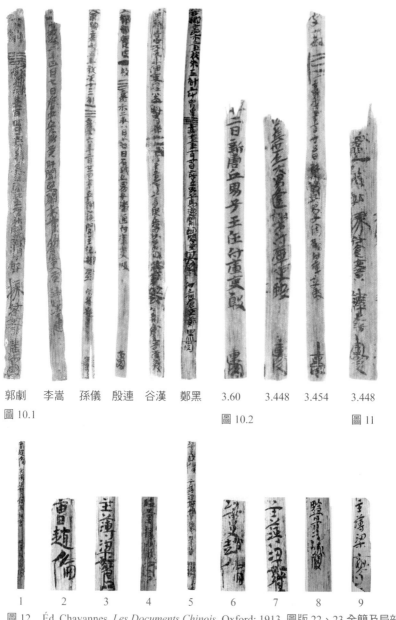

郭劇　李嵩　孫儀　殷連　谷漢　鄭黑　　3.60　3.448　3.454　3.448

圖 10.1　　　　　　　　　　　　　　　圖 10.2　　　　　　　圖 11

1　2　3　4　5　6　7　8　9

圖 12　Éd. Chavannes, *Les Documents Chinois*, Oxford: 1913, 圖版 22、23 全簡及局部。

今塵集：秦漢時代的簡牘、畫像與文化流播
　　—— 卷二　秦至晉代的簡牘文書

進行最後署名的地
點，即可能是文書作成
之處。因此有「邸閣某
某付倉吏或庫吏某某
受」的別券可能即作成
於邸閣。不過也常有鄉
丘之民不經邸閣，直接
向州中倉或三州倉繳送

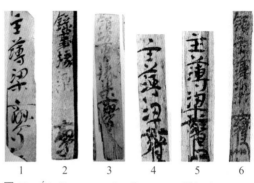

圖 13　Éd. Chavannes, *Les Documents Chinois*,
Oxford: 1913, 圖版22、23 局部

錢米等物，這樣的別券應該是在倉或庫作成，不
會在邸閣。簡 944 上沒有事先寫好的「邸閣」字
樣，可知此簡是供像烝弁這樣的人使用，於某年
某月某日向庫吏繳某物而後署名，地點應即在庫
吏所掌的庫。因為鄉丘之民不是人人識字能書，
因此不少「某丘男子某某」明顯是由書手代寫，有
些則像烝弁這樣親筆簽下姓名。這是我對關尾之
說稍作的補充。關於邸閣所居的位置，和倉或庫
的關係，是郡級或縣級單位？邸閣和三州倉、州
中倉等的關係如何？都存在爭論，有待解決。無
論如何，幾乎沒有學者認為這些邸閣或倉、庫屬
於鄉，[48]因此相關文書在鄉製成之說就存在疑問
了。

3.944　　3.3179

圖 14　　圖 15

48　相關討論及意見參王素、宋少華，〈長沙走馬樓三國吳簡的新
　　材料與舊問題——以邸閣、許迪案、私學身份為中心〉，《中
　　華文史論叢》，1（2009），頁 3-8；谷口建速，〈長沙走馬樓
　　吳簡所見孫吳政權的地方財政機構〉，《簡帛》，第五輯，頁
　　497-510。

三 結論

本文分析公文書的簽署，重新思考並論證漢代及三國簡牘公文書的製作，得出一些或與時賢不同的想法。簽署因人而異，各有特徵，但辨別筆跡有時不是那麼容易，也不易單憑筆跡得出確切無疑的判斷。三國吳簡具有一定格式和內容，是短短數年之內，大量重複製作的文書，經手的吏並不多，正是研究文書製作極好的材料。中日學者已有許多相關的論述。本文尾隨時賢，另闢思路，是希望指出在公文書製作的研究上，應該將筆跡和簽署可能具有的意義納入考慮。

這裡並不打算重述前文已說過的意見，僅補記一些前文不及之處。第一，我在本文初稿寫完後，才看見《吳簡研究》第三輯上徐暢的大文〈走馬樓簡所見孫吳臨湘縣廷列曹設置及曹吏〉。她有機會利用目前尚未刊布的材料，指出在基層行政中縣級政府的重要性，並有系統地列表討論了孫吳臨湘縣廷的列曹和可考的曹吏。她的研究可以證明趙野、張惕和陳通三人短短幾年中雖擁有三至五種不同的吏職頭銜，但他們主要的身分無疑是縣吏。[49]從這一點看，應更能證明由他們署名的田家莂不會是製作於鄉的文書。如果一定要說是製作於鄉，也是縣吏在特定時節下鄉去製作，製作後保存一份成為縣的檔案（也就是出土的這一份田家莂）。其結論和我從簽署所認識到的可以說一致。[50]

---

49 徐暢，〈走馬樓簡所見孫吳臨湘縣廷列曹設置及曹吏〉，《吳簡研究》，第三輯，頁 287-352。

50 另外安部聰一郎據「戶品出錢」簡上「入錢畢，民自送牒還縣，不得持還鄉」之語，指出相關簿籍應不是在鄉編綴後送縣田戶曹。參氏著，〈長沙走馬樓三國吳簡

另一點想補充的是，從秦漢到三國魏晉，正是公私文書由簡帛向紙張發展的關鍵時期。[51]整體來說，在簡帛的時代，保證公私文書真實性和權威性的方式主要在於印章。印章是權力和身分的重要象徵。[52]兩漢官吏有印綬者，須將有綬帶的印章佩繫在腰間皮帶上或腰旁鞶囊內，隨時備用（圖 16.a-j）；[53]「解印綬」、「上印綬」或「收印綬」意即棄官、去官或有罪解職，也就失去了職位和身分。[54]從

　　にみえる「戶品出錢」簡について〉，《資料學の方法を探る（9）》（松山：愛媛大學「資料學」研究會，2010），頁 24-25。

51　相關研究極多，較新的為籾山明，〈簡牘・縑・帛紙──中國古代における書寫材料の變遷──〉收入籾山明、佐藤信編，《文獻と遺物の境界─中國出土簡牘史料の生態的研究─》（東京：六一書房，2011），頁 239-252。

52　偽仿官印因而成為可罰為城旦舂至棄市、腰斬的重罪，睡虎地秦律、湖北江臨張家山漢律、湖南張家界古人堤出土漢簡中都有反映，詳細討論參劉少剛，〈漢律偽寫璽印罪與西漢的政治鬥爭〉，《出土文獻研究》，第六輯（上海：上海古籍出版社，2004），頁 229-237。據劉昭瑞研究，兩漢魏晉印璽甚至有神秘的力量，是早期道教中威力最大，最重要的法器。參所著，〈早期道教用印研究〉，《考古發現與早期道教研究》（北京：文物出版社，2007），頁 168-169。

53　秦漢之世，自皇帝至百官隨身佩璽印，葉其峰已曾舉證，參氏著，《古璽印通論》（北京：紫禁城出版社，2003），頁 84。《晉書・輿服志》：「璽，古制也。漢世著鞶囊者，側在腰間。或謂之傍囊，或謂之綬囊。然則以紫囊盛綬也，或盛或散，各有其時乎。」又謂：「革帶，古之鞶帶也。文武眾官牧守丞令下及騶寺皆服之。其有囊綬則以綴於革帶，其戎服則以皮絡帶代之。」（中華點校本，頁 772）可見鞶囊是繫於腰間的皮帶上。孫機曾舉商人杜吳殺王莽後解去王莽印綬和朱買臣於會稽邸懷其印綬，後為守邸發覺其太守印二例說明印綬是權力和身分的重要象徵。參氏著，《漢代物質文化資料圖說》（北京：文物出版社，1991），頁 248；更詳見孫機，〈說「金紫」〉，《中國古輿服論叢》（北京：文物出版社，2001），頁 188-193。

54　其例極多，略參《史記・魏其武安侯列傳》，頁 2853；《漢書》〈朱雲傳〉，頁 2915、〈佞幸傳〉，頁 3739；《後漢書》〈魯恭傳〉，頁 874、〈法雄傳〉，頁 1278、〈朱穆傳〉，頁 1470、〈黨錮傳〉，頁 2203。

可考的封泥和簡牘公文紀錄的印文看，凡所鈐之印皆屬單位長官，最少也是丞或尉之類，低層之吏僅用所謂的半通印。[55]有權用印的官吏既然將印章佩在自己的腰上，則很可能不得不親為文書加封。當然實際上一定也有將印解下，交屬下代為用印加封的情形。無論如何這須由主官授權，用印加封才是展示主官權力，保證文書權威和真實性的關鍵。主官是否在發出的文書上親筆簽名並不那麼重要，掾、令史、屬、佐等屬吏代筆反而是常態。[56]這樣由屬吏代筆的簽署，並不具有今天在文件上「簽署」或「簽名」的責任和法律意義。以今天的中文來說，稱之為「署名」較為適宜。

可是這個情況在紙文書漸占優勢以後發生改變。南北朝以後紙文書漸占優勢，百官雖襲舊禮佩帶印綬（隋代起不再佩印），印漸淪為裝飾；在紙文書上加蓋的是較漢印為大，不便攜帶，功能各別的官署印章。[57]官署印不佩在主官身上，而另由衙署內的官吏掌管。南北朝以後，以印章陪葬之俗大衰，可考的出土印章大減。這頗可旁證印章作為個人身分和權力象徵的重要性已不如漢代。相反的，長官和屬吏的簽署和副署明顯趨於重要和關鍵（圖 17）。簽名的樣式越來越講求書法美觀，突出個性和難以模仿，甚至不再允許代簽，代簽會受到處罰。依照唐律，無權簽署者代人簽署，杖八

---

55 此外無論是出土的印璽或封泥，以及簡牘收發文書的紀錄裡，有很多只見姓名，不帶職銜的私印。私印較常用於代行某職的情況下。

56 存檔的底案似乎是另一種情況，很可能主官和相關屬吏都得親自簽署，其例見益陽兔子山第三號井出土的鞫木牘，其詳見邢義田，〈再論三辨券——讀嶽麓書院藏秦簡札記之三——〉，本書頁 453-463。

57 例如在唐代告身上鈐有朱墨「尚書司勳告身之印」、「吏部尚書告身之印」。這些印都專用於告身文書。其印邊長 5.4 公分，比漢方寸印（邊長約 2.2-2.3 公分）大四五倍左右。

綬

42-2

圖 16a-b　日本天理參考館藏，山東汶上孫家村漢畫像石原石局部，佩印綬執笏或版之官吏及孫機局部線描圖。

圖 16c　山東嘉祥畫像石周公輔成王局部，1992 年作者攝於山東嘉祥武氏祠。

圖 16d-e　陝西旬邑百子村漢墓壁畫局部

圖 16f-g　山東沂南北寨漢墓畫像局部，孫機線描圖。

圖 16h-i　長沙馬王堆漢墓出土印綬及孫機線描圖

圖 16-j　徐州連雲港市博物館藏海州雙龍西漢墓出土銅印及皮質綬帶，2010 年 7 月 10 日作者攝。

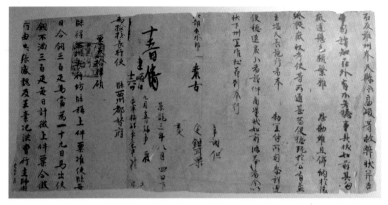

圖17　阿斯塔那墓出土唐景龍三年（709）西州都督府承勅奉行案卷，全件。

1　　　2　　　3

圖17　局部　採自 H.Maspero,
Les Documents Chinois,
London: 1953, 圖版
XVIII.272。

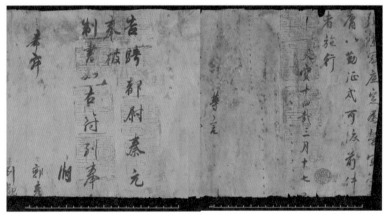

圖18　天寶十四載騎都尉秦元告身殘件，方令光提供大英博物館藏原件照片（經拚接）。

今塵集：秦漢時代的簡牘、畫像與文化流播
　　——卷二　秦至晉代的簡牘文書

十。[58]代簽竟從常態變成犯罪，這使得簽名或簽署一事有了和今天較為相近的意義。這個轉變和相關公文作業程序的變化與意義，很值得我們繼續關注和研究。[59]

58　《唐律疏義》卷十（劉俊文點校本，中華書局，1983）：「諸公文有本案，事直而代官司署者，杖八十……」〔疏〕議曰：「公文，謂在官文書。有本案，事直，唯須依行。或奏狀及符、移、關、解、刺、牒等，其有非應判署之人，代官司署案及署應行文書者，杖八十。」《唐會要》卷五十六左右補闕拾遺條謂：「會昌四年六月，中書門下奏：諫官論事，臣等商量，望令各陳所見，不要連狀，涉于糾雜。如有大段意見，及朝廷重事，必須連狀者，即令同商量進狀，不得輒有代署。」但代署是否消失了？令人懷疑。以著名的天寶十四載騎都尉秦元告身來說，它被認為是鈐有「尚書司勳告身之印」的珍貴原件（圖18）。可是簽發此件文書的諸官吏簽署筆跡和抄寫告身者的幾無二至。內藤乾吉認為這件告身包括簽署可能全出於書令史之手，並引《唐會要》卷五十七尚書省條「大曆已後，諸道多自寫官告。〔吏部司封司勳寫〕急書〔告身〕官無事」說明這種現象。參內藤乾吉，〈敦煌出土の唐騎都尉秦元告身〉，《中國法制史考證》（東京：有斐閣，1963），頁41-42。但如為諸道自寫官告，此件敦煌出土，在多處文字上鈐有朱墨「尚書司勳告身之印」，朱墨明顯蓋在文字之上，是先寫好，再蓋吏部尚書司勳之印。這印是如何蓋上的？似不見有好的解釋。其餘如開元四年李慈藝上護軍告身、開元二十九年張懷欽等告身也有朱印，被認為是原件（參小田嶼久大，〈德富蘇峰記念館藏「李慈義告身」の寫真について〉，《龍谷大學論集》，第456號（2000），頁122-141；陳國燦，〈莫高窟北區47窟新出唐告身文書研究〉，《敦煌研究》，3（2001），頁84），但朱巨川告身、顏真卿自書告身都不是原件，其上卻也有吏部尚書之印。因無緣得見原件，能見到的影本又不夠清晰，暫無法判斷朱印是如何蓋在文件上的。

59　雖已有學者注意到魏晉南北朝文書的「簽名畫押、年月日、用語等都有各自固定的格式，某些看得出已是唐代表狀箋啟的前身」，但似乎少有人注意從簡牘到紙本文書轉變過程中用印和簽署的變化。參吳麗娛，《唐禮摭遺：中古書儀研究》（北京：商務印書館，2002），頁75。孫機則曾簡略談到，參前引〈說「金紫」〉，《中國古輿服論叢》，頁188-193。唐穆宗長慶三年所立唐蕃會盟碑云：「二君之驗，證以官印，登壇之臣親署姓名」，可見在重大文書上璽印和親筆簽署的重要性。參張政烺，〈跋唐蕃會盟碑〉《張政烺文集‧文史叢考》（北京：中華書局，2012），頁127。

後記

本文初稿承蒙李宗焜、劉增貴、馬怡、侯旭東等好友指教及學棣方令光、劉欣寧提供資料，謹此誌謝。

100.6.26/101.5.1

補後記

本文涉及的文書是在縣或鄉製作？學者意見迄今仍然不一。我原贊成製作於縣，但見侯旭東最新研究成果（《近觀中古史：侯旭東自選集》，上海：中西書局，2015），覺得鄉里製作說也有一定的說服力。許多簿籍文書復原後，再談製作問題，應是較正確的途徑。三國吳簡簡冊復原研究已見其端，還有漫漫長路要走，拙說不一定正確，唯暫不修改，以存過往的思考軌跡，並誌對年輕一代的期待。

107.2.24

再補後記

學術研究貴在有益友切磋。凌文超先生研究吳簡簽署後指出無論主管吏親署或由佐史代簽，都具有權威性和有效性，對拙說提出異議，請參凌文超，〈走馬樓吳簡中的簽署省校和勾畫符號〉《中華文史論叢》第 1 輯（2017），頁 138-160。近日又得讀鄧小南先生大作〈書法作品與政令文書：宋人傳世墨迹舉例〉提到宋代皇帝有不少「御筆」和「手詔」，「並不一定出自皇帝親筆，可能字句既非親擬，墨迹亦非親書」（《宋代歷史探求》北京：首都師範大學出版社，2015，頁 356）。這啟示我們不論是否親擬或親筆，只要號稱御筆或手詔，理論上就應該具權威和有效性，這一點我很同意。小文基本上是在探討漢至三國出土文書上的別筆簽署多有代筆，非必主管吏

親簽，並沒有否認代筆簽署的權威和有效性，甚至認為代筆署名在漢和三國的日常文書作業中屬於正常或被認可的一種作法。又小文曾談到代筆書吏可能模仿主官的簽名，因此出現不同書吏代署之主管名有大同小異的現象。這一點原來純出臆測，不意鄧先生大作提到宋內廷有善書吏人仿效「奎畫」之事（頁359）。此事固晚，然可與拙說相參照。

108.7.23

敦煌懸泉《失亡傳信冊》的構成

　　2001 年上海古籍出版社出版了《敦煌懸泉漢簡釋粹》（以下簡稱《釋粹》），在詔書、律令、司法文書與政治類錄有簡 II 02162：866-869，並題名為《失亡傳信冊》的簡四枚。2005 年張德芳在《出土文獻研究》第七輯〈懸泉漢簡中的《傳信簡》考述〉（以下簡稱〈考述〉）一文中，進一步公布了圖版，透露此冊和另一冊編連在一起，並發表了更為完整共十一枚簡的釋文。由於這是目前所知少數居延和敦煌簡冊原編繩仍存，完整的簡冊，對了解漢代邊塞公文書簿冊之制，是十分重要的新材料，值得重視。[1]

一　對《失亡傳信冊》構成的不同認識

　　2001 和 2005 兩度發表的釋文都沒有依原簡段落錄文，以下先據圖版，依原冊各簡書寫形式和馬怡的釋文補考，[2]重錄全文：

1　1999 年吳礽驤先生介紹懸泉簡時，指出「完整或較完整的簿冊」有二十多個，
　　2000 年發掘報告提到簡冊較完整者有五十餘冊。數目頗有出入。參吳礽驤，〈敦
　　煌懸泉遺址簡牘整理簡介〉，《敦煌研究》，4（1999），頁 99；甘肅省文物考古研
　　究所，〈甘肅敦煌漢代懸泉置遺址發掘簡報〉，《文物》，5（2000），頁 13。
2　馬怡，〈懸泉漢簡《失亡傳信冊》補考〉，《出土文獻研究》，第八輯（上海：上海

1. 永光五年五月庚申　　　　　御史大夫弘謂長安□[3]以次[4]

   守御史李忠監嘗麥祠[5]孝文廟守御史任昌年

   為駕一封軺傳　　　外百卅二　　　為駕當舍傳舍如律令

   （簡 866）

   按：此簡分上下兩欄書寫，上欄分書成三行，下欄分書成兩行。又由此開
   始，以下共五簡，筆跡基本相同，應由同一人同時所書。又這五簡用兩道編
   繩編聯在一起，編繩壓在字跡上，應屬先書後編。

2. 永光五年六月癸酉朔乙亥御史大夫弘移丞相車騎將＝軍＝中二千＝石郡
   太守諸侯相五月庚申丞相少史李忠守御史假一封傳信監嘗麥祀祠（簡
   867）

   按：此簡中央起脊，脊兩側分兩行書寫，第二行未寫滿。

3. 孝文廟事已巳以傳信予御史屬澤欽欽受忠傳信置車笭中道隨亡今寫
   所亡傳信副移如牒書到二千石各明白布告屬官縣吏民有得亡傳信者
   予購如律諸乘傳驛駕廄令長丞亟案莫傳有與所亡傳同封弟者輒捕（簡
   868）

   按：此簡中央起脊，分兩行書寫，兩行寫滿。

4. 繫[6]上傳信御史府如律令

古籍出版社，2007），頁 111-116。

3　2001 年釋文作「長安長」，2005 年釋文作「長安」。因圖版不清，「長安」後應還
　　有字，唯不可辨。馬怡作「長安」。初世賓推定為「長安廄長」。參初世賓，〈懸泉
　　漢簡拾遺〉，《出土文獻研究》，第九輯（北京：中華書局，2010），頁 183。

4　2001、2005 年釋文具按文例，釋為「以次」，唯圖版不清，難以確釋。馬怡作「以
　　次」。

5　2001 年釋文作「隨當祀祠」，2005 釋文作「監嘗麥祠」。後者為是。馬怡作「監嘗
　　麥祠」。

6　2001 年釋文誤置「繫」字屬簡 868，實應為簡 869 第一行第一字。

七月庚申敦煌大守弘長史章守部候脩仁行丞事敢告部都尉卒人謂縣

官官寫移書到如律令／掾登屬建佐政光 （簡869）

按：此簡中央起脊，分兩行書寫，第一行未寫滿，第二行幾乎寫滿。

5. 七月辛酉效穀守長合宗守丞敦煌左尉忠告尉謂鄉置寫移書到[7]

如律令　　　　　　掾禹佐尊[8] （簡870）

按：此簡中央不起脊，分兩行書寫。

6. 敦煌守長聖　　　　守丞福 （簡871）

7. 淵泉守長長　　　　丞馴 （簡872）

8. 效穀守長合宗　　　丞繫 （簡873）

9. 廣至守長光遂事　　守丞賞 （簡874）

10. 冥安長遂昌　　　　丞光 （簡875）

11. 七月庚申敦煌大守弘長史章守部候脩仁行丞事謂縣寫移使者備縣置

謹敬

莊事甚有意毋以謁勞書到務備毋解隋如律令／掾登屬建書[9]佐政

（簡876）

按：以上六簡除第 11 簡中央起脊，分兩行書寫，其餘五簡未起脊，較窄，

單行書寫。六簡筆跡一致，應係另一書寫者同時所書。

張德芳先生在其〈考述〉中提到《失亡傳信冊》時曾說：

以上五簡為一個完整的冊子。《釋粹》發表了上引四簡，並名之為

《失亡傳信冊》。現在發現，此冊同另外一冊共十一簡編聯在一

7　此簡圖版模糊，第一行字跡多不清。

8　馬怡〈補考〉應補「掾禹佐尊」四字。

9　馬怡〈補考〉應補「書」一字。

起，就其內容而言應該是兩封冊書。而前一封冊書即上引《失亡傳信冊》，共五簡；後一冊書共六簡為敦煌各縣（無龍勒）長、丞官吏名籍。兩封冊子編在一起，大概是為了存檔的方便。《釋粹》祇發表了四簡而遺漏一簡，這是應該糾正的。另外，簡文中兩處「監嘗麥祠」，在《釋粹》中分別作「隨當祀祠」和「監當祀祠」。2002年底，我們請謝桂華、胡平生、李均明先生來蘭州重新校釋懸泉簡，謝桂華先生釋此為「監嘗麥祠」，可謂精當。[10]

張先生的新釋文不但補充了原來的缺漏，也糾正了原本的錯誤。但他對編聯在一起的十一枚簡是否屬於同一冊子，存有疑問。後六簡的兩道編繩較前五簡（866-870）的編繩為細，明顯是分別編聯成冊，再將兩個冊子相連綴。他認為就其內容看，應是兩件冊書。其所以編在一起，可能是為了存檔方便。因此，他十分謹慎地將後六枚簡的釋文放在附注中，並沒有和前五枚簡的釋文一體對待。前後兩部分如果不相干，為何會為了存檔方便而編在一起？如果為了存檔，可以將不相干的簡冊編在一起，是否可以找到其他的例證？這在檔案管理上是否會造成問題？這一連串的問題都有必要澄清，才能較好地了解漢代的文書構成和文書檔案管理制度。為此，馬怡特別從文件內容的相關性、文件發受時間、兩個簡冊原本編聯在一起等等方面，去論證前述兩部分簡冊應相互關聯。認為《釋粹》和〈考述〉將首五簡和末六簡分別對待的作法「未必妥當」。[11]可是初世賓另有看法，力證兩冊所涉不同，實不相干。藤田

---

10 張德芳，〈懸泉漢簡中的《傳信簡》考述〉，《出土文獻研究》，第七輯（2005），頁78；又參郝樹聲、張德芳，《懸泉漢簡研究》，頁156。

11 馬怡，〈懸泉漢簡《失亡傳信冊》補考〉，頁112。

勝久和冨谷至也認為兩冊不相關，唯冨谷以為兩冊可能屬於同一檔案。[12]兩造意見牽涉到漢代文書和文書管理制度，引人關切。

二 《失亡傳信冊》的整理與編聯

斟酌諸說，我較贊同初世賓和張德芳等人所說。唯以下試從和初、張不同的角度，提出一點想法。關鍵在大家眼中相繫屬的兩個簡冊，可能不是原狀，而是整理者重繫編繩的結果。

不久前偶然讀到 1998 年甘肅人民出版社出版，李永良編的《河隴文化》。發現該書發表的簡影（圖 1）和 2000 年《文物》第五期〈敦煌懸泉漢簡釋文選〉（圖 2）以及 2005 年《出土文獻研究》第七輯發表的簡冊圖版（圖 3、5）都有所不同，因而警覺《文物》和《出土文獻研究》發表的簡冊編聯是經過重新調整簡序，重新繫聯，並不能反映簡冊出土時編聯的原狀！如果我們根據後出的圖版立說，就有可能被誤導。

以下先說說這些圖版的差別，以及整理者對簡冊認識上的變化。《河隴文化》圖版攝製的時間無疑較早，保留了較多簡冊較原始的的狀態。圖版中有十八枚簡並排，第一至第六簡編聯在一起（附圖中自右至左各簡順序號為本文作者所加），第七至十一枚原編繩殘

---

12 初世賓，〈懸泉漢簡拾遺〉，《出土文獻研究》，第九輯（北京：中華書局，
    2010），頁 183；藤田勝久，〈漢代の交通と傳信の機能——敦煌懸泉漢簡を中心
    として〉，《愛媛大學法文學部論集：人文科學編》，26（2009），頁 23-56；冨谷
    至，《文書行政の漢帝國：木簡・竹簡の時代》（名古屋：名古屋大學出版社，
    2010），頁 288-291。

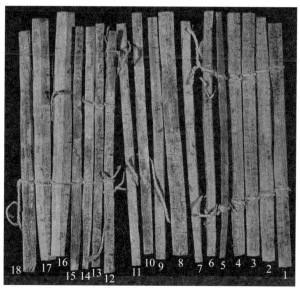

圖1　失亡傳信冊＋康居王使者冊，《河隴文化》，頁112（圖中自右至左 1-18 順序號為本文作者所加）。

圖2　失亡傳信冊，〈敦煌懸泉漢簡釋文選〉，《文物》，5（2000），頁30圖3。

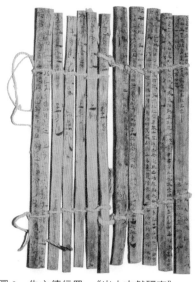

圖3　失亡傳信冊，《出土文獻研究》，第七輯（2005），圖版頁11。

斷，各簡未相繫屬，十二至十八枚的下端編繩完整，各簡都繫聯在一起。第十二簡的上下還各殘留一段可和其他簡冊相繫的殘繩。比較《河隴文化》和後來發表的圖版，可知前者呈現的簡冊狀態雖已經過初步整理，但失去繫聯的簡應如何排列，還沒能理出頭緒，編繩也處於殘斷散亂的狀態。《河隴文化》有如下的圖版說明：[13]

西漢／長 23 厘米，闊 1-1.5 厘米／敦煌市懸泉置遺址

紅柳製造，計十八枚為冊。上下共兩道編繩，草體墨書。

內容係抄寫詔書佚文。

可見在較早的認識裡，可能因為它們出自同一地點，所涉之事都發生在元帝永光五年七月，又都和敦煌太守弘、長史章、守部候脩仁以及負責文書作業的掾登、屬建和書佐政有關，因而將十八枚簡視為一冊。

後來的認識發生變化。2000 年發表發掘簡報和釋文選時，簡冊經過了進一步整理。原來認為屬同一冊子的第 12 至 18 枚簡（圖1），這時獨立成冊，並有了兩道完整的編繩，出現在單獨的圖版中（圖 4）。[14] 2001 年張德芳和胡平生出版《釋粹》，也將第 12 至 18 枚簡別為《康居王使者冊》。[15]從文件內容看，內容確實不相干，這樣區別有其道理。[16]

13　李永良主編，《河隴文化》（蘭州：甘肅人民出版社，1998），頁 112。

14　原見甘肅省文物考古研究所，〈甘肅敦煌漢代懸泉置遺址發掘簡報〉，《文物》，5（2000），頁 10 圖九。

15　此冊釋文見《敦煌懸泉漢簡釋粹》，頁 118-119。

16　《釋粹》提到建昭二年三月「調史監遮要置冊」四簡為一冊，但注釋特別說明「出土時，一起編聯的簡共有六枚，兩道編繩猶在。除此四簡屬一份文書外，另兩簡則屬其他內容，可能是年終時將簡冊統一編聯以便保管所致。」（頁 69）注釋沒說另兩簡內容為何。幸好郝樹聲、張德芳，《懸泉漢簡研究》書前彩色頁有此簡冊圖

排除了這七枚，其餘十一枚的編聯狀況是如何呢？如果看《河隴文化》圖版，其中的第 1 至 6 枚有編繩編聯在一起，其餘五枚（7 至 11）編繩殘斷，呈散簡狀態。後來有人整理過簡序，將散簡依整理者理解的順序重新繫上了編繩，於是十一枚簡全都被連綴在一起。〈敦煌懸泉漢簡釋文選〉圖版中的簡冊就是整理重繫後的（圖 2）。[17]2005 年《出土文獻研究》第七輯刊出同一簡冊圖版。但從編繩繩頭的形狀和位置可知，圖版是據另拍的照片，字跡變得較為清晰（圖 5）。

　　比較前後三份不同的圖版，《河隴文化》反映的簡冊狀態似乎較為原始，前五枚簡和第六枚簡編聯在一起。而第六枚簡「敦煌守長聖 守丞福」又正是有些學者認為另一簡冊的第一簡。如果要論證兩件簡冊相互關連，從編聯看，第六枚簡原本就和前五枚編聯在一起，應該是兩冊相關連最強而有力的證據。

　　可是如果追問《河隴文化》圖版呈現的編聯狀態是否就是出土時的原樣？是否可靠？答案則屬否定。因為第五、六簡原來可能並

版。據此不很清楚的圖版，第五簡似以「建昭二年二月甲子朔□□淵泉丞馴移懸泉置」開頭，第六簡以「建昭二年二月甲子朔辛卯敦煌太守彊守郡候脩仁行丞事」開頭，而在它們之前的「調史監遮要置冊」卻是建昭二年三月的文書。為什麼年終編冊，月份晚的文書編在前，月份早的反編在後？又為何年終為統一保管，要將不同內容的簡冊編聯為一？編聯的原則何在？元永器物簿將四冊聯綴為一冊，其內容明顯有相關性。其他簡冊要編聯在一起，也應有些編聯上的原則。否則，檔案管理將成大問題。

17　原見甘肅省文物考古研究所，〈敦煌懸泉漢簡釋文選〉，《文物》，5（2000），頁 30 圖 3。據《文物》同年第 12 期刊出何雙全具名的懸泉簡釋文修訂，〈釋文選〉明確是由何先生所作。見何雙全，〈敦煌懸泉漢簡釋文修訂〉，《文物》，5（2000），頁 63。何先生是當時最主要的整理者，重新排序和繫連，應也是出自其手。

不和前四簡相繫屬。如此推測的理由
是：當 2000 年的上半年，張德芳和胡
平生兩位準備《釋粹》釋文稿時，[18]所
依據的資料不論是原簡、照片或釋文
舊稿，應僅有四枚編聯在一起，因此
釋了四枚，將四枚視成一冊。[19]第五、
六枚簡如果原本就和前四枚相繫屬，
張、胡二人萬萬沒有理由認為僅僅四
枚為一冊，而棄相繫的第五、六枚於
不顧，也不在注釋中說明。[20]由此，應
可推定《河隴文化》圖版反映的簡冊，
已經過初步整理繫聯，不是出土時原
本的狀態。張、胡作《釋粹》時，依
據的照片僅有四枚為一冊，反而最接
近原狀。[21]

圖 4　康居王使者冊，〈甘肅敦煌
漢代懸泉置遺址發掘簡報〉，《文
物》，5（2000），頁 10 圖 9；又
見郝樹聲、張德芳，《懸泉漢簡研
究》，書前彩色圖版頁。

圖 5　失亡傳信冊，張德芳先
生提供照片。見郝樹聲、張
德芳，《懸泉漢簡研究》，頁
157。

18　他們準備釋文稿的時間在 2000 年上半年，參
　　《釋粹》胡平生所寫後記，頁 247-250。

19　《釋粹》《失亡傳信冊》的注釋說：「以上四
　　簡，為一冊書。」（頁 29）

20　參注 16。

21　當時簡冊出土，有沒有留下出土原狀紀錄或
　　照片，不得而知。據胡平生 2011 年 7 月 14
　　日和 7 月 26 日電郵，他去蘭州協助釋文整
　　理，為時較晚，以搶救月令詔條泥牆為主。
　　雖也看了些簡，但校核釋文是據不甚清楚的
　　照片或釋文舊稿，具體情況已記不清，應以
　　張德芳所說為確。

三 《失亡傳信冊》構成臆測

　　如果第五、六枚原本並未與前四枚相連綴，主張兩簡冊相關聯的論證就失去了一項主要的支柱。即使如此，當然還是要追問：《失亡傳信冊》的十一枚簡原本到底是不相干的兩冊（一冊有五枚簡構成，另一冊有六枚）？或是相關的同一冊子？

　　這個問題之所以重要，是因為這一或二件冊子的構成特徵和中央研究院歷史語言研究所所藏，由大庭脩復原的《元康五年詔書冊》（圖6）有明顯的異同。現在大家幾乎都承認大庭的簡冊復原十分成功。大庭所復原的簡冊，原編繩已失，完全依據文書內容、木質、書體和對詔書下達和文書傳送程序的理解。[22] 比較可惜的是構成這份簡冊的各簡除了粗略的出土地點（A33 地灣），完全沒有當初出土的具體坑位和層位資料可以依據。《失亡傳信冊》保存了部分的原編繩，如果又有出土層位、各簡疊壓或收捲狀態的紀錄，這對認識漢代簡冊的構成，就具有更高的價值。如果沒有，也可以參照《元康五年詔書冊》的書寫和文書構成格式和內容特徵，檢驗《失亡傳信冊》的前五和後六簡到底有沒有關聯性，該不該屬於同一份冊子。

　　我們姑且先將《失亡傳信冊》的十一枚簡視為同一份簡冊。粗粗看來，此冊和《元康五年詔書冊》在構成上類似：第一，不論內容為何，都是由中央發往地方的命令抄件。第二，在文書主體之後，抄有下屬各單位名稱和長官名。稍稍仔細看，則又有明顯不同：

22　大庭脩，《秦漢法制史の研究》（東京：創文社，1982），頁 235-258。

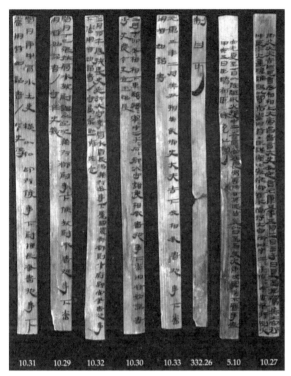

第一，《元康五年詔書冊》的八枚簡筆跡完全相同，是由同一人所抄；《失亡傳信冊》的前五枚和後六枚簡筆跡明顯不同，應出自不同人之手。[23]

第二，《元康五年詔書冊》自元康五年二月癸亥以後，是一連串詔令在二月丁卯、三月丙午、閏月丁巳、閏月庚申從御史大夫、丞相下傳張掖太守、屬國農部都

圖6　元康五年詔書冊，依大庭脩復原排序　中央研究院歷史語言研究所藏。

尉、肩水候、尉、候長各單位的記錄。又此冊後五簡每一簡末都有「承書從事下當用者如詔書」這樣的話，最後四簡更有各單位處理收發文書吏的署名。但《失亡傳信冊》的第六至第十簡只有敦煌、淵泉、效穀、廣至、冥安五縣長、守長、丞或守丞的名，完全沒有日期，沒有「承書從事下當用者」或「移某某文書一編敢言之」這

23　前引藤田勝久和冨谷至也都已指出筆跡前後不同，見藤田前引文，頁27；冨谷前引書，頁288。

樣的公文套語。[24]最末第十一簡出現和第四簡上同樣的日期「七月庚申」，而不是文書傳遞過程中應會有的先後不同日期。換言之，如果承認《元康五年詔書冊》代表地方郡國向所屬單位傳達中央政令文書的一種標準格式（包括文書主文和下傳各單位的傳送記錄），則《失亡傳信冊》後六枚簡的格式明顯不同，也不見傳送記錄。

綜觀文書內容、編聯和格式之後，我傾向贊成初世賓、張德芳、藤田勝久和富谷至的意見，也就是說前五簡和後六簡並不相干，應分別成冊。理由歸結如下：

第一，從編聯看，如前所說，前五簡和後六簡原本並沒有真正編聯在一起，編聯在一起是整理者整理的結果。較早僅有前四簡相互繫屬，整理者後來將前六簡編在一起，最後將十一簡全都編聯在一起。由於整理者認識不同，編聯簡數增加，導致研究者作出不同的判斷。

第二，從格式看，第四簡謂「七月庚申敦煌太守弘、長史章、守部候脩仁行丞事敢告部都尉卒人」[25]云云，第十一簡謂「七月庚申敦煌太守弘、長史章、守部候脩仁行丞事謂縣」云云，其格式十分清楚，這是同一天，同樣的太守、長史和守部候脩仁行丞事對不同對象（部都尉卒人、敦煌郡五縣）下達文書。馬怡認為「兩文書很可能事由相同，而前者發往行政系統，後者發往軍事系統。」[26]換

---

24 馬怡也注意到因為「缺少相應的資料，這份名單在此出現的原因尚難確定。」參馬怡，前引文，頁115。

25 「敢告卒人」是漢代公文術語。相關研究參陳偉，〈「令史可」與「卒人可」〉，武漢大學簡帛研究中心，〈簡帛網〉，2015.7.4 發布。

26 馬怡，〈懸泉漢簡《失亡傳信冊》補考〉，頁113。藤田勝久接受馬怡的二系統說，參藤田前引文，頁28。

言之，為了同樣李忠的事，敦煌太守在同一天透過兩個不同的系統下達文書。果真如此，文書既然分別下達，只可能是涉及同一事務的兩份文書冊，不可能是同一份文書冊。事後存檔，將相關文書存於一檔，有可能；是否就編聯在一起，則須進一步研究。[27]其次，太守向所屬單位傳達命令，即使可透過不同系統分別發文，但為了同樣的事，以同一文件同時抄傳都尉府、屬國都尉和屬縣等等軍、民單位的也有例證（如居延簡 10.32、EPT52.96、EPT59.160）。為了追回一件遺失的傳信，似乎沒有什麼特殊理由，須由不同系統分別傳達命令。

第三，從內容看，前五簡很清楚是漢中央為追回御史屬澤欽遺失的傳信，並防止他人盜用傳信而通報各郡國。元帝時孝文廟在長安城外東南七十里，灞河旁的霸陵，[28]李忠和其同僚和下屬（守御史任昌年、御史屬澤欽等）受命赴孝文廟監理嘗麥祀祠，因此御史大夫命令長安縣或廄為李忠等人安排車輛和傳舍。李忠將其旅行憑證—傳信，交給澤欽掌管，澤欽卻在車上遺失了。由於憑證可能流向各

27　參馬怡，前引文，頁 115：「當時文書歸檔或有一定規則可循，而完全不相干的文書恐怕一般是不會被綴連到一起的。總之，以上證據都表明，本冊書的第一編和第二編是彼此關聯的，它們應當都屬於『失亡傳信冊』這宗文檔。」初世賓不同意此說，參初文，頁 182。相關文書是不是會收在同一文檔中，建武三年候粟君責寇恩爰書是一佳例。這三十五枚簡編繩已失，其中各有二十和十五簡內容類似，抄寫格式完全不同，明顯是兩件格式不同的相關文書冊，另有標題木楬一件。這一木楬題曰「建武三年十二月候粟君所責寇恩事」正可證明當時會將相關文件收為一檔。永元器物簿七十七枚簡內容有相關性，原編繩仍在，原分四冊編連，但又綴連成一整冊。以上都可證明在建檔時，相關文書會收在同一檔。但不相干的，應如馬怡所說，不會綴連在一起。

28　侯旭東曾詳考元帝時孝文廟所在，參氏著，〈西漢長安《孝文廟》位置考〉，《簡帛研究 2006》（桂林：廣西師範大學出版社，2008），頁 206-209。

地，為追回並防止他人盜用，因此通報了各郡國。前四簡和第五簡第一行到「如律令」為止，是文件正文主體。第四簡第二行起至第五簡則記錄了七月庚申由敦煌郡下達部都尉和各縣，第二天（辛酉）效穀縣繼續下傳縣尉和各鄉、置的傳遞紀錄。懸泉置在效穀縣轄下，因此懸泉置遺址會有這份文件出土。

後六簡也是敦煌郡下傳的命令，但目前僅見文書的後半部。其第六至第十簡誠如張德芳指出，只列出敦煌五縣縣長或守長和丞或守丞的名單。我認為這五簡之前應還有前文。第十一簡提到的具體內容是「謂縣：寫移使者：『備縣置，謹敬莊事。甚有意，毋以謁勞。』書到，務備，毋解（懈）隋（惰），如律令。」這裡的釋文、斷句和馬怡、初世賓等人的稍有不同。[29]綜合馬怡、劉欣寧和我電

---

29 初世賓釋文從馬怡。馬怡疑「莊」字或應作「從」。「從事」是公文習語，改作從，似乎有理。但原簡字形作 ![字] ，十分清晰，敦煌和居延簡中都有莊字。《敦煌馬圈灣漢簡集釋》簡 218 有「皆不莊 ![字] 事」，居延簡有「不莊 ![字] 事」（71.49）或「不壯事」（127.22、132.34、214.49、285.18 ![字] ）。「不壯事」過去都釋為「不任事」，實誤。從字形看，應釋壯，壯為莊之省。莊，嚴也。東漢張景造土牛碑：「明檢匠所作務，令嚴事。畢成，言，會廿□」云云。按東漢避明帝諱，改莊為嚴，「嚴事」即莊事。《周禮・秋官・小司寇》鄭玄註引《春秋傳》：「鍼嚴子為坐」，陸德明《經典釋文・周禮音義下》嚴子條：「《左傳》作莊。案漢明帝名莊，改為嚴。」王先謙《漢書補注》也曾指出《漢書》因明帝諱，改莊助、莊安為嚴助、嚴安。本簡屬元帝時，行文無須諱，作「莊事」。「莊事」應是西漢時的習語。《史記・仲尼弟子列傳》：「孔子之所嚴事，於周則老子」可證。唯此嚴字非《史記》原文，乃因諱為後人所改。《論語・為政》子曰：「臨之以莊則敬」，《玉篇》：「莊，敬也。」傳世秦印有「思言敬事」〔（王輝，《秦文字集證》（臺北：藝文印書館，1999），頁 300，圖版 184〕敬事即莊事。簡文「謹敬莊事」連言，即恭敬謹慎以事之謂。《漢代石刻集成》將張景碑此段斷句為「明檢匠所作務，令嚴，事畢成言，會廿□」〔永田英正，《漢代石刻集成》圖版・釋文篇（京都：同朋舍，1994），頁 136〕，將嚴事二字斷開，未安。高文斷作「嚴事」，正確。參高文，《漢碑集釋》

郵討論的結果，我認為「謂縣寫移使者」是敦煌太守囑咐各縣要傳達某位即將到來使者的指示，[30]他的指示是：「各縣置要先準備妥當，恭謹用心備辦，不必迎謁慰勞」。[31]太守一面轉達使者指示，一面要求指示一到，務必遵令安排妥當，不可懈惰。第六至第十一簡完全沒有提到使者是誰。馬怡認為這位使者，就是前五簡提到的李忠。因此將兩份簡冊視為相關的一體。李忠固然可能具有使者身分，[32]可是他監理的孝文廟祠祀活動在長安城郊，他即便是使者，必不會到敦煌，更與敦煌屬縣無涉。[33]將到敦煌各縣的使者，應是其他人。懸泉置出土文書中提到的中外使者極多，這六簡牽涉的使者身分不明，要敦煌郡傳達不要迎謁慰勞的指示，看來大約是官樣

（開封：河南大學出版社，1985），頁 235。

30 馬怡讀為「寫移使者備」，將「寫移使者備」和「務備」理解為「完整地移寫使者的情況」、「務必完整地移寫使者的情況」（馬文，頁 113）。在「寫移使者備」這樣的句子裡，將「備」理解為副詞「完整地」，文法上有滯礙。「備」疑應連下讀作動詞用，「備縣置」的句式如同「備車騎」（《史記・司馬相如傳》子虛賦、《漢書・西域傳》鄯善國條），意謂備妥各縣內之置。初世賓未釋「移使者備」、「書到務備」句，唯謂「命令做好相關準備」，將備字解為動詞準備，與敝意相似。參初氏，前引文，頁 182。如備字連下讀，劉欣寧以為「寫移使者」或許是指太守轉達使者的指示，指示的內容即「備縣置，謹敬莊事。甚有意，毋以謁勞」云云。我懷疑「使者」後脫一「書」字。多一書字，文意更清楚，也可和後文「書到」的書相呼應。

31 馬怡在電郵中表示「毋以謁勞」大約是「不要迎謁慰勞使者」的意思，茲從之。不過「不要迎謁慰勞使者」這樣的話不太可能是敦煌太守的指示，較可能是使者自己的表面客氣話。

32 初世賓以為李忠沒有使者身分。簡上固未明言，但其具使者身分，應有可能。廖伯源曾指出漢代皇帝常遣使者代自己主持各種祭祀，包括祭祖，參氏著，《使者與官制演變：秦漢皇帝使者考論》（臺北：文津出版社，2006），頁 171-175。

33 初世賓已指出這一點。參初氏，前引文，頁 183-184。

客套文章，但敦煌太守不能不傳。懸泉簡中不就明明有很多這類迎謁慰勞的紀錄嗎？[34]

四 結論

因此不論從編聯、格式或內容看，現在編聯在一起的《失亡傳信冊》的前五簡與後六簡原本互不相干，應分屬兩冊。後六簡應該是其他某份簡冊的後半部分，其前應還有正文交待使者姓名與任務，以及為何其出使涉及五個敦煌屬縣。懸泉簡完整刊布後，或許有希望找到屬於前半簡冊的簡，真相即可進一步釐清。這兩冊原本是否編連在一起，目前沒有明確證據。

後記

寫作此文時，原先疏忽了初世賓先生已有論文討論此冊。初稿完成後呈送馬怡討教。承她告知初先生大作見《出土文獻研究》第九輯。敝人有些意見與之不謀而合，也有不同，特此聲明。修改期間，以電郵奉商馬怡、胡平生和學棣劉欣寧、高震寰，獲益良多，特此誌謝。唯一切錯誤由我負責。

100.9.14

---

34 參《敦煌懸泉漢簡釋粹》懸泉置管理與事務類、使節往來與周邊關係類，頁67-174。

漢晉公文書上的「君教『諾』」、署名和畫諾

讀《長沙五一廣場東漢簡牘選釋》札記

　　2016 年初承陳松長兄賜贈《長沙五一廣場東漢簡牘選釋》一部，讀之甚有興味。本書簡牘可以增加不少對漢代公文書格式新的認識。書末附有幾篇相關研究，令人耳目一新。其中陳松長和周海鋒合著〈「君教諾」考論〉一文尤其有意思。他們最後的結論是：

> 君教諾即請君給予教令批覆，「諾」字則是縣令長吏表示同意認可的簽署，這種簽署多帶有簽署人的個人特徵，故文獻中稱其為「畫諾」。（頁 330）

這個結論中，縣令長吏教令批覆和畫諾之說可從，但將畫諾看成是「帶有簽署人的個人特徵」的簽署，須要商量。

一　畫諾與簽署有別

　　首先要說說日前偶讀《居延新簡》（中華書局，1994），發現有三簡明顯大書「教諾」二字（圖 1 至圖 3），「教」字甚小，「諾」字甚大，原釋文釋成「教等上」和「教廿七日」，實誤。新出的《居延

圖 1　EPF22:559　　　圖 2　EPF22:558　　　圖 3　EPF22:574A
簡及局部放大　　　　簡及局部放大　　　　簡及局部放大

新簡釋校》（天津古籍出版社，2013）和《居延新簡集釋》（甘肅文化出版社，2016）釋文仍舊，或僅添加了《居延新簡釋校》一書特有的垂筆符號。對讀這三簡和五一廣場東漢牘（圖 4.1），不難發現「教等上」、「教廿七日」都應改作「教若」。[1]細查這幾個若字字體甚大，部分筆劃超出一簡的左右側，可見原本是一簡冊，超出的筆劃原應在鄰簡上。從行氣看，此字原本即書作「若」，無言旁。畫若即畫諾。

　　值得注意的是居延簡 EPF22:558、559、574A 三簡上的若字，

1　日本學者仲山茂早已指出應作諾字，請參仲山茂，〈漢代における長吏と属吏のあいだ—文書制度の観点から—〉，《日本秦漢史學會報》，3（2002），頁 13-42。仲山茂文由劉欣寧見示，謹謝。

圖 4.1 五一廣場牘
CWJ1③:325-5-21 及局部

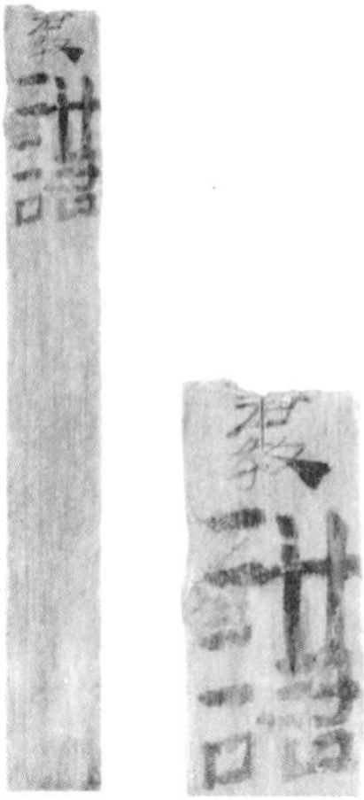

圖 4.2 五一廣場牘
CWJ1①:101 及局部

圖 4.3 五一廣場牘
CWJ1③:263-68 及局部

圖 4.4 居延新簡
EPT53.38 及局部倒置

圖 5 160.9AB
《居延漢簡（貳）》

圖 6
吳竹簡柒 3197(1)

在書寫筆劃結構特徵上和五一廣場 CWJ1③:325-5-21 牘（圖 4.1）以及陳、周文中提到的其他幾件牘上若字，十分相似。第一，字形都特別大；第二，若字和簡或牘上其他文字墨色筆跡不同，應該是文書抄好後，再另寫若（諾）字；第三，居延簡中帶言旁的「諾」字很多（35.12+135.21、135.3+157.3、185.9、73EJT37:1139……），已發表的五一廣場簡牘上的「諾」字有五件作「若」（CWJ1③:325-32、CWJ1①:143、CWJ1③:325-32、CWJ1③:165A、CWJ1③:325-2-9），三件作「諾」（CWJ1①: 101、CWJ1③:306-2、CWJ1③:263-68）（圖 4.2-4.3、圖 6）。中央研究院歷史語言研究所藏居延簡 160.9AB 兩面也有練習書寫大大的「若」字（圖 5）。《居延漢簡甲乙編》、《居延漢簡釋文合校》和《居延漢簡（貳）》都將此字釋作「若」，正確。若字前雖沒有「教」或「君教」字樣，但不難猜想習書者應曾看到文書上「君教若」或「教若」的若字特別大，練習時有樣學樣，也將若字寫得比別的字大很多。

　　作諾解的若字在傳世先秦典籍中比比皆是，也見於上博簡〈柬大王泊旱〉：「王若（諾），將鼓而涉之」、《里耶秦簡（壹）》簡 8-1430 和《嶽麓書院藏秦簡（參）》簡 066、077 等。諾字後起。雲夢睡虎地、雲夢龍崗、龍山里耶和嶽麓書院藏秦簡、江陵張家山、長沙馬王堆、山東銀雀山等漢初墓出土簡帛中有若，卻無諾字。由此不難推想西漢中至東漢存在的畫諾之制，如有更早的淵源，所畫之「諾」本當作「若」。後來加言旁的諾字出現，官吏畫「若」可加上言旁，也可因習慣、惰性或慕古而仍書作「若」。三國以後，或許因為越來越講究書法，又因用紙，空間大於簡牘，便於揮毫，官吏可藉畫諾，展露個性化的書法並防止他人偽冒。

　　簡單說，三國以前的諾字雖已別筆另書，有了個人差異，可是

這些差異比較像是人人筆跡之不同，還較難看出有炫弄個人書法或者刻意個性化的意圖（圖 4.1）。比較帶有刻意性的是帶言旁又有繆篆意味的兩個粗筆「諾」字（圖 4.2-4.3），其結字和筆法明顯和牘上其他的字不同。它們是要炫弄個人書法或僅有意模仿結字方正的印章？不易斷言。另一較奇特的例子是出現在居延日迹簿上。居延出土日迹簡甚多，像簡 EPT53.38 這樣出現大大倒寫的「若」字（4.4），實屬僅見。[2] 這一若字和簡上內容是否有關？如為對日迹紀錄的認可，為何倒書？若字和簡上內容可能根本是不相干的前後書寫，因而不必顧及書寫方向。因無其他簡例可以參證，這裡只能暫時存而不論，卻不可看成是炫弄書法特徵。另有些文書明顯由書手一體抄錄，如五一廣場牘 CWJ1③:306-2（圖 7），完全看不出個人特徵。我相信這一牘並不是需要相關人員親自署名和畫押的草案或底案，而比較像是為了某種需要而另行抄製的副本。[3]

　　此外值得注意的是：有些諾字如前述居延簡和五一廣場牘 CWJ1③:325-5-21 所見，結構特徵相當相似，尤其是草頭下左折又右彎拉長而下的一筆與其說是個人的書法特徵，不如說是出於某種

2　這一簡由學棣石昇烜檢示，謹謝。

3　在文書底案或草案上親自簽署之制，請參拙文，〈漢代簡牘公文書的正本、副本、草稿和簽署問題〉，《中央研究院歷史語言研究所集刊》，82:4（2011），頁 601-678。這種在草案上簽署之制目前已由長沙五一廣場出土東漢文書牘證實，參本文附圖 9，簡 40-1。此牘有各官吏的簽署，牘末附有「四年斂收斛數草」，可證此牘即某種所謂的「奏草」，私意以為也是所謂的「案」。近年李均明、沈剛先生對吳簡中草刺類文書和所謂的草有更精細的研究，頗可參考。參李均明，〈走馬樓吳簡「草刺」考校〉，《走馬樓吳簡研究論文精選》（長沙：嶽麓書社，2016），頁 1099-1104；沈剛，〈吳簡所見孫吳縣級草刺類文書處置問題考論〉，《走馬樓吳簡研究論文精選》，頁 1117-1132。

文吏或刀筆吏文化中久遠的傳統或習慣。我所謂
的文吏或刀筆吏文化是指某種久遠的傳統或習
慣，其中有很多成分是因以吏為師，吏職世襲而
形成，有些甚至可能凝結成制度性的規定。其內
涵大而言之，包括處理日常行政的一般態度和傾
向、特定區域或單位本身特有的習慣或傳統、文
武吏之別等等；小而言之，如行政中的慣用術
語、書體、文書格式、個人或單位間的禮貌語詞
和敬稱等。更小而言之，如文書吏使用的各類書
法（所謂八體），某些字的大小和形式（如圖7諾

圖7　五一廣場牘
CWJ1③:306-2

字、官吏署名方式）、筆劃特殊的寫法或尾筆刻意拉長（例如：如律令
的「令」字、告府的「府」字、某年的「年」字）都比較和刀筆吏文化傳
統有關，和個人關係較少。

　　秦漢地方行政和政治絕大部分操之於漢世所謂的刀筆吏或文
吏，即使中央或地方長官非出身吏職，也很難不受這一傳統的影響
或束縛。這從賈誼和王充等人的評論，即可見其梗概。過去大家比
較注意所謂的士大夫政治或文化，對構成絕大部分官僚人口的刀筆
吏或文吏較少措意。如今秦漢地方行政文書大量出土，已有條件進
一步研究這批文書製作者，也就是刀筆吏，或更具體地說，刀筆吏
中書吏（包括尉、書佐、令史、史等）特有的文化。

　　接著要說畫諾和簽署在概念上本不相同，是兩回事，不宜等
同。秦漢時代的簽署或署名是指一人或相關的多人在公文書的草案
上署寫姓名，或姓或名，以表示何人起草、抄寫、核校和總管文書
作業等等，簽署或署名比較多地表示對文書內容和作業流程負責，
不表示最後的批准。畫諾則發生在備妥而等待批示的公文書上，由

圖 8.1　徐州建和二年府君教刻石拓片，武利華先生提供。

圖 8.2　光和四年石表「府君教諾」

有權作批示的官長或代理者在另提一行的「君教」二字之下書一「諾」字，這如同皇帝在諸臣上奏文書提行的「制曰」二字之後書一「可」字，表示同意、批准或准予備查—類似後世御批的「聞」或「知道了」。

「君教」的君通常指郡國守相，在漢代也可以是縣令或長。「教」是郡國守相或縣令長所下的命令。「君教」更完整的名稱應是「府君教」。郡國守相或縣令長都可稱為府君，其命令或指示都可稱為府君教。江蘇徐州曾出土一件刻「府君教」三大字為額，桓帝建和二年（148）彭城相袁賀的教令刻石可以為證（圖 8.1）。[4]

4　又吳礽驤、李永良和馬建華編，《敦煌漢簡釋文》（蘭州：甘肅人民出版社，1991）所收敦煌研究院藏簡 1447 有「府君教敦煌長史印／元嘉二年九月廿日乙酉起」的殘文，〈張景造土牛碑〉有「府君教太守丞印／延熹二年八月十七日甲申起……」之句，四川昭覺好穀出土光和四年（181）〈安斯鄉石表〉所錄則有越巂太守清晰的「府君教諾」四字。「府君教」後有一諾字（圖 8.2），可證前引敦煌簡和造土牛碑下的空格是表示留待批示。《長沙走馬樓三國吳簡（二）》簡 3620 也有「府君教」。

不論畫「諾」或書「可」字，都不署寫個人的姓或名，在概念上即和簽署有別。以居延漢簡、益陽兔子山西漢牘和五一廣場東漢教諾牘上的署名來說，公文書凡須署名之處都明顯先留空，再另筆補署官吏名字。這些補寫的名，字形都較大，有些尾筆甚至明顯刻意拉長，如居延簡「嗇夫成」、「肩水候房」、「甲渠鄣候護」的「成」、「房」、「護」字、益陽兔子山牘「兼掾勃」的「勃」字（圖8、圖9.1）。我曾推測拉長尾筆的或為後世所謂鳳尾諾的前身。[5]但這並不表示署名和畫諾在概念上或在文書作業的程序和意義上原本是同一回事。兩漢簡牘文書上畫的諾字，迄今不見鳳尾諾應有的「鳳尾」特色，也就是說既未拉長尾筆，也沒刻意在書體上展現個人風格，否則居延和長沙五一廣場出土簡牘上的諾字雖然出自不同人之手，不會在書寫上隱隱然有頗為相近之處，卻又不同於一般隸書或篆書「若」字的筆劃結構（表1：若字比較表）。

表 1　若字比較表

　　將五一廣場簡牘文書的「君教『諾』」看成是帶有個人特徵的簽署，在概念上不無混淆了畫諾和簽署兩事之嫌。迄今所見漢代文

5　邢義田，〈漢至三國公文書的簽署〉，《文史》，第 3 輯（北京：中華書局，2012），頁 164-165。

圖 8
湖南益陽兔子山西漢牘 J3-1
正面及局部，張春龍提供，又
見湖南省文物考古研究所網站
http://www.hnkgs.com/show_
news.aspx?id=974

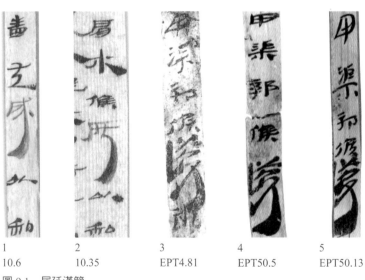

1	2	3	4	5
10.6	10.35	EPT4.81	EPT50.5	EPT50.13

圖 9.1　居延漢簡

書中具有個人書寫特徵的是存檔底案或草案上的署名（圖8、圖9.1-9.2）。凡對外發送的文書，必據底案謄抄而成，抄謄的書手一般代主管及相關諸吏署名，主管不必親署。

簽署和畫諾儘管不能等同，但有一點相似，即畫諾也非必主管親為。三國時，黃蓋為吳石城縣令，曾留下這樣一個故事：

> 諸山越不賓，有寇難之縣，輒用蓋為守長。石城縣吏，特難檢御，蓋乃署兩掾，分主諸曹。教曰：「令長不德，徒以武功為官，不以文吏為稱。今賊寇未平，有軍旅之務，一以文書委付兩掾，當檢攝諸曹，糾摘謬誤。兩掾所署，事入諾出，若有姦欺，終不加以鞭杖，宜各盡心，無為眾先。」初皆佈威，夙夜恭職；久之，吏以蓋不視文書，漸容人事。蓋亦嫌外懈怠，時有所省，各得兩掾不奉法數事。乃悉請諸掾吏，賜酒食，因出事詰問。兩掾辭屈，皆叩頭謝罪。　　　　　　　　　　　　　　　　　　（《三國志・黃蓋傳》）

黃蓋以有軍旅之務，不擅文吏之事為辭，指示「一以文書委付兩掾」，也就是將所有的文書工作委由兩掾（疑指功曹掾和廷掾或五官掾）處理，此句「一以」是古文獻常詞，指全權、全部。以《三國志》一書為例，《三國志　呂虔傳》謂呂虔「遷徐州刺史，加威虜將軍，請琅邪王祥為別駕，民事一以委之」；〈諸葛恪傳〉「孫權詔曰：『吾疾困矣，恐不復相見，諸事一以相委』」；〈張昭傳〉「孫策創業，命昭為長史，撫軍中郎將，…文武之事，一以委昭」。由此可知黃蓋一以文書委付兩掾，也就是全權委託兩掾，黃蓋自己一心軍務，不管公文的出入。「事入諾出」是說公文進出，即由兩掾之吏代黃蓋收文處理並畫諾發出。石城縣吏後來知道縣長不看公文，漸漸懈怠為奸。黃蓋因而被迫不時查看，才發現了兩掾的不法。[6]

6　這一資料由學棣高震寰見示，謹謝。

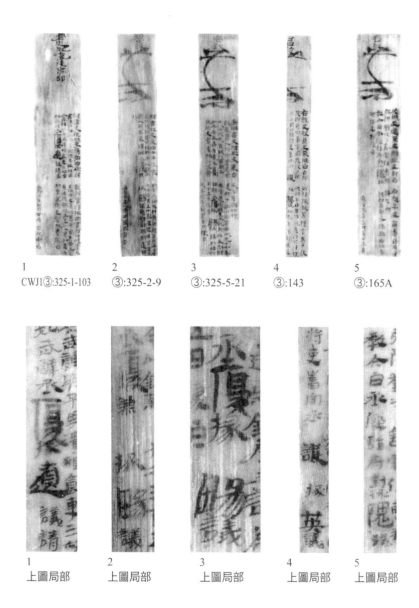

1	2	3	4	5
CWJ1③:325-1-103	③:325-2-9	③:325-5-21	③:143	③:165A

1	2	3	4	5
上圖局部	上圖局部	上圖局部	上圖局部	上圖局部

圖 9.2.1-5　五一廣場東漢牘及局部

由此可知君教之下的諾字，可以出自地方首長，也可以出自首長屬下的長吏如掾、丞之類。陳松長和周海鋒已正確指出這一點。再如《後漢書‧黨錮列傳》說：「汝南太守宗資任功曹范滂，南陽太守成瑨亦委功曹岑晊，二郡又為謠曰：『汝南太守范孟博，南陽宗資主畫諾。南陽太守岑公孝，弘農成瑨但坐嘯。』」李賢注引《謝承書》曰：「成瑨少脩仁義，篤學，以清名見。舉孝廉，拜郎中，遷南陽太守。……是時桓帝乳母、中官貴人外親張子禁，怙恃貴勢，不畏法網，功曹岑晊勸使捕子禁付宛獄，笞殺之。……宗資字叔都，南陽安眾人也。……資少在京師，學孟氏易、歐陽尚書。舉孝廉，拜議郎，補御史中丞、汝南太守。署范滂為功曹，委任政事，推功於滂，不伐其美。任善之名，聞於海內。」這兩位太守也像黃蓋一樣，都是委任屬下，託以日常庶政，自己或坐嘯，或僅形式上畫個諾。這樣的畫諾雖出自太守宗資之手，在當時人看來，其意義並不在於太守負起了政事責任，而是不自居政績之美，推功於真正處決政事的名士范滂。

■ 署名的新證據

長沙五一廣場東漢司法文書木牘上，有完全相同令、丞、掾等分別在官銜下預留的空白處，以不同筆跡署名的現象。這些署名字跡較大，墨色不同，明顯是文件抄好後補寫的，可以視為秦漢文書署名制的絕佳新證據。

因為牘上官吏同名者有多枚署名筆跡可考，稍一比對，即可以看出凡同一人如丞優、掾暘、丞讓、掾英的筆跡，基本上各自相

1　CWJ1③:201-1A 　　　　2　CWJ1③:305 及局部
及局部

圖 9.3.1-2　五一廣場東漢牘及局部

同，無疑應分由他們自行署寫（圖 9.2.1-5）。但也有臨湘令丹的「丹」
字和守丞晧的「晧」字筆跡十分相似，難以區辨，疑出同一人之
手；換言之，也有可能由二人中之某一人代署了兩個人的名（圖
9.3.1）。[7]比較可能的情況是守丞晧代臨湘令丹署名，而不是縣令代
手下的守丞去署名。這種情形可以和前引黃蓋之例互證。五一廣場
牘 CWJ1③:201-1A 守丞晧三字以下，掾商的「商」字，獄助史護
的「護」字和文件本身書跡無異，也不見特別留空，他們的名字比
較不像是後來補寫，而是由書手抄文件時一併抄出。牘
CWJ1③:305 上「守丞護」的「護」字和「掾英」的「英」字以及
牘上其他字跡相似（圖 9.3.2），即便不是同時，也很可能出自同一
人之手。

7　這種情形在走馬樓三國吳簡中也有。參邢義田，〈漢至三國公文書中的簽署〉，頁
　　180。

三 走馬樓吳牘上後書的「諾」字與不同形式的畫諾

　　不論是誰畫的諾，前文引述的例證都是文件上已存在畫好的諾或若字，其實仍不易僅僅從墨色證明諾或若字必為後書。非常幸運，現在從其他簡牘可以得到證明。走馬樓吳簡中有牘頭大大寫有「君教」二字，但「諾」字還沒寫的木牘文件兩件（圖 10.1-2）。嘉禾三年的一件文件已由書手抄好，但其上掾烝、錄事掾谷的名、主簿的姓名都還空白待填。另一件屬嘉禾五年，由主記史即書吏栩抄好，並已由各承辦的吏：丞紀、如掾錄事掾潘琬和典田掾烝若完成署名，署名中的紀、琬和若三字筆跡各異，理論上應是由他們自署。他們核校嘉禾四年的頃畝收米斛數以後，將稱為「嘉禾四年頃畝收米斛數草」的文件備妥附呈，[8]準備請主官批示或畫諾。這件牘無疑是一枚另附有頃畝收米斛數草案，等待批示或畫諾而還沒批或畫諾的上呈文件。

　　我以前曾指出凡承辦的官和吏都得在公文草案上署名，最後才呈送主官批示。以上這兩牘反映了公文作業的前後不同階段，其存在的狀態應可以證明拙說。「諾」或「若」字確實是在諸吏署名完畢，文件備妥呈上後，才

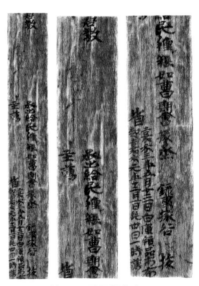

圖 10.1　簡 40-1 及局部放大

8　「草」字原釋為「葷」，誤。

圖 10.1　見《湖南簡牘名蹟》頁 328

由有權批示的人最後加上的。加上批示即成案，也就是今天所說的存檔檔案或底案。這樣的存檔底案也可以說是最具權威性的正本或真本（漢代稱為真）。[9]在縣衙遺址的井或窖中大量出土這樣的檔案，可以說相當自然合理。

更有趣的是在走馬樓出土類似形式的文書牘上，可以見到不少已經批示或畫諾後的文件。所畫的諾

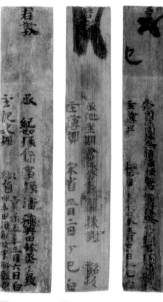

圖10.2　圖11　圖12　簡40-2及局部放大
　　　　簡41-1

圖10.2、圖11、12　見《湖南出土簡牘選編》長沙走馬樓三國吳簡部分

字，在字形上差別甚大，有些以粗筆大字寫在「君教」之上，但筆劃極簡，已很不像若或諾字，反而像個符號或花押（圖11至14）；但也有些似乎是自「若」字簡化部件和筆劃而成，例如：﹅、﹅、﹅（圖16至18）。

另在湖南郴州出土的晉簡上還可以看見一種「乙」字狀的符號（圖20.1-2）。這些「乙」狀符號一則出現在「某年某月某日某吏省

9　參郞文玲，〈簡牘中的《真》字與《算》字──兼論簡牘文書分類〉，《簡牘與戰國秦漢歷史：中國簡帛學國際論壇2016》，頁59-84。本文指出真指正本、底本。

圖 11　　　　　　　　　　　　圖 12
簡 41-1　　　　　　　　　　　簡 40-2 及局部放大

圖 11、12 見《湖南出土簡牘選編》，長沙走馬樓三國吳簡部分。

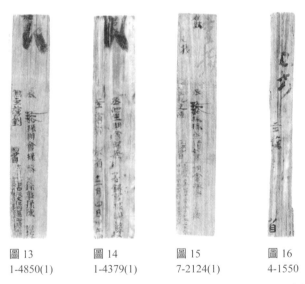

圖 13　　　　圖 14　　　　圖 15　　　　圖 16
1-4850(1)　　1-4379(1)　　7-2124(1)　　4-1550

以上見《長沙走馬樓三國吳簡·竹簡（壹）、（肆）、（柒）上》

今塵集：秦漢時代的簡牘、畫像與文化流播
——卷二　秦至晉代的簡牘文書

圖 17　簡 46　　　　圖 18　簡 44　　　　圖 19　簡 45

以上見《湖南出土簡牘選編》長沙走馬樓三國吳簡部分

或白」字樣的上方，和畫諾的諾字出現的位置大致相同；二則從墨
色看，乙字都不同於文件的本文，顯係別筆另書，因此我曾推測它
雖不像「諾」字，卻有可能同樣表示「同意」或「知道了」的意
思。不過，學棣石昇烜指出「乙」或即「已」字更簡化的寫法，因
為「已」字也可以出現在約略同樣的位置，表示已核或已校。就字
形來說，昇烜的說法或許更合適一些。[10]這些寫或畫上的符號，不
論筆劃繁簡或像不像諾字，都有一定的書寫特徵。當時的僚屬一旦
看多了，應該能夠清楚辨別是哪位長官或吏的手跡。

　　畫諾表示長官同意僚屬之所擬或所為，這和皇帝制曰可是同一

10　案凌文超先生已有此說。參氏著，〈走馬樓吳簡中的簽署、省校和勾畫符號舉
　　隅〉，《中華文史論叢》，第 1 輯（2017），頁 137-177。

制度，只是措詞用語因皇帝和一般官府首長身分而有異。不論皇帝或一般官長如果有意見，就不是簡單批個可或畫個諾了事，而是具體批示例如「然考人當如官法，不得妄加毒痛」多達十三字的意見（圖19）。[11] 又居延漢簡68.96「一人積茭亭北。君教〔使〕亭卒茭，毋〔候〕」云云，[12] 也明確提到君教可以是有具體內容的指示：「〔使〕亭卒茭，毋〔候〕」。有些在教諾之後，仍別筆或同筆批示了意見如前引EPF22:558「到，方議罰」、EPF22:573AB「以候長素精進，故財適五百束。以記過候長；罰，便詣部。」[13] 同樣的情形也見於皇帝對臣下

圖 20.1-2
《湖南出土簡牘選編》

11　《湖南出土簡牘選編》頁359將「當」 字釋成「尚」，不成辭。案此當字書寫簡省，看似尚，實即當。當字草書寫法可參《草字編》 （王羲之）、 （王獻之）、 （懷素）各例。釋為當，文義即通。

12　史語所簡牘整理小組編，《居延漢簡（壹）》（臺北：中央研究院歷史語言研究所，2014）。釋文「〔候〕」本作「□」。按圖版末一字右半殘筆仍存，應可釋為候。簡68.114有「亭卒不候」之語，可參。

13　甘肅臨澤黃家灣灘墓群出土的西晉愍帝時期的田塢爭訟案簡冊，依今天學者恢復的順序，在末簡起首也有「教諾」二字，其下有雙行筆跡，可惜除第二行的「田錢」等字，已難釋讀。私意以為這份墓中訟案抄件，也抄錄了最後的具體指示，可以證明在例行性的「諾」字之外，也可另作指示。參楊國譽，〈「田產爭訟爰書」所展示的漢晉經濟研究新視角──甘肅臨澤縣新出西晉簡冊釋讀與初探〉，《中國經濟史研究》，1（2012），頁121-129；魯家亮，〈甘肅臨澤田西晉《田產爭訟爰書》芻議〉，武漢大學簡帛研究中心《簡帛》第九輯（上海：上海古籍出版社，2014），頁337-344。簡冊編排順序另可參町田隆吉，〈河西出土魏晉‧五胡十六國時代漢語文獻の基礎的整理 補遺（一）〉，《西北出土文獻研究》，11（2013），頁

奏章的批示，有時不僅僅批個「可」字，而是批上具體指示，兩漢文獻中其例極多，無勞贅舉。

此外，須注意《長沙走馬樓三國吳簡‧竹簡（柒）》牘 2124(1)（圖 15）有另筆的「重校」、「已核」的墨書紀錄。這些字樣應該是承辦的吏在公文處理流程中加上的，如同圖 12 牘上端的「已」字，並不是最後的批示；最後的批示是疊寫在君教二字上狀似花押的符號（圖 11 至 12）。由此可知，藉著畫諾，主官可以表示知道或同意，也可以不畫諾而積極地批示出意見，或者可以既畫「諾」字，在表示同意屬吏所擬之外，又有所指示或說明。情況應是多種多樣的。

這裡必須一提的是以上圖 17 和 18 牘左上端大大的**若**和**ノ**字，王素主張讀為「若」、「諾」，胡平生則舉《草字編》中的例證，認為應釋為「曹」。[14]個人較贊成王說。

53-55；〈甘肅‧臨澤出土的西晉簡與孫氏一族——臨澤出土西晉簡研究（一）〉，《櫻美林論考‧人文研究》，7（2016），頁 137-148；張榮強，〈甘肅臨澤縣新出西晉簡冊考釋〉，作者 2018 電傳修訂稿。

14 參王素，〈長沙走馬樓三國吳簡的回顧與展望〉，《吳簡研究》，第一輯（武漢：崇文書局，2004），頁 26-28；伊藤敏雄，〈長沙吳簡の「叩頭死罪白」文書木牘〉，收入伊藤敏雄、窪添慶文、關尾史郎編，《湖南出土簡牘とその社會》（東京：汲古書院，2015），頁 35-60。伊藤釋為若字。中文本見宋少華等編，《走馬樓吳簡研究論文精選》（長沙：岳麓書社，2016），頁 1167-1182；胡平生，〈長沙走馬樓三國吳簡三文書考證〉，《胡平生簡牘文物論稿》（上海：中西書局，2012），頁 396-400；又胡先生為證明此字為曹，在《長沙流域出土簡牘與研究》（武漢：湖北教育出版社，2004）頁 608-611 以及《走馬樓吳簡研究論文精選》同文文後的「編校後記」，列舉《草字編》和樓蘭文書「功曹」的「曹」字寫法為證，力證應為曹字，並認為「五一廣場東漢簡『君教諾』簡牘，充分證明了將走馬樓吳簡考實文書中的『曹』字誤釋為『若（諾）』是完全錯誤的」（《精選》，頁 1087）。按：胡先生所引《草字編》曹字字例皆晚於本文所引。曹字之釋暫難同意。又參王素，〈《畫

第一，稍查《草字編》所收和走馬樓吳簡時代較接近的《急就》皇象本、司馬懿、王獻之等曹字字例，即可發現它們的字形、筆劃結構、運筆轉折和吳牘所書其實有異，非同一字（圖21）；

第二，胡先生曾舉兩件孔好古（August Conrady）書中所收樓蘭文書上「功曹」二字字例（C.P.33.1、C.P.24），證明「曹」□字和吳牘所書□、□、□字字形相同，因此主張釋作「曹」。經查孔氏原書並向胡先生求證，發現編號 C.P.24 的一件「曹」字為楷書與胡先生書中所摹無關；實則胡先生所摹釋的「功曹」二字兩例出現在樓蘭同一張信紙的正背面（C.P.33.1）。據原圖版，「功曹」之釋應可從。信紙上這一曹字確實和《草字編》所收王獻之和司馬懿等書曹字相近，[15]

但私意以為□和吳牘上的□、□、□走筆有異。□豎筆向下連筆右彎，□、□、□豎筆向下朝左撇，停頓，另起筆朝右而後連筆下轉。又樓蘭信紙縐折特甚，造成圖版很多很深的陰影，陰影往往和筆劃難分。□字尾筆是否又向左折下，從孔好古原書和侯燦、楊代欣編《樓蘭漢簡紙文書集成（二）》所附套色圖版看，不易確認。因為如果看成曾折下，其轉折處筆勢頗感憋扭。折不折下雖然無妨其釋為曹字，卻令我視□、□、□、□為同一字，有所不安。如果比較肩水金關漢簡、王獻之、司馬懿和《急就》皇象本的曹字，則知曹字豎筆向下連筆右彎，末尾稍帶上，再點最後一點或一筆，並不朝下左撇（參圖21）。我懷疑□字尾筆似向左折下，看似

諾》問題縱橫談——以長沙漢吳簡牘為中心〉，《中華文史論叢》，第一輯（北京：中華書局，2017），頁 121-136。

15 孔拉第除釋出一「人」字，沒釋其他字；林梅村釋作「舍人功甚」，難通讀。參林梅村編，《樓蘭尼雅出土文書》（北京：文物出版社，1985），頁 50；侯燦、楊代欣編，《樓蘭漢文簡紙文書集成（二）》（北京：天地出版社，1999），頁 294。

折下的一筆實為縐摺形成的陰影。

　　第三，沒有任何傳世或出土文獻可以證明秦漢魏晉官衙諸曹有批一「曹」字當批示的方式。對此，胡先生自己也承認無例可證，他「還無法作出圓滿的解釋」；[16]

　　第四，如前文所說，畫諾之制或有一個發展和演變的過程，原或按制度規規矩矩書一「若」或「諾」字，如同皇帝批可即書一可字。後來「諾」字不再一板一眼，走筆龍蛇，張揚似畫，因此被稱為「畫」諾；其中有拉長尾筆如鳳尾者，即名為鳳尾諾，有的則精

73EJF3.65

73EJD.285A

1. 寒曹　2. 功曹　3. 王獻之　4. 司馬懿　5. 皇象本　6. 功曹　7. 功曹　8　　9　　10

圖 21.1-2　出自《肩水金關漢簡（伍）》、3-5 出自《草字編》（文物出版社，1989）、6-7 出自侯燦孔紙 33.1 正背面。

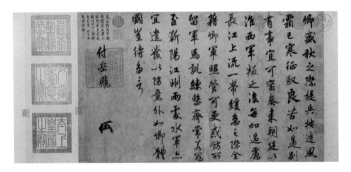

圖 22　臺北國立故宮博物院藏宋高宗賜岳飛手札末尾「付岳飛」三字下有高宗的花押「人中王」。

16　胡平生，《長沙流域出土簡牘與研究》，頁 611；《走馬樓吳簡研究論文精選》，頁 1087。

省「若」或「諾」部件筆劃，略具其形，成了![字形]、![字形]、![字形]等，更有些甚至變得根本不像諾字，成了符號。本文圖 11 至圖 14 各牘上方頂端所畫![字形]、![字形]、![字形]，可為其例。[17]這反而和後世例如唐玄宗或宋高宗的花押![字形]（圖 22）較為接近。

後記

老友劉增貴兄和學棣劉欣寧、高震寰、石昇烜曾提供資料和珍貴的意見。衷心誌謝。唯一切仍然存在的錯誤，概由作者自負。修訂期間又承唐俊峰兄寄下其大作，得以補正拙文。謹謝。

105.5.14/106.2.10

補後記

近日得見藤田勝久、關尾史郎編《簡牘が描く中國古代の政治と社會》（東京：汲古書院，2017）一書所收關尾教授論文〈出土史料からみた魏晉・五胡時代の教〉（頁 261-280）於魏晉和五胡時代君教資料蒐集甚全，可供參考。又從其文得知李均明、徐暢、楊芬等學者曾對君教簡專門論列，敝人寫此札記時未及參考。李松儒〈長沙五一廣場《君教》類木牘字跡研究〉，《中國書法》，5（2016）所論和拙說頗多一致，也是札記寫完後才得見，特此補白。

107.9.21

17　這一點我和王素先生意見一致，參前引王素〈《畫諾》問題縱橫談——以長沙漢吳簡牘為中心〉，頁 133-134。

再補後記

2019 年 7 月修訂小文時,才注意到王素先生早已於 2017 年在《中華文史論叢》上又有〈《畫諾》問題縱橫談——以長沙漢吳簡牘為中心〉一文。讀書疏漏如此,夫復何言。諸友請見諒。又《長沙五一廣場東漢簡牘》第一、二卷已刊布,有更多君教簡牘資料可參,因不影響原本想法,暫不作增補。

108.7.23

「結其計」臆解
讀嶽麓書院藏秦簡札記之一

　　周海鋒先生在《出土文獻研究》第十四輯發表的〈嶽麓秦簡
《尉卒律》研究〉和何有祖先生近日在武大〈簡帛網〉上的〈讀嶽
麓秦簡肆札記（一）〉都討論到嶽麓書院藏秦簡的這兩簡：

《尉卒律》曰：為計，鄉嗇夫及典、老月辟其鄉里之入穀、徙除及
死亡者，謁于尉，尉月牒部之，到十月乃　　　　　　　　　　（1397）

比其牒，里相就殹（也）以會計。黔首之闌亡者卒歲而不歸，結其
計，籍書其初亡之年月于結，善藏以戒其得　　　　　　　　　（1372）

　　這兩簡內容相關，內容可分前後兩部分，前部至「里相就殹
（也）以會計」止。開頭「為計」二字，清楚說明本條規定針對地
方鄉里等單位如何製作上計之「計」，接著說鄉里每個月都要向縣
尉上報鄉里中的情況。縣尉則須將鄉里上報的穀物收入、人口的
徙、除和死、亡，按月分類，用牒記錄。十月時，即以這些牒為
據，再與各里的里典、父老「會計」，加以核實（「比其牒」之「比」
應即案比之「比」）。「會計」是秦漢文書術語，指合而計算之。《說
文》：「會，合也」，「計，會也、筭也」。合而計算的「計」即「為
計」、「計簿」或「上計」的「計」。[1]何有祖釋「入穀」為「入穀」，

1　　參李均明，《漢簡「會計」考（上）》，中國文物研究所編，《出土文獻研究》第三

謂：「『入㝅』之『入』為它處黔首遷來，而『㝅』為黔首處於幼兒待哺乳的狀態。二者都意味著鄉里內人口的增加」。陳偉先生在武大簡帛網發的一篇《嶽麓秦簡肆校商（壹）》，贊同何有祖「㝅」之釋，認為其說「當是」，但提議釋「入㝅」為「人㝅」，相關整句宜釋作：「嗇夫及典、老月辟其鄉里之人㝅、徙、除及死、亡者」。[2]這樣的釋讀允為一說。但令人有些不安的是：

第一，不論釋為「入㝅」或「人㝅」，迄今在秦漢法律文書中無例可循。先秦傳世和出土文獻對初生子，或稱嬰、子，或說「產」、「初產」（如睡虎地秦簡「喜產」、《孟子・滕文公》：「陳良楚產也」、《嶽麓肆》《傳律》簡 1256：「子乃產」、里耶簡 16-9「…初產至今年數…」），或曰「生」（《商君書・去強》：「生者著，死者削」）。或許「人㝅」的㝅如徐鍇所說「楚人謂乳曰㝅」；㝅為楚語，楚地簡出土日多，今後或有新材料可以證明。可是以上睡虎地、里耶出土和嶽麓書院所藏，凡和秦有關的簡都用產或子字，如果《尉卒律》是秦律，會用楚人的字詞嗎？或者說秦人治楚，用秦律，但措詞用字不免有所調整，以合楚地習慣。情形究竟如何？恐須較多證據才能說得清楚。

第二，要講人口增加，為何只提新生待哺乳的嬰兒，不及其他遷入的男、女，不提「獲流」而增加的人口？新生固然和死相對，但在一個人口大量流亡的時代，人口增加（主要指統治者在乎的戶籍人口增加）的來源，多種多樣，當時的律不會不考慮到。

第三，在《尉卒律》針對鄉里「為計」的條文裡，僅僅提及人

輯（北京：中華書局，1998）或《秦漢簡牘文書分類輯解》，頁 398-414；京都大學簡牘研究班編，《中國古代木簡辭典》（東京：岩波書店，2015），頁 51。

2　2016.3.27 刊布。小稿原遺漏，承陳偉兄提醒，謹謝。

口不免令人納悶。今天已清楚知道，秦漢鄉里之「計」除計人口，最少也須計糧食。《商君書·去強》說強國要知十三數，倉府、[3]男女、馬牛芻藁皆在其列。《尉卒律》規定鄉里如何「為計」，想來和秦自孝公、商君以來富國強兵的傳統有關。「為計」幾不可能不及糧食。當然《尉卒律》條文甚多，規定如何「為計」，可以分在不同的條文中，而我們現在僅見一條，不排除這條僅及人口，關乎穀糧收支的目前未見而已。

第四，更關鍵的是字本身的隸定。2015 年夏我在嶽麓書院學習時，見讀簡班所作二校稿釋文原作「入穀（穀）」，正式出版的《嶽麓書院藏秦簡牘（肆）》釋文相同。[4]周海鋒發表的大文則作「入穀」。私意以為 釋為「穀」較妥。一則字形較合，左旁下半部似乎可釋為「子」，但實較適合釋作「禾」。禾下左側一撇十分清楚，僅缺右側一撇。禾下左側一撇和其上寶蓋「冖」的左側一筆明顯非同一筆，如釋為「子」，則不該有左側這一撇。里耶簡 J1(16)6 正和嶽麓書院〈為吏治官及黔首〉簡 63 正貳上的「穀」字可參。[5]二則釋為穀，和「為計」的脈絡較為相合。江蘇尹灣西漢東海郡功曹史師饒墓所出集簿牘和上計的「計」有關，其上既計人口男女數，也計諸穀出入數量。集簿牘最末一行有「一歲諸穀入」之句，「穀入」和「入穀」應屬同一事。居延漢簡中「入穀」一詞很多（35.13、

3　按《商君書·去強》原作「倉口」，高亨以為當作「倉府」，茲從之。參高亨，《商君書注譯》（北京：中華書局，1974），頁 50。私意以為或應作「倉囷」，字壞而成「倉口」。《韓非子·難二》有「發倉囷，賜貧窮」句。

4　陳松長主編，《嶽麓書院藏秦簡牘（肆）》（上海：上海辭書出版社，2015），頁 114。

5　方勇編著，《秦簡牘文字編》（福州：福建人民出版社，2012），頁 212。

303.3、303.50、EPT27.11、EPT48.137、EPT52.185⋯⋯），可 參。《嶽 麓書院藏秦簡牘（肆）》注 53 引《史記》，認為「入穀」同於內粟或納粟；這樣說，也是對的。

「徙」指人口移徙，「除」指除復之除，即免除徭役。湖北紀南松柏村周偃墓出土的木牘有免老和罷癃的統計，即和免除徭役有關。這篇小稿曾先呈陳偉先生指教，承陳先生百忙之中傳下電郵指示並舉出《嶽麓肆》簡《置吏律》213：「其有除以為冗佐、佐吏、縣匠、牢監、牡馬、簪裹者」，「顯示『除』的範圍相當廣泛。」《置吏律》這一條講除吏，及於縣匠、牢監、牡馬、簪裹者，「除」字適用範圍的確很廣。但這條出自《置吏律》，和《尉卒律》「為計」講穀糧、人口的脈絡不同。是不是合適將《置吏律》所說除任職務的「除」移到《尉卒律》，作同樣理解？大家不妨進一步考慮。

「死」指死亡，湖南郴州蘇仙橋西晉上計簡中有不少「一歲死若干百人，若干男，若干女，若干奴，若干婢」、「率計若干人死」（例如簡 C2-86、C2-35）的紀錄；[6]「亡」指逃亡而脫離地方郡縣的戶籍管轄。秦漢地方各級政府須按月、四時總計穀物收支及人口增減等等以備一年的上計。江蘇尹灣西漢功曹史師饒墓所出東海郡集簿牘、安徽天長十九號墓出土的戶口簿、算簿和湖北紀南松柏村周偃墓出土的免老、新傅和罷癃牘等等很可以啟發我們對秦《尉卒律》這一條內容的認識。[7]

6　湖南省文物考古研究所、郴州市文物隊，〈湖南郴州蘇仙橋遺址發掘簡報〉，《湖南考古輯刊》，第八輯（長沙：岳麓書社，2009），頁 100；鄭曙斌等，《湖南出土簡牘選編》（長沙：岳麓書社，2013），頁 370-371。

7　參邢義田，〈尹灣漢墓木牘文書的名稱和性質〉，《地不愛寶》（北京：中華書局，2011），頁 116-137；〈從出土資料看秦漢聚落形態和鄉里行政〉，《治國安邦》，頁

今塵集：秦漢時代的簡牘、畫像與文化流播
　　──卷二　秦至晉代的簡牘文書

《尉卒律》此條後半部自「黔首之闌亡者卒歲而不歸，結其計」始。前半部提到人口有死，有逃亡；人既死，官府即無須再作控管；人口逃亡，官府必須誘導亡人回歸或加緝捕。因此，後半部進一步針對逃亡作了更多的規定。「結」字字形清晰，解說則有異見。周海鋒從陳松長先生說，認為結疑讀為舮，是一種簿籍竹木簡的專稱。[8]何有祖從陳偉先生說，認為結讀作婞，指當事人有關保任的記錄。誠如周海鋒和何有祖二位所說，從「結其計」看，結是動詞；從「籍書其初亡之年月于結」看，結又是名詞，應是一種籍或簿。

我猜想「結其計」是要求從計簿中特別抽或挑出那些逃亡滿一年未歸者的名字，別集為一份名籍或簿冊，標明其初亡的年、月。《二年律令・亡律》簡 157 有云：「吏民亡，盈卒歲，耐；不盈卒歲，繫城旦舂」，簡 165：「隸臣妾、收人亡，盈卒歲，繫城旦舂六歲；不盈卒歲，繫三歲。」由此可見，逃亡滿或不滿一年是秦漢司法量刑輕重一個相當關鍵的界限，滿一年的須另外特別集中造冊列管，也就可想而知。「戒」字意思頗多，有留神、準備之意。如《詩經・小雅・大田》「既種既戒」，鄭箋：「季冬命民出五種，計耦耕事，脩耒耜，具田器，此之謂戒，是即備矣。」「善藏，以戒其得」一句是說妥善收藏保存這個特別的名冊，以備逃亡的人歸來或捕獲時有以查照。不論自行歸來或捕獲，對官府來說，都是再「得」人口。戰國、秦和漢初時人口流徙逃亡的很多，秦漢政府非常重視如

295-324。

8　周海鋒，〈嶽麓秦簡《尉卒律》研究〉，《出土文獻研究》，第十四輯（上海：中西書局，2016），頁 84-85。

何使流亡或逃亡的人口回歸戶籍，甚至有專門的《亡律》。尹灣集簿上叫流亡人口重入戶籍者為「獲流」，和這裡說的「得」應該意思相似，唯「得」所指或許更寬泛些，不限於獲「流」。

　　換言之，凡為某特定目的，自某些簿籍中抽取或挑選某些部分再編綴而成的簿籍叫作「紬」，也就是「紬」。戰國秦漢文字「由」、「古」二形每相混同，前賢已曾詳論。[9]紬是名詞，也是動詞。動詞有二義：第一，紬即抽。《急就篇》卷二「絳緹絓紬絲絮綿」句顏注：「抽引麤繭緒，紡而織之曰紬」；劉熙《釋名‧釋綵帛》：「紬，抽也，抽絲端出細緒也。」《史記‧曆書》「紬績日分」，《索隱》：「紬績者，女工紬緝之意。」《漢書‧谷永傳》「燕見紬繹」，師古曰：「紬讀曰抽，紬繹者，引其端緒也。」《後漢書‧方術列傳》「緯候之部，鈐決之符，皆所以探抽冥賾。」探抽即探紬。張家山《奏讞書》案例二十二簡 219 有「人盜紬（紬）刀」句，陳劍大文引居延簡 122.7「又紬大刀欲賊傷吏」（圖 1.1-1.2）的紬，都是抽或拔刀的意思。2017 年山東青島土山屯西漢元壽二年琅邪縣堂邑令劉賜墓出土〈劉君衣物名〉牘上有字跡清晰的「刀筆空紬一具」（圖 2）。[10]

9　參李學勤，〈秦簡與《墨子》城守各篇〉，《雲夢秦簡研究》（北京：中華書局，1981），頁 333；陳偉主編，《里耶秦簡牘校釋》，頁 377 及陳偉，〈也說《二年律令‧戶律》中的〈古（從糸）〉〉，武漢大學簡帛研究中心簡帛網，2011.6.4；陳劍，〈讀秦漢簡札記三篇〉，復旦大學出土文獻與古文字研究中心網站，2011.6.4 發布，又收入《出土文獻與古文字研究》，第四輯（上海：上海古籍出版社，2011），頁 358-380；陳偉主編，《秦簡牘合集（壹）上》，《秦律十八種》司空簡 125 注 3，頁 117。

10　彭峪、衛松濤，〈青島土山屯墓群 147 號墓木牘〉，復旦大學出土文獻與古文字研究中心網站 http://www.gwz.fudan.edu.cn/Web/Show/4199；青島市文物保護考古研究所、黃島區博物館，〈山東青島土山屯墓群四號封土與墓葬的發掘〉《考古學報》

刀筆空紬前所未見，順著前文的理路，頗疑應該是一種盛裝並可自其中抽取刀和筆，如盒子、囊袋之類的盛具。

紬作動詞的第二義是綴集。《史記・太史公自序》：「紬史記金匱石室之書」。《索隱》引小顏云：「紬，謂綴集之也。」《新唐書・韋貫之傳》附子〈韋澳傳〉提到唐宣宗欲方鎮刺史「各悉州郡風俗」，學士韋澳受命撰書「乃取十道四方志，手加紬次」。紬次即抽或選取志書中有關的部分，綴集而次序之也。以上抽取、綴集二義明顯相互關聯，取義於女工抽絲　而後緝續。

再看張家山《二年律令・戶律》簡 331「年細籍」的細字。陳劍先生指出這是錯字，應作「紬」。他說：「『紬』所表示的是一個跟『籍』意義相類的詞，當時有『爵紬』、『田

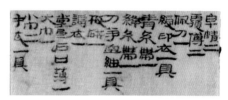

圖 1.1-1.2
居延簡 122.7 紅外照局部

圖 2　堂邑令劉君衣物名牘局部 取材自復旦大學出土文獻與古文字研究中心網，彭峪、衛松濤，〈青島土山屯墓群 147 號墓木牘〉一文附圖。

圖 3.1-3.2　居延簡
162.13 紅外照及局部
《居延漢簡（貳）》（臺北：中央研究院歷史語言研究所，2015）

3（2019），頁 405-459。

紬』及『年紬』，分別是跟登記爵、田及年有關的簿籍。這樣，《戶律》簡 328 的『戶及年籍、爵紬』就是戶籍、年籍和『爵紬』三種簿籍；簡 331 的『年紬籍』就是關於『年紬』的籍，或是對記錄有關『年』的信息的簿籍，『紬』本身又加以登記而形成的簿籍，或是將『年紬』本身加以編聯匯總而成之『籍』。但按照這種理解，反覆思之，卻始終也不能為『紬』找到合適的詞來將上舉資料都真正讀通。」[11]

陳劍之說甚精，可從。他雖立此說，討論居延簡 162.13 的「脫毋紬」（圖 3.1-3.2）時，因無它例可參，卻覺得還有難以真正讀通之處，需要另外找詞。其實如果參考以上《釋名》、《史記索隱》等所說，紬乃抽、綴集、紬次，應可讀通以上提到的幾種資料，不須另外找詞。正如陳劍所說紬是一種籍。「脫毋紬」就是在納入賜爵記錄冊子上的某故小男，可能因疏忽或刻意，曾經脫漏，[12]沒自某種籍簿中抽取出；發現脫漏後，補入了這份冊子，因此特別注明他曾「脫毋紬」。魯惟一（Michael Loewe）曾嘗試復原過這份由十餘枚簡組成有關賜爵紀錄的冊子，[13]私心頗疑是一份另一種形式的爵紬籍或簿。因無標題簡，暫難定論，姑妄言之，俟考。

紬作為一種籍或簿似可上溯至秦。從里耶秦簡看，較早某一時

11　陳劍，〈讀秦漢簡札記三篇〉，《出土文獻與古文字研究》，第四輯，頁 366。

12　參《漢書·游俠列傳》郭解條：「解出，人皆避，有一人獨箕踞視之。解問其姓名，客欲殺之。解曰：『居邑屋不見敬，是吾德不脩也，彼何辜！』乃陰請尉史曰：『是人吾所重，至踐更時脫之。』每至直更，數過，吏弗求。怪之，問其故，解使脫之。箕踞者乃肉袒謝辜。少年聞之，愈益慕解之行。」這裡的脫字同義，刻意將直（值）更者自名單中抽去，故得不值更。

13　最新紅外線圖版見簡牘整理小組編，《居延漢簡（貳）》（臺北：中央研究院歷史語言研究所，2015）。

期的秦戶籍的一戶僅登記戶長、戶人名、爵里、賦役和親屬身分。戶籍簡上沒有年齡，但另有所謂的「年籍」。如想知道或總計年籍中某部分的內容，可自「年籍」中抽出特定相關部分，綴集成「年紬籍」。[14]如果為了知道和總計各鄉里擁有爵稱的人數，則可自戶籍中抽取和爵有關的部分而另編成「爵紬籍」，里耶簡恰恰有一枚或可為爵紬的例證：

◪□□二戶

大夫一戶

大夫寡三戶

不更一戶

小上造三戶

小公士一戶

士五（伍）七戶◪

司寇一戶◪

小男子□◪

大女子□◪

・凡廿五◪（簡 8-17，《里耶秦簡博物館藏秦簡》頁 164）

這一簡沒標題，不能準確知道其名稱。順著前文所說，或可推定它為某里的「爵紬」或「爵紬籍」。它按爵級高下排列並統計戶數，其中公士以下、小男子和大女子若干戶無爵，遂附於爵籍之

---

14 年籍問題請參邢義田，〈從出土資料看秦漢聚落形態和鄉里行政〉，《治國安邦》，頁 297-301。陳偉指出年籍除登記年齡，也可能有身高、膚色等內容，參陳偉，《秦簡牘校讀及所見制度考察》（武漢：武漢大學出版社，2017），頁 147-148。

末，以成完整的統計。本簡末尾謂「凡廿五☒」，疑五字下一字為戶，指某里之戶數。江陵鳳凰山十號漢初墓出土的鄭里廩簿著錄一里貸種者有廿五戶。[15]嶽麓簡 1373 提到秦一里以三十戶為度，卅戶以上置典、老各一人，不足卅戶則又如何如何。[16]由此可推想「凡廿五☒」頗有可能指一里之戶數。里耶簡 8-1236+8-1791 可以進一步證明以上的推想：

> 今見一邑二里：大夫七戶、大夫子三戶、不更五戶、☐☐四戶、上
> 造十二戶、公士二戶、從廿六戶。(《里耶秦簡牘校釋》頁 297)

簡末的「從」據《里耶秦簡牘校釋》：「疑指無爵者」。[17]如果此說可從，這一簡也是以爵級為準，作戶數統計，內容涉及一邑的兩里，共五十九戶，一里剛好約三十戶。以上是以兩個里為計。

里耶簡 8-1539 提到另一種情況：「……貳春鄉守辨敢言之：上不更以下籴計二牒……」這一籴計是貳春鄉以爵不更以下作統計，一鄉必包括數里，而這類統計又必以依爵級作成的戶數統計資料為基礎。最近刊布的《里耶秦簡牘校釋(第二卷)》又見另一種依爵統計，十九戶於元年遷入或納入某種統計的紀錄：

> 十三戶，上造寡一戶，公士四戶，從百四戶。元年入不更一戶，上
> 造六戶，從十二 (里耶簡 8-2231+9-2335，《里耶秦簡牘校釋(第二卷)》，
> 頁 475)

可見所謂的「紬」應是行政上十分普通的作業方式，完全可以依不同的需要，自既有的資料中抽選所需的內容，作不同的再組

---

15 參邢義田，〈從出土資料看秦漢聚落形態和鄉里行政〉，頁 305-308。

16 周海鋒，〈嶽麓秦簡《尉卒律》研究〉，《出土文獻研究》，第十四輯，頁 80。《嶽麓書院藏秦簡牘(肆)》，頁 115。

17 陳偉主編，《里耶秦簡牘校釋》，校釋 3，頁 297。

合，編成特定且名稱有別的新簿籍。秦漢簿籍很多曾經過層層或不同性質的「紬次」，而後有了新的名稱，紬字不必然包含在名稱中，真以紬為名的籍或簿因此並不多。[18]唯《二年律令・戶律》簡曾出現「年籍爵紬」。通常情況下如見於里耶簡的，應稱「年籍」。秦王政十五年令「男子書年」，書年之籍或即所謂的年籍。

以上里耶所出某里爵紬籍的內容特點在於僅記錄爵，又按爵級高下排列各級有爵者的戶數，列無爵之戶於最後，內容簡單，不及其他。反觀前述賜爵記錄冊（有可能屬元康四年），內容複雜得多，涉及西漢魏郡鄴縣池陽、原、左都、賜等多個里，老、大、卒不同身分，擁有公乘爵位的男子的歷次受賜，但沒有其他爵級，也沒依里次作戶數統計，因此懷疑它是基於不同目的的另一種爵紬。[19]

如果以上對結（紬）的理解尚有可取，則陳偉、陳劍和何有祖大作都曾提到的結為保嫷一解，就需要放到其他文本脈絡裡才合適。

105.4.29

18　陳偉主編，《里耶秦簡牘校釋（第二卷）》（武昌：武漢大學出版社，2019），頁274簡 9-1193 有云「卅七年遷陵尉司寇出結☐」。簡殘難明，疑出結的結為名詞，出結即出某種籍或簿。

19　陳偉先生在 2016.3.28 日電郵中表示里耶簡 8-19 看不出「紬」的意思，應為戶口統計。謹錄其說，供同好參考。

「當乘」與「丈齒」
讀嶽麓書院藏秦簡札記之二

邢義田　高震寰

一 當乘

　　《嶽麓書院藏秦簡（肆）》（以下簡稱《嶽麓（肆）》）提到秦代有
一種符合一定年齒並在右肩烙印「當乘」二字的馬：

1. 《金布律》曰：禁毋敢以牡馬、牝馬高五尺五寸以上而齒未盈至四
   以下，服轚車、墾田、為人（1229 正-127 正）

   就（僦）載（下略）　　　　　　　　　　　　　　　　　（1279 正-127 正）

2. （前略）馬齒盈四以上，當服轚車、墾田、就（僦）載者，令廄嗇夫
   丈齒令、丞前，久（灸）右肩，章曰：當乘。

   　　　　　　　　　　　　　　　　　　　　　　　　　　（1398 正-130 正）

　　久，即灸，《嶽麓（肆）》讀作炙，誤；早先陳偉、劉釗，近日
方勇在武大《簡帛網》上都已指出。[1]方勇主張將「令廄嗇夫丈齒
令、丞前，久（灸）右肩」一句斷讀為「令廄嗇夫丈齒，令丞前久
（灸）右肩」，意為「由廄嗇夫來檢驗馬的年齡，由其副手丞在馬前

1　陳偉，〈讀張家山漢簡《津關令》涉馬諸令研究〉，《考古學報》，1（2003）；劉釗，
　　〈說秦簡「右剽」一語並論歷史上的官馬標識制度〉，《書馨集》，頁 173-197；方
　　勇，〈讀《嶽麓書院藏秦簡（肆）》札記一則〉，武大《簡帛網》2016.3.25 發布。

烙馬的右肩」。此說不可從。[2]《嶽麓（肆）》原本斷句無誤。「廄嗇夫丈齒令、丞前」是說廄嗇夫須在縣令、縣丞面前烙馬印，由令、丞當場監看，以示慎重和集體負責。「某＋動詞＋某＋前」的語式在秦漢時常見。里耶秦簡和居延漢簡中習見「發某文書某吏或某君前」，也就是在某吏或某君監看下，當面啟封或打開加封的文書。[3]《嶽麓（肆）》《田律》規定「月盡，發諕令、丞前」（1285 正-112 正）與廄嗇夫在縣令、丞前，灸馬右肩，其制完全相同。

　　灸章即烙馬印，與秦漢簡中常見馬匹的左、右「剽」為一事。《周禮・春官・肆師》：「表齎盛」鄭玄注：「故書『表』為『剽』。剽、表皆謂徽識也。」鄭注所謂的徽識，即張家山漢簡《二年律令・津關令》所說的「馬職（識）」（簡498）。[4]以前僅知在馬身的左

2　方勇，〈讀《嶽麓書院藏秦簡（肆）》札記一則〉。這看來似乎可以成一說。但第一，秦制廄嗇夫之下是否有副手丞？據裘錫圭先生〈嗇夫初探〉一文的研究，廄嗇夫、庫嗇夫、倉嗇夫等都是官嗇夫一類，其下有佐，未有丞。秦漢律簡中嗇夫之後所見令、丞，實指縣令、丞而不是嗇夫的副手。(《裘錫圭學術文集》5，頁99-101)。里耶簡和嶽麓簡有各種嗇夫、其下僅見佐，或泛稱的吏，無明確的丞。第二，讀成「令丞前久（灸）右肩」有語法上的困難，「前」字難解；如說成是「令丞在馬前烙馬的右肩」，從原句讀不出有「在馬前」的意思。

3　例如：里耶秦簡 8-264、8-1638、居延金關簡 73EJT23.855B、73EJT37.1065B、1067B、居延簡 55.1、141.2B、284.4B、506.9B

4　陳偉和劉釗前引大作都連讀《津關令》的「馬識物」三字，視為一事。我懷疑馬識是馬識，物為其他，應分讀。嶽麓簡 0624 正-362 正有「可以刻久職（識）」和「弗刻久職（識）者」之句。這裡談的雖是器物灸識，其為「識」則一，其下無物字。疑「物」指馬、牛或人的某些足以辨識的特徵，因為「物、色」這樣的話也用在人身上（如金關簡 73EJT32.3、EJT37.386A、EJT37.522A、EJT37.806＋816、居延簡 EPT4.13。簡 303.15＋513.17 云：「……有吏卒民屯士亡者，具署郡縣、里、名、姓、年、長、物、色、所、衣服、齎操、初亡年月日、人數、白報與病已……」。又如肩水金關 73EJT1.1 甘露二年御史書這類追捕罪犯的通緝令，都會

或右側烙上馬識，哪個部位？不清楚；又馬識具體是什麼樣子？也不知道。現在知道秦代馬識有一種是在右肩，識則為「當乘」二字。馬身烙文字或烙其他印記，後世一直相沿。[5]《居延漢簡》簡 149.29 謂「□久左肩□齒九歲」、簡 517.16 謂「尺七寸久左肩騎」（圖 1.1-1.2），兩簡皆不全，唯都說「久（灸）左肩」，可見漢代烙印位置由馬、牛的右肩移至左肩。這一點值得注意，後文將再談到。

圖 1.1　　　　　圖 1.2
居延簡 149.29　居延簡 517.16
《居延漢簡（貳）》

（臺北：中央研究院歷史語言研究所，2015）

　　章曰「當乘」的「乘」卻非指傳世和出土文獻上常見的乘馬，而是供「服輂車、墾田、就（僦）載者」，也就是一種供拉車、拉犁或載運多用途

描述人犯的面貌、肢體特徵和膚色：「……為人中壯，黃色，小頭，黑髮，橢面，鉤頤，常蹙額如矉狀……」，這應是所謂的「物」和「色」。

5　劉釗，〈說秦簡「右剟」一語並論歷史上的官馬標識制度〉，頁 173-197。劉文頁 186 提到加拿大安大略博物館藏有一件唐三彩馬，在馬的左肩部有「飛風」二字，這和此簡所記灸右肩可相參證。又飛風馬名，可補證陳偉以為張家山《津關令》內史、郡守各以馬名烙在馬身的說法。見彭浩、陳偉、工藤元男主編，《二年律令與奏讞書》，頁 317-318 校釋五。關於後代馬印又可參羅豐，〈規矩或率意而為——唐帝國的馬印〉，《唐研究》，第 16 卷（2010）。又湖北隨縣曾侯乙墓出土戰國竹簡中簡 142-209 主要記載車輛之馬匹，馬匹隨毛色和花紋各有其名，唯各馬似乎並沒有專名。參陳偉，《楚地出土戰國簡冊十四種》（北京：經濟科學出版社，2009），頁 363-371。注釋中雖稱某些字為馬名，但細審上下文，比較像是某類馬之類名而非某匹馬之專名或私名。

的馬。或者說古人所說的乘不僅指拉車而有更多的意義，甚至包括拉犁。古代用犁以後，除以牛犁地，也用馬拉犁，甚至牛馬共犁，這有山東漢畫像石可證（圖2）。

再者，「當乘」應是某類馬的通名，非如敦煌懸泉置所見傳馬各有的私名。為何「服輦車、墾田、就（僦）載者」有此通名，被歸為一類？不清楚。總之，從《金布律》的烙印規定，可以推證秦代應曾針對功能，有細緻且龐大的馬匹分類命名和管理系統。不同類別的馬，不論公私，統一鑑定後烙名。至於馬的私名，如何命名，尚無以知其詳。[6]但猜想還不致於由《金布律》這樣層級的律去規定吧。此外，可以想像的是馬身烙印似不必限於一次或僅烙一名；有可能既烙類別名，也烙私名。居延漢簡中曾出現馬有「兩剽」之例（圖3）。因為馬身左右兩側不太可能烙上兩個私名，因此除私名外，應另有一個其他名稱。唐宋時代一匹馬可在不同的部位烙上數名，其制或已見於秦漢。[7]

6　按肩水金關簡 73EJT1:54：「弘農郡陝倉□里蔡青葆養車騎馬一匹騙牡左剽齔五歲高五尺八寸半名曰張中　大奴□昌ㄋ」蔡青養車騎馬一匹，名曰「張中」。除車騎馬有名，傳馬亦皆有名。敦煌懸泉置漢簡有傳馬名籍，名籍著錄傳馬牡牝、年齡、毛色、身形特色及高度外，也著錄其名，有「全□」、「葆橐」、「黃爵」、「倉波」、「佳□」、「鐵柱」、「完幸」、「蒙華」等名。《三國志·呂布傳》謂「布有良馬曰赤兔。」裴注引《曹瞞傳》謂「時人語曰：『人中有呂布，馬中有赤兔』。」唐昭陵八駿也都各有二字專名，此一傳統已可明確上溯至漢世。湖北隨縣曾侯乙墓出土竹簡中簡 142-209 主要記載車輛之馬匹，馬匹隨毛色和花紋各有其名，唯各馬似乎並沒有專名。馬而取私名，一方面顯示對馬的重視和情感，另一方面或亦與馬匹的管理有關。

7　唐宋之制參前注 5 引劉釗和羅豐文。又杜甫詩〈瘦馬行〉有句：「東郊瘦馬使我傷，……細看六印帶官字，眾道三軍遺路傍……」，《杜工部集》（臺北：臺灣學生書局影宋本，1967，頁 73），可見官馬烙印可達六枚之多。宋制多承唐，其詳可參

圖2　山東滕州漢畫像石館藏石局部，牛馬共犁圖，2010.7.5 作者攝。

這種馬的通名還有它例可考。睡虎地簡〈秦律雜抄〉有供乘騎的馬名為「駣馬」：

　·駣馬五尺八寸以上，不勝任，奔摯不如令，
　縣司馬貲二甲，令、丞各一甲。

原整理者和《秦簡牘合集（壹）上》（頁173）都據《說文》、《廣韻》等指駣馬是指騎乘的馬匹。騎乘的馬匹在龍崗秦簡和張家山《二年律令》等資料中稱為「騎」。騎是泛稱，駣馬則可能是騎乘馬中某一類的通名。嶽麓簡中另有「傳馬」，應也是一種通名。傳馬前所未見，須另作討論，這裡暫時擱下。

宋《天聖令》引唐代《廄牧令》部分，見天一閣博物館、中國社會科學院歷史研究所天聖令整理課題組校證，《天一閣藏明鈔本天聖令校證》（北京：中華書局，2006），頁101-104、400-401。漢代在馬的其他部位烙印實例見肩水金關簡 73EJC:315：「官酒泉會水候官不知何馬二匹牝齒四歲久左脾」。另牛有久左尻的見居延簡 510.28。

圖3
簡149.23
《居延漢簡（貳）》

還有一點值得注意：迄今在睡虎地和嶽麓秦簡中所見，凡秦所烙馬印（章）都在右肩或右剽，而漢代如居延和敦煌懸泉置簡中的傳馬、驛馬、私馬，一律左剽。張俊民先生近日刊布的漢代懸泉置馬匹資料達四百餘條，極為豐富。其中涉及「剽」者一百三十條以上，全為左剽，而居延簡中的牛，也全為左斬，即斬割左耳。[8] 前引居延簡中「兩剽」的馬，因無從知其兩剽在馬身同一側，或分在兩側，難以言左右。雖然如此，我們不禁疑心秦漢馬、牛烙印有左右之不同，是否具更深一層的意義？這需要比對更多其他方面的材料，才能見其端倪。

■ 二 「丈齒」與「馬齒盈四以上」、「齒未盈至四以下」

嶽麓簡 1398 正-130 正出現前所未見的「丈齒」一詞。《嶽麓（肆）》頁 164 注 31 謂丈齒乃「丈量檢測馬的年齒身高。」這個說法應可從。但丈齒和「齒未盈至四以下」、「馬齒盈四以上」是否有關？初看原以為是同一事，指馬四歲或有四齒，或齒長四寸以下或以上。[9] 細思卻又似不然。因為廄嗇夫要在縣令和縣丞的面前「丈」馬齒，不是「數」、「算」或「計」馬齒數。睡虎地《法律答

8　參張俊民，〈懸泉漢簡馬匹問題研究〉，《敦煌懸泉置出土文書研究》（蘭州：讀者出版傳媒公司、甘肅教育出版社，2015），頁 335-336；劉釗，〈說秦簡「右剽」一語並論歷史上的官馬標識制度〉，頁 185-186。

9　武大簡帛網近刊高一致〈讀嶽麓書院藏秦簡肆雜說一則〉（2016.3.27 刊）一文，即主張「簡文『齒未盈至四以下』中『齒』，不是指馬的實際牙齒數，而是指馬的年齒、年齡。」

問》簡 6 提到:「甲盜牛,盜牛時高六尺;繫一歲,復丈,高六尺七寸」,可見丈是丈量高度或長度。古人計算數量或年歲並不用「丈」字當動詞。

可是「丈齒」和「馬齒盈四以上」、「齒未盈至四以下」難道就沒關係了嗎?我曾嘗試提出多說與學棣討論,最後一一捨棄。如今我傾向於相信二者密切相關。不論長幼,馬齒是估算馬匹年齡的一個重要依據。「馬齒盈四以上」或「未盈至四以下」,是指馬滿或未滿四歲以上或以下,而四歲是秦代評斷馬匹是否成熟,可否準備進入服役的一個關鍵年齡。馬的發育成長有遲有速,有優有劣,為確認馬的成長和年齡,須經一道相當慎重的「丈齒」程序,也就是在縣令、丞的當面監督之下,由廄嗇夫檢查馬齒,丈量齒長,判定成熟程度,以決定可否加烙印,準備進入服役。

因為原簡「盈四」、「盈至四」之後沒有單位詞,使得今天的讀者不免疑惑「四」到底指什麼?是齒滿四枚?齒長四寸?或年齒滿四歲?我約略比對同一時期其他出土律簡的用詞,發現凡「盈+數字」之後例有單位詞,例如睡虎地《效律》簡 22:「不盈百石」;簡 3:「不盈十六兩」;《秦律十八種》簡 51:「城旦高不盈六尺五寸」;《二年律令·津關令》簡 512:「駒未盈一歲」云云。像《金布律》這樣須講求語意明確的法律條文,為何「盈四」之後偏偏沒有單位詞?確實令人納悶。其原因可以很多。可惜嶽麓簡來源不明,我們已無法確認它們是否出自墓葬,是否為陪葬而摘抄,或竟如里耶簡是出自秦代某單位的文書檔案。為陪葬而摘抄和實際檔案之間不免會有抄寫品質上率意或嚴謹的差異。這一點不能確定,「盈四」之後缺單位詞的原因也就更難進一步論定。在這樣的限制下,我們或許可用排除法,找出雖不是最終,卻較可能的答案。幾

經排除，我現在較同意高一致先生的意見，也就是以四歲釋「四」。

　　我的思考是啟發自近代的養馬學。馬齒有乳齒和恆齒之分，如果四的單位是枚，馬從生出四枚乳齒到生四枚恆齒之間有很大的年齡差別，也會造成如何和「高五尺五寸以上」連繫起來的困難。五尺五寸是成年馬的身高。馬初生一周內即生出乳牙門齒一對，四至六周生出門齒旁的中間切齒一對，只有四枚兩對乳齒的幼駒不過一個多月大，不可能高五尺五寸。如果「四」是指四枚恆齒，則可以和五尺五寸身高相合，但這樣的馬又為何會被禁止服役呢？因此「四」解為四枚的可能性可先排除。

　　如果不是四枚，也不是四尺或四寸（我一度認為是指四寸），[10]剩下可能的答案是四歲。齒盈四歲，第一，和秦漢出土文獻上常見的「某馬齒若干歲」在語法上基本相合；第二，這和古代相馬、畜馬書或近代養馬學談如何從馬的牙齒看年齡也最為相合。[11]

　　在進一步討論之前，有必要先介紹一下馬一整口牙齒的構成。馬齒分上下頜，共三十六（母）至四十（公）枚，是由最後方的臼齒、中間的犬齒和最前方的切齒構成。切齒包括中央門齒兩對，側邊的中間齒一對，再側邊的隅齒一對，上下頜共十二枚。請參以下（圖4）：

10　本文初稿一度曾試圖論證「四」為長度，指四寸，隔夜發覺漏洞難彌，即放棄。

11　例如中等農業學校養馬學教科書編輯委員會編，《養馬學》（北京：財政經濟出版社，1957），頁39：「乳齒顏色潔白，齒形較小，齒根細，齒列間形成較大的空隙；永久齒則顏色黃白，形狀粗大，齒根粗，故齒列間空隙小。」關於馬齒生長與乳恆齒較新的研究可參田家良編著，《馬騾驢飼養管理》（北京：金盾出版社，2008），轉見劉羽陽，《先秦時期家馬研究》（中國社會科學院研究生院博士論文，2013），頁29-34。劉羽陽論文承甘肅省考古所王輝先生提供，十分感謝。

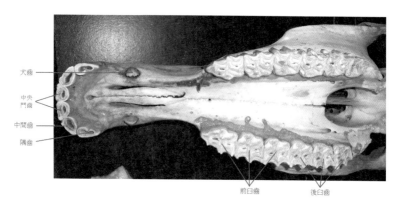

犬齒

中央
門齒

中間齒

隅齒

前臼齒   後臼齒

圖4　馬齒立面圖，作者據維基百科公共財圖片加注文字。

　　估算成馬年齡古今中外都從最前方上下頜最易觀察的切齒入
手。《金布律》將「馬齒盈四以上」視為馬匹是否足以服役的標準，
就是和馬的生長和成熟有關。從馬的生長來說，幼駒成長會經歷
乳、恆齒替換。大概從兩歲半左右開始，乳牙門齒脫落，由恆齒取
代，到五歲左右恆久切齒才會長齊，也就是「齊口」或「齊齒」。[12]
恆齒生長後，隨即因取食開始磨損，但磨損速率不及生長快，齒長
隨年齡不斷增加，因此才可能從齒長算出年齡。可是馬至十歲以
後，牙齒的生長趨緩而停止，約到十二歲左右，齒的長度即不再是

12　《齊民要術・養牛馬驢騾》說馬的切齒在一歲時，「上下生乳齒各二」；四歲時，
　　「上下生成齒二」；五歲時，「上下著成齒四」，與事實有不小出入，不可為據。
　　《齊民要術》說的成齒如果是恆齒，馬的中央門齒在兩歲半左右即開始換成恆或成
　　齒，而不是四歲。白居易《白氏長慶集》（臺北：藝文印書館，1971）卷十九〈和
　　張十八秘書謝裴相公寄馬〉有「齊齒臕足毛頭膩，秘閣張郎叱撥駒」句。齊齒為
　　古代習語，即指馬齊口成熟。

估計年齡準確的指標。

　　大致上說，幼駒和成馬在齒形、身高體形上都有明顯差異，不難辨別。幼駒上頜乳齒齒冠的一個明顯特徵是正面略呈三角或半橢圓形，上窄下寬，齒與齒上部之間有較大角度的縫隙或間隔。下頜齒間也有相同大角度的縫隙或間隔，只是方向剛好顛倒。請參圖 5 所示二、三歲馬的齒形和變化即可明白。隨著年齡增長，乳齒不斷換成恆齒。齒冠正面雖仍然上窄下寬，寬窄差別越變越小，而接近梯形，因此鄰齒之間縫隙更小。如果比較圖 6、7 一、二、六歲及二至十八歲馬的齒形，就更能看出乳齒和恆齒形狀的差別和變化。此外，馬的乳齒比恆齒短且白平，恆齒會變長、變黃，出現縱向凹槽（術語叫「齒坎」或 Galvayne's groove），稍有經驗者很容易就可辨識乳齒和恆齒的不同。圖 8 是承羅豐先生提供寧夏彭陽王大戶村戰國墓出土的西元前四至三世紀馬齒標本。從齒形、齒長、齒坎和顏色可推知這匹馬最少十歲或以上。[13]

　　接著必須一問：如果從齒形可以看年齡，為何《金布律》「高五尺五寸以上而齒未盈至四以下」，在牙齒之外，還要提到身高？又為何身高五尺五寸「以上」而齒卻是「未盈至四以下」？要解答，必須再回到馬的生長。這是因為馬的身高到三、四歲時已基本長成，五尺五寸（約 126.5 公分）和今天蒙古馬成馬的馬肩胛高度基本相近或一樣。敦煌懸泉置可考的漢代傳馬當然都是成馬，身高在五尺一寸至七尺之間，比較多的是五尺八寸和六尺，但也有五尺五

13　按寧夏文物考古研究所、彭陽縣文物管理所編著，《王大戶與九龍山：北方青銅文化墓地》（北京：文物出版社，2016），頁 98 估計 M4D3 標本屬中壯年個體。承羅豐兄惠賜正式考古報告，謹申謝忱。

圖 5　馬齒隨年齡而增長　圖中所示（自左至右）為 2
歲、2 歲半至 3 歲馬中央門齒及中間齒增長及形狀變化
採自 http://www.vetbook.org/wiki/horse/index.php/
Dental_anatomy（2016.1.25 檢索）

圖 6　自左至右 馬 1、2、6 歲齒形變化圖
採自：http://www.pinterest.com/doeslayer09/equine-teeth-
and-dentistry/（2016.4.4 檢索）

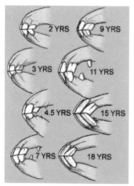

圖 7　2 至 18 歲馬齒變化表
採自 http://www.equisearch.
com/article/how-old-horse
（2016.1.25 檢索）

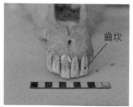

圖 8　羅豐提供寧夏彭陽王
大戶村戰國墓出土，馬齒標
本之一 M4D3 上頜：70.09mm

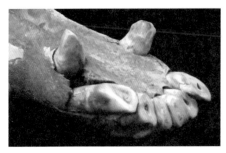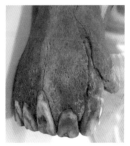

圖 9.1-9.2　史語所藏殷墟出土馬下頜門齒局部　2016.6.27 施汝瑛攝

寸的例子五例。[14]成長中的幼駒不斷增高長壯，很容易從身高體
形、牙齒的數目和形狀看出年齡。但四歲以後，身高體形基本已
定，不再容易看出準確的年齡，這時需要從牙齒的長度、顏色、上
下切齒的傾斜角度和齒咀嚼面磨損程度等等去判斷（圖 9.1-9.4）。[15]
這是為何《金布律》會說馬身雖已「高五尺五寸以上」，而其齒卻
可能「未盈至四以下」；也就是說身高已足，年齡卻尚不足四歲，
還不算成熟，不可服役。

　　中國古代很早就知道齒長和年齡的關係，因此才會有「馬齒徒
增」、「馬齒徒長」的典故（《穀梁傳》僖公二年）。《禮記·曲禮》云：
「齒路馬，有誅」鄭玄注：「路馬，君之馬……齒，欲年也。」年者

14　張俊民，〈懸泉漢簡馬匹問題研究〉，頁 336-337。據研究，秦始皇兵馬俑坑一號
　　坑出土的陶馬和銅馬可反映真實馬的大小和高度，肩高約在 124 至 147 公分之
　　間，參羅小華，《戰國簡冊中的車馬器物及制度研究》（武漢：武漢大學出版社，
　　2017），頁 285-286。關於馬高又可參董珊，〈樂從堂藏銅馬式考〉，《出土文獻與
　　古文字研究》（上海：上海古籍出版社，2018），頁 248-278 及所引資料。

15　圖 9.3 山東章丘洛莊漢初墓 11 號車馬坑第 2 號車的馬頭呈側面，剛好可以看見其
　　切齒的傾斜角度，可和圖 7、9.1、9.4 比對，即可約略估計這匹已服役的馬的年
　　齡。

動詞，察知其年歲之謂。
《漢書‧賈誼傳》：「禮不
敢齒君之路馬。」師古
注：「齒，謂審其齒歲
也。」敦煌馬圈灣漢簡有
相馬書殘文云：「‧伯樂
相馬自有刑，齒十四五當
下平」（簡 843）（圖 10），
明確提到相馬要觀察牙
齒，齒十四五是指馬十
四、五歲，齒面磨平，這
也就到了馬不宜再服役的
年齡。《漢書‧景帝紀》：
「御史大夫綰奏禁馬高五
尺九寸以上，齒未平，不
得出關。」服虔注：「馬
十歲，齒下平。」又〈昭
帝紀〉：「夏，罷天下亭
母馬及馬弩關。」孟康
注：「舊馬高五尺六寸齒
未平，弩十石以上，皆不
得出關，今不禁也。」皆
可參。此外，敦煌馬圈灣
簡 48 提到「傳馬皆大
齒」，大齒疑指馬齒長

2 號車馬頭　崔
大庸，〈山東考
古大發現──洛
莊漢墓〉，《中
國國家地理》，8
（2001）。

圖 9.3　山東章丘洛莊西漢初墓 11 號車馬坑出土

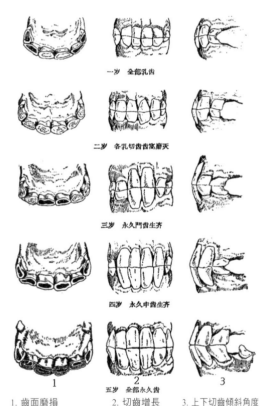

一歲　全部乳齒

二歲　各乳切齒齒窩磨天

三歲　永久門齒生齊

四歲　永久中齒生齊

五歲　全部永久齒

1	2	3
1. 齒面磨損	2. 切齒增長	3. 上下切齒傾斜角度

圖 9.4　1 至 5 歲馬齒變化比較圖
採自《養馬學》，1957，頁 40。

大，已老。居延簡 266.17 說：「診視馬，皆齒長，終不任驛」（圖 11）。這是說檢查一批馬的牙齒，齒皆已長，年歲已大，不堪再任驛馬的工作。可惜沒明確說齒是多長。居延簡 240.26 另有殘文說：「齒八歲，其一黃齒」云云（圖 12）。可惜文殘，不能確知這裡是牛或馬的齒，不過可證牙齒顏色也是觀察和紀錄的一個重點。山東鄒城博物館和濟南山東省石刻藝術博物館所藏漢代石槨畫像中，都有馬師立於馬前，用雙手將馬嘴掀開的描述（圖 13.1-2～15）。可知中國古代和今天一樣是根據查看馬齒估計成馬的年齡。又睡虎地秦簡《封診式》爭牛爰書提到「即令令史某齒牛，牛六歲矣。」（簡 24）整理者謂：「齒，估定牛的年歲」。可見古人也透過牛齒判讀年齡，當然牛的牙齒構造與生長週期和馬不同，應有另一套判斷方法。總之，在古代因為丈牛、馬齒以見年齡是極通常的常識，故但言「盈四」、「盈至四」而省略單位詞一歲，也不致誤會。

校釋《齊民要術》的繆啟愉先生曾讚譽《齊民要術》的貢獻，但也明白批評此書對馬判定年齡的方法在敘述上失於簡略籠統，不及現代外形學精確。[16]如今我們從《金布律》可以知道秦代用了「丈齒」之法，此法不可說不精確。唯後世如何沿用，失於記載。我相信漢代曾承秦制，惜無可考。

近代養馬或獸醫學研究其實也「丈齒」。德國漢諾威獸醫大學的獸醫專家夏洛克（Patricia Schrock）據十四件歐洲品種的溫血種馬（warm blood）和阿拉伯種馬（Arab horse）標本，作馬齒和年齡關係的

---

16 繆啟愉的評論是：「從一歲以下至三十二歲，以齒的換生、磨面的形狀（「區」、「臼」或「平」）與齒質的變黃至白等特徵來推定馬齡，與現代外形學有相似之處，但敘述籠統簡略，不及現代外形學的精確。」參繆啟愉，《齊民要術校釋》（北京：中國農業出版社，1998），頁 403 注釋一六。

圖 10　　　　　圖 11　　　　　圖 12
馬圈灣簡 843　居延簡 266.17　居延簡 240.26

圖 13.1　山東鄒城市博物館藏漢代石槨畫像局部，
2012.7.6 作者攝。

圖 13.2　用兩手張開馬嘴觀察馬齒，作者線描圖。

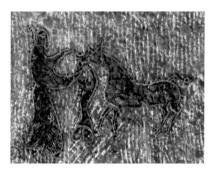

圖 14　山東省石刻藝術博物館藏漢石槨
畫像局部，觀察馬齒有助手協助，2012.
6.30 作者攝。

圖 15　徐州漢畫像石藝術館藏
沛縣棲山出土漢石棺檔頭畫像局
部，1998.9.9 作者攝。

生物學統計，指出上下頷六對門齒的長度平均值落在六至七公分之
間。[17]不久前，承蒙羅豐兄惠賜寧夏彭陽王大戶村戰國墓發掘所獲
馬頭及牙齒標本照片和門齒長度測量數據。[18]此墓遺物曾作碳十四
測定，時代屬西元前四至三世紀。標本中上頷門齒共四件，齒冠平
均長 6.77 公分，下頷門齒五件，齒冠平均長 6.09 公分。圖 8 所示
這一件上頷中央門齒，長 7.009 公分。稍一比對，即可發現和夏洛
克論文提供的數據基本吻合，足見馬齒的生長雖可能因古今品種有
一定差異，也大致有共通的規律。因此利用近世對馬的知識認識秦
漢的馬，仍不失為一種辦法。[19]

17　參 Patricia Schrock et al., "Three-dimensional anatomy of equine incisors: tooth length,
enamel cover and age related changes," *BMC Veterinary Research* 9:249 (2013). （http://
www.biomedcentral.com/1746-6148/9/249，2016.1.24 檢索）。

18　參寧夏文物考古研究所、彭陽縣文物管理所編著，《王大戶與九龍山：北方青銅文
化墓地》。馬齒測量詳細數據見頁 59-62、76-77、97-113；年齡鑑定與相關討論見
頁 232-237。

19　關於對中國古代家馬的考古學研究可參劉羽陽的《先秦時期家馬研究》。劉羽

另外一個問題是：為何已知「馬齒盈四以上」，也就是馬四歲以上，還要「丈齒」呢？馬的生長有遲有速，成熟與否只能就規律估其大概。一般來說，中央恆久門齒雖自兩歲半左右最早長出，四歲多還會繼續長，到五歲時，其旁側的恆久中間齒和隅齒才會長到和門齒平齊（參圖 9.4），這時才算「齊口」，才可說是成熟的馬。四歲多的馬不過是將近成熟，可以進入篩選範圍，以備供役。為確定成熟度，須以較精確的「丈齒」確認該馬是否齊口足齡，可以擔當供乘騎、拉車或負重的任務。可惜如今已難以知道，秦代丈齒是僅測量上頜或下頜中央門齒，或兼取上下頜所有切齒的長度，或包含牙齒長度以外的檢查。[20]《金布律》雖僅說丈齒，以測長度為主，但應也不排除其他檢測，才好綜合而作較整體、精準的評估。另有一個可能是丈、齒二字都是動詞，丈指丈身高和齒長，齒則指由長度估計年齡。因此《金布律》會並提身高和年齒。再如馬的恆久門齒因咀嚼而磨損，咀嚼面磨損情況，例如黑窩、齒星、齒坎是否出現、明顯或消失，也是評估年齡的重要參考。草原常年放牧的馬，因草料不同，牙齒磨損較快，常比真實的年齡要小。有時黑窩已消失、但乳隅齒尚未脫落，就應視為四歲而不是六歲的馬。[21]年齡估計出來，即直接登記年齡。此後逐年記錄，無須再行丈齒。這是為什麼漢簡中提到已服役的成馬如驛馬、傳馬等，都僅有齒若干歲而無齒長若干的記錄。對秦漢時的馬來說，「丈齒」應該是由幼年進入成年，一生一次的成年禮吧。

陽研究的主要依據之一也是馬齒，也需要和中國以外馬匹的資料比對。

20　今天檢查馬齒是以下頜切齒為準。參劉羽陽，《先秦時期家馬研究》，頁 30。

21　劉羽陽，《先秦時期家馬研究》，頁 31。還有許多其他現象須觀察，這裡不細說。

後記

本文初稿承蒙羅豐、王輝兄大力協助，提供珍貴材料，極為感謝。又幾度翻修的初稿曾和幾位學棣討論。石昇烜提醒我有《漢書》、居延和金關簡材料可用，丈、齒或應分讀，皆為動詞，高震寰對丈齒也提出了極有啟發性的意見。我受他們啟發，採納其議，捨棄舊說，而成新篇。最後由我和震寰具名發表，請大家指教。

103.12.13/106.5.3

再論三辨券
讀嶽麓書院藏秦簡札記之三

在〈校讀史語所藏居延漢簡的新收獲（民國 102.3-103.7）〉一文中，我曾推測秦漢三國常見的三辨券，分剖為三，由官府保留中辨之制始自秦：[1]

一式分成左、中、右三份的三（參）辨券為秦漢別券形式之一，見於睡虎地、里耶、龍崗秦簡和居延漢簡（簡 7.31 圖 1）。整理小組舊釋「券」為「界」，誤。胡平生指出迄今未見參辨券實物，其形式尚不明。本簡（202.22「辨券中辨在破胡□／□□」圖 2）提到「中辨」，則其制有左、右辨而成三，似可推知。居延、敦煌邊塞簡中有左右對剖的符或券，然未曾見三辨券之左或右辨。三辨券「中辨」實物在走馬樓三國吳簡中有跡可尋。田家䇲大木牘如胡平生指出是一種別券，其上時而可見剖分後，或在左行或在右行或在左右兩側的殘筆，可知目前所見之簡很可能是三辨券的中辨，其左右辨於剖分後，應各在其他持券者手中。相關例證很多，這裡僅舉左、右和左右皆有殘筆的各一件為例。里耶秦簡提到「不智器及左券在所未」（8-435），其措詞「左券在所」云云與「辨券中辨在破胡」相類，

1　簡牘整理小組，〈校讀史語所藏居延漢簡的新收獲（民國 102.3-103.7）〉，《古今論衡》，28（2015），頁 86-87；本書頁 516-607。

可參。又由嶽麓書院藏秦簡:「上券中辨其縣廷」,亦即上交券之中辨於縣廷,從而可以推知三辨券之中辨藏於官府之制,應自秦以來,已然如此。

　　當時僅根據《里耶秦簡校釋》頁 331 校釋 4 所引的幾條嶽麓簡和中央研究院歷史語言研究所簡牘整理小組的新釋文,本文所附為最新經綴合後的圖版,見 2015 年出版的《居延漢簡(貳)》。現在根據《嶽麓書院藏秦簡(肆)》的《田律》和《金布律》,可以很清楚確認這是秦制:

1. ・《田律》曰:吏歸休,有縣官吏乘乘馬及縣官乘馬過縣,欲貣芻
   蕉、禾、粟、米及買菽者,縣以朔日(1284 正-111 正,頁 104)

2. 平賈(價)受錢,先為錢及券缿,以令、丞印封,令令史、賦〈錢〉
   主各挾一辨,月盡發缿令、丞前,以中辨券案讎(讎)錢,錢輒輸入

圖 1　簡 7.31

圖 2　簡 202.11＋202.15＋
202.22 及局部

少內，皆相與靡（磨）除封印，**中辨臧（藏）縣廷**。（1285 正-112 正，頁 105）

3. ・《金布律》曰：官府為作務，市受錢，及受齎、租、質、它稍入 錢，皆官為缿，謹為缿空（孔），嬰（須）毋令錢（1411 正-121 正，頁 108）

4. 能出，以令若丞印封缿而入，與入錢者參辨券之，輒入錢缿中，令 入錢者見其入。月壹輸（1399 正-122 正，頁 108）

5. 缿錢，**及上券中辨其縣廷**。月未盡而缿盈者，輒輸之。不如律，貲 一甲（1403 正-123 正，頁 108）

這五枚簡分屬《田律》和《金布律》。以上《田律》第二簡的 句讀，從陳偉先生的意見。[2]陳偉另疑賦字為錢字之誤。嶽麓簡錢 和賦兩字都很多，這裡的賦 字清晰可辨，但確實是抄錯了，原 應作「錢」。因為這一條律的內容只涉及借芻藁、禾、粟、米和買 菽，與租稅或賦應無關。

本文要指出的是《田律》和《金布律》「中辨臧（藏）縣廷」、「上 券中辨其縣廷」之語，證實了我過去對中辨藏在官府的猜想。此 外，里耶簡 8-1452 也可證明寫有「出入」字樣的三辨券，其「中 辨」原本是在經手之吏的手中，每月底前才上交，最後由縣廷收 存：

〔廿六〕年十二月癸丑朔己卯，倉守敬敢言之：出西膺稻五十□ 石六斗少半斗；輸粢粟二石，以稟乘城卒夷陵士五（伍）陽

---

2 陳偉，〈岳麓秦簡肆校商（壹）〉，武漢大學簡帛研究中心，《簡帛網》（2016.3.27 刊）。入錢缿中之制請參陳偉，〈關於秦與漢初「入錢缿中」律的幾個問題〉，《考 古》，8（2012），頁 69-79。

□□□□。今上**出中辨券廿九**。敢言之。□手。(《里耶秦簡牘校
釋》,頁330)

以上是倉守敬將寫有「出」字廿九件的出糧中辨券上呈的文
書。可見倉庫出糧的中辨券原本在倉守敬手中。他出糧後,須按一
定的時限,將「出中辨券」上呈。這個時限就是嶽麓簡1285正-112
正中所謂的「月盡」,即月底。官府作務等收入的錢,如簡1399
正-122正所說「月壹輸觭錢」,也是一個月上繳一次。里耶簡
8-1452的「〔廿六〕年十二月癸丑朔己卯」是始皇二十六年,朔
日與張培瑜《中國先秦史曆表》合,十二月己卯正是廿九日,月底
前一日。「今上出中辨券」的「今」是如今,也就是在月底前一天
的廿九日上呈。由此不難推知,如果是入糧或入錢財,同樣應在每
月月底前將「入中辨券」上呈縣廷。

三辨券的中辨既然最後藏於縣廷,左、右辨又由誰收執呢?十
餘年前我寫〈張家山漢簡《二年律令》讀記〉時,據《二年律令‧
戶律》和漢世先令券書,曾推想應由(1)當事人、(2)鄉嗇夫和(3)縣廷
各執一份:[3]

《戶律》簡三三四～三三六.178「民欲先令相分田宅、奴婢、財
物,鄉部嗇夫身聽其令,皆參辨券書之,輒上如戶籍。有爭者,以
券書從事;毋券書,勿聽。所分田宅,不為戶,得有之,至八月書
戶。留難先令,弗為券書,罰金一兩。」(〈戶律〉)

這一條簡334上半截保存情形欠佳,扭曲變形,字跡模糊,近年

3　邢義田,〈張家山漢簡《二年律令》讀記〉,《地不愛寶》,頁144-199。王素先生
　　研究走馬樓三國吳簡田家,引關尾史郎之說後指出參辨券可能是分執於鄉、縣
　　(侯國)和納稅者之手,但未作結論,表示要「繼續探討」。參王素,〈長沙走馬樓
　　三國吳簡研究的回顧與展望〉,《吳簡研究》,第一輯,頁19。

新出刊紅外線圖版的《二年律令與奏讞書》，原簡殘缺更甚，字跡並不比較理想。尤其關鍵的「先令」二字，依舊圖版看，尚隱約可見，新圖版反難以辨識。如果原釋文可從，最少表明兩點：

第一，自漢初（可能相沿自秦）以生前所立遺囑（先令）處分財產受到法律承認，而且是法律上解決遺產爭訟的主要甚至是唯一的依據（「毌券書，勿聽」，這是說沒有券書，即不聽告，不受理爭訟之案）；

第二，民立遺囑，須由鄉部嗇夫「身聽其令」，即親自聽當事人述說遺囑，並以「三辨券」寫下券書，並像戶籍一樣上報。

「三辨券」或「參辨券」之制已見於秦《金布律》（《秦律十八種》，頁39），秦律注釋者謂：「三辨券，可以分成三份的木券」（頁39），由當事者分別保存。以先令來說，當事人之一當然是立遺囑的人，其次是作為見證「身聽其令」的鄉部嗇夫。還有一份不知由誰保存。如果是「輒上如戶籍」，像戶籍一樣地上報，則應是保存在縣廷。因為處理爭訟的基層單位是縣。如距縣廷太遠，百姓也可就近請鄉嗇夫聽取案件（簡一〇一.148）。如此，縣和鄉都須要有先令資料。這一條似乎也透露出這樣的信息：戶籍像先令一樣，也是一式三份，可能即由戶長、鄉和縣分別保存。

這一推想和前引第二條嶽麓簡「令令史、錢主各挾一辨」大致相符。現在如果細讀嶽麓簡，似乎又可以多知道一點細節。陳偉先生推想「因縣令不會親臨交易，而三辨券中之中辨需要上呈縣廷，此外祇有上、下兩辨由令史與買者分別持有。」首先，辨券有上下對剖的（即一簡正背之間從側面中剖而成上下或前後兩片），也有左右剖分的。以三辨券而言，不論竹或木券，在剖製上似乎以使用同一面分成左、中、右三辨最為簡便可行。迄今似不曾見三辨券有一方竹或木牘以前、中、後的方式剖分為三的例子。

其次，稍一細想，即可推知在秦代左辨應由入或繳錢的當事人收執，中和右辨原都在經辦之吏的手上。每月月底之前，經辦的吏才須將累積一個月，分別封存在缿或罐子一類容器中的中辨券和錢呈送縣廷，自己保留右辨，以備上級核查。如果是兩辨券，右券應在官府，左券交當事人。[4]如果不到一個月，缿中積存的錢和券已太多，可不必等到月底，隨時上呈。因事不同，收執的單位和吏不必相同，但各單位處理別券的模式應十分相似。

為什麼說秦代借貸或納錢糧的當事人執左券？陳偉先生注釋里耶簡 8-435「不智（知）器及左券在所未」一句時說：「左券，古代契約多分左右二片，左片稱左券，由債權人收執，用為索償的憑證。《史記・田敬仲完世家》：『公常執左券以責於秦、韓。此其善於公而惡張子多資矣。』」（《里耶秦簡牘校釋》，頁 148）這一注釋雖是針對兩辨券而說，似不妨設想秦三辨券的左券也由當事人收執。

中國古代尚左或尚右，因為尚左和尚右的例子都能找到，曾引起不少辯論。[5]其實尚左尚右可因國，因事，因時代而有不同，恐

4　《商君書・定分篇》說：「諸官吏及民有問法令之所謂也，於主法令之吏，皆各以其故所欲問之法令明告之。各為尺六寸之符，明書年月日時，所問法令之名，以告吏民；主法令之吏不告，及之罪，而法令之所謂也，皆以吏民所問法令之罪，各罪主法令之吏。即以左券予吏之問法令者，主法令之吏謹藏其右券木柙，以室藏之，封以法令之長印。」其左右券之制與出土文獻例如嶽麓簡奔敬（警）律曰：「先紮黔首當奔敬（警）者，五寸符，人一，右在[縣官]，左在黔首。……」相同。陳松長主編，《嶽麓書院藏秦簡（肆）》（上海：上海辭書出版社，2015），頁 126–27。

5　彭美玲，《古代禮俗左右之辨：以三禮為中心》（臺北：臺灣大學出版委員會，1997）。

今塵集：秦漢時代的簡牘、畫像與文化流播
　　　　——卷二　秦至晉代的簡牘文書

難一概而論。[6]如今可知最少秦、漢兩代既有差別，也有相同。

　　高震寰和我在另一篇讀嶽麓書院藏秦簡札記中，曾注意到秦漢兩代烙馬印之制有異，秦烙「當乘」馬之右肩，而漢邊塞傳馬、驛馬卻皆左剽，牛皆左斬，因而疑心兩代左右之制有異，寓有深一層的意義。[7]現在參考前述符、券之制，則知兩代在某些方面所尚，確實有所不同。

　　單以目前新出牛馬灸識和符券材料看，在這些方面秦尊右，漢尚左應該算是已有若干證據。由此而推，秦代地方郡縣三辨券的左券即應在當事人之手，右和中券應分別在鄉嗇夫、令史或其他主管其事的官吏手上，最後由主管吏將中辨券上呈，藏於縣廷。

　　漢代則相反，右券在當事人，中和左券則在官府之手；如果是兩辨券，左在官，右券交當事人。居延簡中有不少由居延都尉發交金關的符券，全部都是「左居官，右移金關」（簡 65.7、65.9、274.10、274.11、73EJT9:10、73EJT22:84、73EJT22:99、73EJT24:19、73EJT26:16、73EJF1:31）。

　　接著要稍稍一提一件出土的三辨券。2015 夏遊湖南長沙，承張春龍先生告知益陽兔子山六號井出土一件東漢獻帝建安十九年（214）「出入米」券牘（圖 3），這件券牘的紅外線圖版已刊布在湖南省文物考古研究所網站。它是一式三分，內容除牘首一字有

6　胡平生引高亨的意見並說：「左右尊卑的問題十分複雜，不同的時代，不同的地域，不同的族群，的確有著不同的左右尊卑觀。」十分贊同他們的說法。參胡平生，〈走馬樓吳簡「嘉禾吏民田家莂」合同符號研究〉，《胡平生簡牘文物論稿》（上海：中西書局，2012），頁 85。

7　邢義田、高震寰，〈「當乘」與「丈齒」──讀嶽麓書院藏秦簡札記之三〉，武漢大學簡帛研究中心，《簡帛網》（2016.4.8 刊）；本書頁 435-452。

「出」和「入」之別，其餘文字全同的三辨券，其中左側兩辨之間已完全剖開，中右二辨之間只剖到一半，要斷而未全斷。此券牘長24.7、單支寬 1.1、厚 0.5 公分，重 47.6 克。文字分上中下三欄，湖南考古所網站名之為「三聯單」。釋文如下：

入掾胡盛平斛品米三斛五十升六合　　建安十九年二月二日□倉嗇
夫文　　□□
入掾胡盛平斛品米三斛五十升六合　　建安十九年二月二日□倉嗇
夫文　　□□
出掾胡盛平斛品米三斛五十升六合　　建安十九年二月二日□倉嗇
夫文　　□□

據圖版，「五十升」無疑應作「五斗」，「二日」後一字無疑應作「付」字。可惜末尾二字不清，疑為人名。去年六月卅日承張春龍先生惠賜較好照片，末二字應如張先生所說，為「熊受」二字。茲重錄釋文如下：

入掾胡盛平斛品米三斛五斗二升六合　　建安十九年二月二日付倉
嗇夫文　　　熊受
入掾胡盛平斛品米三斛五斗二升六合　　建安十九年二月二日付倉
嗇夫文　　　熊受
出掾胡盛平斛品米三斛五斗二升六合　　建安十九年二月二日付倉
嗇夫文　　　熊受

出入券末的「某人受」，和三國吳簡別券末尾用語完全相同。[8] 這種糧食出入券，有兩辨和三辨的。兩辨的寫在一簡正背面，中剖

8　邢義田，〈漢至三國公文書中的簽署〉，《文史》，第 3 輯（2012），頁 163-198；本書頁 328-384。

為二，懸泉簡 IT0114①:26AB 可說是目前最好的例證。[9]也有在同一面，一式三份寫好，再左中右縱剖分為三者，益陽兔子山牘無疑是目前最好的例證。此外，有些在側面有刻齒，有些沒刻齒，卻有大大的「同」字或墨線畫的「米」形供剖分後，勘合的字或符號，胡平生、籾山明、大川俊隆、張春龍和張俊民等都已論之甚詳。[10]益陽兔子山券牘沒有田家前那樣跨越三辨的「同」字或「米」形符號，也不見刻齒，可見券別形式多種多樣，不能看死。[11]

圖 3
J6⑥3 兔子山三辨券

9　張俊民，〈懸泉漢簡刻齒文書概說〉，《敦煌懸泉置出土文書研究》（上海：中西書局，2015），頁 384-409。

10　券書相關研究參胡平生，〈木簡出入取予券書制度考〉、〈木簡券書破別形式述略〉，《胡平生簡牘文物論稿》（上海：中西書局，2012），頁 52-64，65-73；張俊民，〈懸泉漢簡刻齒文書概說〉，頁 384-409；張春龍、大川俊隆、籾山明，〈里耶秦簡刻齒簡研究——兼論嶽麓秦簡《數》中的未解讀簡〉，《文物》，3（2015），頁 53-69；籾山明，〈刻齒簡牘初探——漢簡形態論のために〉，原刊《木簡研究》，第 17 號（1995），收入《秦漢出土文字史料の研究》，頁 17-61。

11　邢義田，〈一種前所未見的別券——讀《額濟納漢簡》札記之一〉，《地不愛寶》，頁 200-204。按里耶秦簡中的祠先農簡中也有三辨券，簡邊有刻齒表數字。參張春龍，〈里耶秦簡祠先農、祠窖和祠堤校券〉，《簡帛》，第二輯（上海：上海古籍出版社，2007），頁 393-396。游逸飛，〈另一種三辨券？——跋邢義田〈一種前所未見的別券〉〉，收入中共金塔縣委、金塔縣人民政府、酒泉市文物管理局、甘肅簡牘博物館、甘肅敦煌學學會編，《金塔居延遺址與絲綢之路歷史文化研究》（蘭州：甘肅教育出版社，2014），頁 236-238。

再者，這一券牘的右側二辨，天頭書「入」字，最左側一辨，書「出」字。結合前文所說，這三辨無疑是準備交給不同的人收執。但因剖製尚未完成，尚未分送出去。將會分給誰呢？我的猜想是右券給當事人倉嗇夫文，中券和左券有一「入」一「出」字樣者，原本都在出入糧食的掾胡盛手中，胡盛在規定期限內須將「入」字中辨券呈交益陽縣廷，自己保留「出」字左券，以備縣廷日後核查出賬和入賬是否相符。這僅僅是據漢符券尚左而作的推想。益陽兔子山出土簡以千計，正待刊布；刊布後參照其他簡，或許有機會較明確地知道這樣的三辨券會分別落入什麼人的手中。

券書在秦漢兩代運用的很廣。遺囑也用券。在〈張家山漢簡《二年律令》讀記〉小文中，我曾指出先令券書是秦及漢初法律上解決遺產爭訟的主要甚至是唯一的依據。現在據《嶽麓（肆）》可知不僅是遺產爭訟須以券書為憑，其他財產借貸、嫁娶等爭訟也須以券書為憑：

6. ・十三年六月辛丑以來，明告黔首：**相貸資緡者，必券書吏，其不券書而訟，乃勿聽**，如廷律。前此（0630 正-301 正，頁 194）

7. 令不券書訟者，為治其緡，毋治其息，如內史律。（0609 正-302 正，頁 195）

8. ・十三年三月辛丑以來，**取婦、嫁女必叄辨券乚**，不券而訟，乃勿聽，如廷律乚。前此令不券訟者，治之如內史（1099 正）

   律。　・謹布令，令黔首明智。　　・廷卒□（1087 正）

以前我提到戶籍可能採三辨券形式，現在可再補充一條材料。《二年律令・戶律》簡 305：「自五大夫以下，比地為伍，以辨□為信，居處相察，出入相司。」辨下一字極模糊，無以辨識，據前引嶽麓簡中頻頻出現的「辨券」，這裡很可能也是券字。李均明認為

「以辨□為信」之「辨□」當為身分憑證，一式多份，類今身分證。[12]其說當是。唯不知辨券形式的身分證是以戶為單位，還是以個人為單位。個人或戶有此辨券憑證在手，即可據以明確知道「比地為伍」者，哪些人或戶彼此間有「居處相察，出入相司」的義務和責任。

　　文字寫成的券書在黔首百姓生活中既然如此重要，券書由誰來寫呢？由相關的吏？或由當事人自己，或其他代筆者？這是值得我們今後繼續追問和思考的一個問題。[13]

105.12.31 再訂

12　見彭浩、陳偉、工藤元男主編，《二年律令與奏讞書》，頁 215 校釋三。
13　本文簡 6「必券書吏」是指必須將寫妥的券書上呈於吏，或必由吏來寫或立券書，如何解讀才妥？一時還不能定。陳偉在 2016.5.16 電郵中指出里耶所見分產券書 8-1443+8-1455「典私占」，8-1554「典弘占」，似表明吏占的可能性更大或機會更多。謹謝指教。果如此，傳世和出土文獻中常見的令民「自占」應如何理解？就需要更多思考。

三論有期刑
讀嶽麓書院藏秦簡札記之四

我曾在〈從張家山漢簡《二年律令》重論秦漢的刑期問題〉一文中指出，從先秦終身刑制轉變至漢文帝確立全面系統性的刑期制，有一個漫長的過程，並說戰國時代徒刑固然以終身刑為常，但刑期的觀念已然出現，某部分加重或附加刑甚至有了固定分級的刑期。這些刑期應有比《二年律令》所見更多的期限等級：

> 繫城旦舂另有刑期上的區別。張家山這幾簡證明：有些繫三年，有些繫六年。「繫不盈六歲」、「繫不盈三歲」、「不盈歲」之語意味著或許還有其他不等的刑期長短。目前出土的秦漢律令，都是摘抄摘錄，而秦漢律令又以繁瑣細密著稱，因此可以推想應該還有很多我們不知道的內容，包括猶待發現的刑期等級在內。[1]

指出這些時，證據有限，推想較多。現在《嶽麓書院藏秦簡牘（肆）》（以下簡稱《嶽麓肆》）可以說證實了我的推想。其中最關鍵的證據見於編聯比較有據的第一組簡《亡律》（這一組簡 1991 背有「亡律」二字，以下錄文凡可用今字打出者，用今字）：

1. 奴婢繫城旦舂而去亡者，繫六歲者，黥其顏頯；繫八歲者，斬左止；繫十歲、十二歲　　　　　　　　　　　　　　　　　　　（2129 正）

1　邢義田，《治國安邦》，頁 111-112。

2. 者，城旦黥之，皆畀其主。其老小不當刑者，繫六歲者，繫八歲；
   繫八歲者，繫十歲；繫十歲者，繫十二歲。皆　　　　　（2091 正）

3. 毋備其前繫日　　　　　（2071 正，以上《嶽麓肆》，頁 51）

　　這三枚簡有背面劃痕，劃痕和內容都可接讀，十分難得。單從
這三枚簡即可見繫城旦舂有六歲、八歲、十歲和十二歲之別。以時
間長短，分兩年為一級，作為懲罰輕重的標準，這應可視為已等級
化的刑期。這樣的刑期和《二年律令》所見一樣，都只針對罪犯的
再犯罪行為，也只見和「繫城旦舂」聯繫在一起。在前引〈刑期問
題〉一文中我又曾說：

　　　可是在終身或無期刑中，因為某些還不清楚的因素，有些分化出
　　來有了期限，或許是因債務、罰金、賦稅欠款、逃亡，按日計算而
　　無固定的服刑時限，或以定額罰金折算一定的年月日數，這正是刑
　　從「無期」、「不定期」或「未有期」到「有期」過渡階段的現象。
　　在過渡階段，只局部見到某些無期刑在某些特定的情況下有了時
　　限，有些仍舊不變。例如城旦舂在作為加重刑的情況下，有了年或
　　日可以計算的時限，作為本刑仍為終身。此外，迄今並不見有繫司
　　寇、繫鬼薪白粲，或繫隸臣妾若干歲的。可見有期刑或許只是一局
　　部的現象。[2]

　　「有期刑或許只是一局部的現象」一語，現在經過嶽麓秦簡驗
證，仍然站得住，「或許」二字應可刪去了。《嶽麓書院藏秦簡
（參）》也曾有不少繫城旦六歲、十二歲的例子，不贅舉。《嶽麓肆》
相關注釋沒有細論刑期制，但都將以上簡 1-3 的內容視為刑期。嶽
麓簡可以證明某些形式的刑期制在漢文帝改革前早已存在無疑。文

2　同上，頁 113。

帝改革法制的一個意義在於將行於局部和特定條件下的刑期，擴大並全面化成為刑罰方式的主體。舊文已及，不再多說。

另一種可視為刑期的是官吏可因罪或因無力繳納罰金，到邊遠或新征服的地方任吏若干年作為替代；期限一滿，即可免歸。《嶽麓陸》有以下幾簡：

4. 諸吏為詐，以免去吏者，卒史、丞、尉以上，上御史，屬、尉佐及乘車以下，上丞相；丞相、御史先予新地遠爨害郡，備〔以〕

（1866+J71-3 正）

5. 次予之，皆令從其吏**事新地四歲，日備免之**。日未備而詐故為它，貲、廢，以免去吏，駕（加）罪一等。　・今[泰]史□□／　（1720 正）

6. □□詐□免避為吏，若徙所官不□及吏，[同]任為新它（地）吏而皆詐免避為吏者，及吏欲去其官，自

（1799 正）

7. □傜，故為詐，不肯入史，以避為吏。為詐如此而毋罰，不便。臣請：

令泰史遣以為潦東縣官佐四歲，日備免之。

（1810 正，以上頁 178-180）

這四枚內容或相關，應是據「臣請」，經「制曰可」而後成為某令的一部分。「新地」應即睡虎地秦墓出土黑夫書信中所說的「新地」，指秦新征服，未編或已編為郡縣的地方。里耶簡8-1516正「廿六年十二月癸丑朔庚申，遷陵守祿敢言之：沮守瘳言：課廿四年畜息子得錢，殿，沮守周主。**為新地吏**，令縣論言史（事），・問之，周不在遷陵。敢言之。・以荊山道丞印行」也提到新地吏。凡考課殿後的吏，會被罰到新地去。「遠爨害郡」的「害」同於「文毋害」的「害」，也就是「不善」，遠爨害郡指荒遠，工作和生活條件欠佳之郡。這些地方艱苦危險，秦吏不願意前往，甚至不惜耍

詐逃避。此令即針對耍詐逃避，定出懲罰。懲罰有四年期限，期滿則免之（「日備免之」）。如果在期滿以前，又犯了遷或耐罪，就要被罰到更邊荒的遼東去任佐職；如犯耐罪，父母妻子同居數的人會受牽連，要從行。這樣的規定，前所未見。

此外《嶽麓肆》還有一種和刑期有關的懲罰方式，即有貲罪，以戍邊若干歲代替罰貲：

8. 六月，其女子作居縣，以當戍日。戍告犯令者一人以上，為除戍故徵一歲者一人。鄉嗇夫謹禁弗得，以為不　　　　　　　　　　（0671 正）

9. ·里人令軍人得爵受賜者出錢酒肉飲食之，及予錢酒肉者，皆貲戍各一歲。其先自告，貲典老□　　　　　　　　　（0634 正）

貲戍這樣的懲罰已見於睡虎地秦律。我在前引〈刑期問題〉一文中提到：

> 《法律答問》有一條：「或盜采人桑葉，臧（贓）不盈一錢，可（何）論？貲□（徭）三旬」《秦律雜抄》：「不當稟軍中而稟者，皆貲二甲，法（廢），非吏殹（也），戍二歲，徒食、敦（屯）長、僕射弗告，貲戍一歲。」「徭」或「戍」本來都是孟子所說的力役之徵，不能說是一種刑罰。秦代卻將百姓不樂於承受的負擔加在罪犯身上當作一種處罰，這種處罰隨罪之輕重有三十日、一年或兩年之不同。將徭、戍當刑罰來利用，三十日、一年或兩年就不無刑期的意味。高恒先生將這一部分貲徭和貲戍當作是「有服勞役期限的刑徒」，無異於同意秦刑中有一部分是有期刑。貲徭和貲戍之貲應是指積欠的罰金，可用徭役或戍守的勞役形式抵償，其勞役的長短因金額的多少而不同。

不論繫城旦舂若干年，貲戍或償日作縣官若干時日，這些懲罰施用

的情況和對象並不相同，背後卻有一個共同點，即都有期限。[3]即使不是因貲受罰，也有因它罪（娶賈人子為妻、畏懦）而罰戍若干年的情形。例如里耶秦簡 8-466：

> 城父繁陽士五（伍）枯取（娶）賈人子為妻，戍四歲☐／（《校釋》
> 頁 161）

《嶽麓（參）》出版時遺漏的簡 0472-1 244(2)：

> 為隸臣。其餘皆奪爵以為士五，其故上造以上有令，戍四歲；公
> 士六歲，公卒以下八歲☐[4]

罰戍因爵高低也有四、六、八歲之等級差別，可見漢文帝以前存在刑期，且刑期已分級一事，幾可定讞。

105.4.16/109.6.12

3　以前討論這個問題時，遺漏《秦律雜抄》簡 35「冗募歸，辭曰日已備，致未來，不如辭，貲日四月居邊」（《秦簡牘合集》（壹上），頁 186），為贖罪或贖身而到邊塞戍守的人，如果號稱已服滿該服役的日數，卻沒有證明文件，或所聲稱的與文件不符，凡少於役期一日，貲戍邊四個月。一日罰四個月，這也是一種折算刑期的方式。

4　參陶安，〈《嶽麓書院藏秦簡（參）》校勘記〉〉，復旦大學出土文獻與古文字研究中心網站 http://www.gwz.fudan.edu.cn/Web/Show/2098（2013..8.20 發佈）。

「手、半」、「曰訢曰荊」與「遷陵公」
里耶秦簡初讀之一

2012 年春自北京訪問回臺灣不久，即收到張春龍和陳偉兄分別賜寄的《里耶秦簡（壹）》（以下簡稱《秦簡（壹）》）和同步出版的《里耶秦簡牘校釋》（第一卷）（以下簡稱《校釋》）。兩書印刷精美，尤其《里耶秦簡（壹）》的圖版十分清晰，令人興奮。近日匆匆拜讀一過，擬先就「手、半」、「曰訢曰荊」和「遷陵公」作一讀書報告，就教方家。

一 手、半

里耶簡牘文書多有署某「手」者；「手」字何解，論者甚多，《校釋》頁 5 徵引多家，並云：「今按：8-756 云：『有書，書壬手。』又稟食文書中參與出稟的史、佐與某『手』為同一人。可見『手』當指書手。」

「手」指書手，十分贊同。稍稍翻讀《秦簡（壹）》，感覺可證之例甚多，《校釋》所舉稟食文書的史、佐與某手為同一人即為強證。另外尉史（8-761）、啟陵鄉守（8-769）、令史（8-1511）、貳春鄉

守（8-1527）和都鄉守（8-1554）也都有史、守之名和同簡某手名相同的情形。可見當時的文書，除了委由史、佐或令史書寫，單位負責人或代理人有時也親自書寫。因此，將「手」理解為「書寫者」似比「書手」更好些。書手一詞多少意味著僅是抄手。書寫者意義較寬，可將抄手以外的書寫者都包括在內。

「手」指書寫者，牘 8-487＋8-2004 也是強證：

卅四年八月癸巳朔癸卯，戶曹令史雜疏書廿八年以

盡卅三年見戶數牘北（背），移獄具集上，如請史書。／雜手

廿八年見百九十一戶

廿九年見百六十六戶

卅年見百五十五戶

卅一年見百五十九戶

卅二年見百六十一戶

卅三年見百六十三戶

按《秦簡（壹）》圖版，此牘斷為兩截，《校釋》綴合正確。正背兩面文字大體清晰，筆跡完全相同，無疑出自同一人手筆；兩個「雜」字可識，無疑指同一人。此牘謂「戶曹令史雜疏書」云云，「疏書」里耶簡中常詞，指書寫文書；其末署「雜手」，可知書此牘者必為戶曹令史雜。令史掌書，有江陵張家山《二年律令·史律》可證。秦時郡以八體課試史，其最優者可為縣令史。舊文已曾言之，不贅。[1]

為確證「手」指書寫者，進一步的工作應該是集中署名有同一

1　邢義田，〈漢代《蒼頡》、《急就》、八體和「史書」問題〉《古文字與古代史》第二輯（臺北：中央研究院歷史語言研究所，2009）頁438。

「某手」的簡和牘，看看同一書寫者的筆跡是否相同；如果相同，則「手」指書寫者之說可以完全確立，如有出入，則不能不別作考慮。因為在漢和魏晉的簡牘上可以找到署名相同，筆跡卻不同的代筆代簽現象。[2]

　　集中同名者的簡，比對筆跡，工程浩大，尚待有心者為之。以下僅以有「敢」署名的二十七例為證（表1），證明凡「敢」署名的，的確筆跡相當近似，應出同一人之手。另有三例，因原簡字劃不夠清晰，未列入。

表 1　里耶秦簡 敢手署名對照表

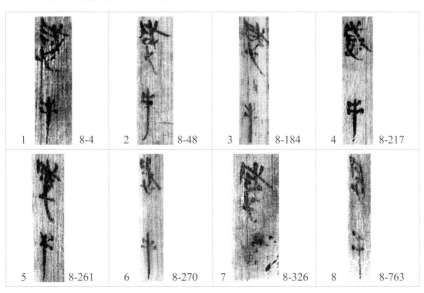

2　邢義田，〈漢代簡牘公文書的正本、副本、草稿和簽署問題〉，《中央研究院歷史語言研究所集刊》），82:4（2011），頁601-676；本書頁13-92。

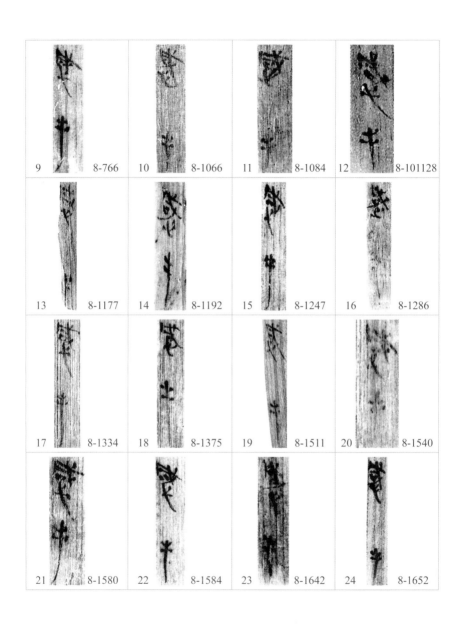

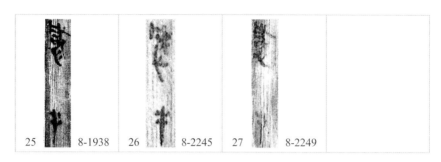

| 25 | 8-1938 | 26 | 8-2245 | 27 | 8-2249 | |

　　陳劍先生〈讀秦漢簡札記三篇〉改釋過去誤讀為「手」的「半」字，極是。[3]《校釋》從之。這澄清了包括敝人在內，過去許多認識上的錯誤。稍稍翻查《秦簡（壹）》，以目前已刊布的來說，凡文書在約略相似的位置出現「半」字，當「分判」或「打開文書」解的，即不見用「發」字；又用「半」當「發」的文書，凡有紀年的，全屬始皇廿六至卅一年；出現「發」字的又全屬卅一年（卅一年有 8-173、8-196＋8-1521、8-2011、8-2034 四例）及卅一年以後。「半」、「發」二字絕大部分不同時出現，這是否意味著像里耶更名木方一樣，在卅一年左右曾另有一波文書用語的改變？值得注意。這個問題有待里耶簡悉數刊布後，才好進一步討論。[4]

3　陳劍，〈讀秦漢簡札記三篇〉，《出土文獻與古文字研究》，第四輯（上海：上海古籍出版社，2011），頁 370-376。

4　按陳偉同意拙見，並已進一步指出半改為發字當在始皇三十年六至九月之間，參氏著，《秦簡牘校讀及所見制度考察》（武漢：武漢大學出版社，2017），頁 47-48。

二 「曰䎐曰荊」

　　《秦簡（壹）》正式刊布了編號 8-461 木方。其中「曰䎐曰荊」一句之「䎐」字，各家有不同意見。《校釋》頁 157 引張春龍和龍京沙先生意見讀「䎐」為「吳」。游逸飛據音之通假，讀「䎐」為「楚」。胡平生認為該字釋讀仍有商榷空間。[5]

　　按原字左旁作「五」，右旁作「午」，十分清晰。此字疑即古代文獻和器銘中常見的「啎」或「䎃」字。「午」、「吾」互在左右，其例甚多。張政烺先生早年作〈獵碣考釋初稿〉已曾舉證，並詳論秦石鼓上的「𧾚」字，謂：「𧾚字从辵从䎃，䎃亦聲也。『䎃』即《說文》午部『啎，屰也。从午，吾聲』之『啎』字。」又謂：「『𧾚』當即《玉篇》之『迕』若『逜』字……，从『䎃』與从『吾』或『午』音義同，而碣文則叚為自稱之詞。」[6]孫詒讓《墨子閒詁‧經說下》釋「過仵」，謂：「『過』，經同，亦當作『遇』。」仵即忤，與啎同。又謂：「啎、寤、遇、逆，音並相轉，仵、悟、寤聲相近。遇仵猶言逢悟、夆啎，亦猶言逆啎也。」[7]看來不論音形，「䎐」即「𧾚」，即「䎃」，亦即「啎」或「啎」、「䎃」。《漢書‧嚴延年傳》：「自郡吏以下皆畏避之，莫敢與啎。」師古曰：「啎，逆也。」又《漢書‧王莽傳》：「財饒勢足，亡所啎意。」師古曰：「啎，逆也，無人能逆其意也。」

5　游逸飛，〈里耶秦簡 8—455 號木方選釋〉，《簡帛》，第六輯（上海：上海古籍出版社，2011），頁 95。

6　張政烺，《張政烺文集‧文史叢考》（北京：中華書局，2012），頁 1-3。

7　孫詒讓，《墨子閒詁》（北京：中華書局，1986），卷十，頁 348。又錢繹，《方言箋疏》（北京：中華書局，1991），卷十三，頁 493「適，啎也」條箋疏，亦可參。

里耶秦更名木方上的「𣲔」，左旁少一「口」，無礙其讀作「衙」或「啎」，而其義即「逆」。秦、楚本交好，西元前 299 年楚懷王為秦所欺，拘不得歸，秦、楚關係惡化。秦或一度惡詆楚為「衙」或「啎」，此猶後世稱敵對者為「某逆」、「某匪」。

「曰𣲔曰荊」一句意即原稱楚為「𣲔」，更名為「荊」。蓋天下一統，秦沒必要再對楚惡言相向。錢大昕《廿二史考異》卷四謂：「秦始皇父名為楚，故始皇本紀稱楚為荊。滅楚之後，未嘗置楚郡也。」據里耶更名木方，此說當難成立矣。

三 遷陵公

《校釋》將第五層出土的簡 5-5 正背和簡 5-8 背原釋的「踐夌（陵）」二字，改釋為「𣓀夌（陵）」，實即一字。近見劉樂賢先生將此二字讀為「遷陵」，可謂的論。[8] 如此，楚在遷陵本已置縣，依楚制，縣有公。包山楚簡第 59、61、78 號簡有長沙公：

長□（沙）正龏懌受□（幾）；

不行代易厥尹郜之人□（載）於長沙公之軍；

長沙之旦□倚受□（幾）。

（陳偉等著：《楚地出土戰國簡冊十四種》，北京：經濟科學出版社，2009年，第 18-19 頁。）

長沙公之軍即長沙縣公之軍。這一點如果確認，另外一枚里耶簡的

8　劉樂賢，〈談里耶簡中的「遷陵公」〉，武漢大學簡帛研究中心，《簡帛網》（發布日期：2012.3.20）。

讀法也可迎刃而解。《校釋》簡 8-134：

> 廿六年八月庚子朔丙子，司空守樛敢言：前日言競陵漢陰狼假遷陵
> 公船一，袤三丈三尺，名曰□。以求故荊積瓦。未歸船。（下略）

這是有始皇廿六年的紀年簡。遷陵無疑已為秦縣，因此有學者將簡
上「遷陵公船」四字解釋成遷陵縣公家所有的船。既有公家之船稱
公船，亦當有私人之船，何稱？不曾見。實則「遷陵公船」或應如
包山簡「長沙公之軍」，理解為「遷陵公」之船。

　　始皇一統天下後，地方政制雖隨之逐步統一，但統一必有一過
程，過程中不免會步調不一或新名舊稱雜用。[9]《秦簡（壹）》中一
個明顯的現象是郡、縣、鄉首長都有稱「守」的情形。[10]郡有守或
太（泰）守，固不必言；縣有稱「令」（例如 8-1663、8-1915），稱「嗇
夫」（例如 8-61、8-657、8-740）也有稱「守」的（例如遷陵守 8-1516、
8-1587）。鄉有嗇夫，也稱「守」（例如 8-769、8-1527、8-1554）。[11]可
見秦統一天下之初，地方單位首長名稱還在不斷調整和統一之中。
如此，在廿六年簡中偶然出現舊稱遷陵公，即不覺奇怪。嶽麓書院
藏秦簡《三十四年質日》有「庚申江陵公歸」之句。陳松長主編

9　我以前曾注意到居延所出王莽時代簡中地名、障塞名稱等常有新名舊名並存的情
　　形，參邢義田，〈從居延簡看漢代軍隊的若干人事制度〉，收入《治國安邦》，頁
　　540-541。

10　參孫聞博，〈里耶秦簡「守」、「守丞」新考〉，《簡帛研究 2010》，頁 66-75。守應
　　作「代理」解或是職稱，學者意見不一。以可考的例證看，目前還難一口咬定。
　　例如「遷陵守祿敢言之：沮守瘳言……」（8-1516），遷陵和沮皆縣，如果守作代
　　理解，則祿和瘳代縣令或縣丞都有可能；用詞兩可，應是秦漢文書力求避免的
　　事。如解守為職稱，即不致混淆，但會有其他的難解處。里耶簡還有很多未刊，
　　定讞可待將來。

11　也有一例鄉嗇夫和鄉守同時出現（8-770）。不知是否有誤。

《嶽麓書院藏秦簡釋文修訂本》附註提及兩種解釋：(1)疑指江陵縣令，並引劉邦稱沛公及裴駰注引《漢書音義》：「舊楚僭稱王，其縣宰為公」為證；(2)或以為「公」即「事」也，引《詩·召南·采蘩》鄭玄箋：「公，事也」為證。[12]此處讀公為事，不妥，因同一篇質日中有「視事」、「丙辰騰之益陽具事」、「戊戌騰歸休」等記事，既用事字，為何不將「江陵公歸」直書作「江陵事歸」？《二十七年質日》有「癸丑起歸」句，起只能是人名；將「江陵公歸」讀成「江陵事歸」，語法有礙。雖可視「江陵公歸」的公為人名，但私意以為與前述長沙公、江陵公、遷陵公合觀，仍以視江陵公、遷陵公為縣公或縣令較妥。三十四年已在始皇二十六年一統天下之後八年，或許是質日這種私人性的行事記錄仍保有較多習慣性的舊稱吧。

101.4.25/107.8.9

12 　陳松長主編，《嶽麓書院藏秦簡釋文修訂本》，頁11注1。

張家山《二年律令》行錢行金補證

拙文〈張家山漢簡《二年律令》讀記〉（《燕京學報》，2003 年新十五期，頁 1-46）「經濟與財政」一節曾討論到行金、行錢的問題，意見和彭浩先生在《簡帛》網首發的大文〈關於《二年律令》「罰金」一詞注釋的補充說明〉極為相近。彭先生討論的主要是罰金，涉及金與錢的比價。二文都得到金與錢比價不是傳統上所說「金一斤當萬錢」，而是隨平價浮動的結論。

愚意能與彭先生所見相同，深感榮幸。但我們的討論和引證稍有不同，以下先將拙文相關部分轉錄於此，並就拙文及彭文未及之處，作一點小小的補充。

簡一九七至一九八.159（圓點前為簡號，其後阿拉伯數字為《張家山漢墓竹簡〔二四七號墓〕》釋文頁碼，下同）：

> 錢徑十分寸八以上，雖缺鑠，文章頗可智（知），而非殊折及鉛錢也，皆為行錢。金不青赤者，為行金。敢擇不取行錢、金者，罰金四兩。（《錢律》）

這是關係漢初貨幣制的一條重要材料。第一，我們知道了什麼是行錢和行金；第二，證實漢承秦，有銅錢和黃金兩種流通貨幣。《奏讞書》高祖七年八月有盜賣官米一案，「得金六斤三兩，錢萬五千五十」（簡七〇至七一.219）可證買賣中用金，也用錢。罪行以罰金方式處理的情形很多。罰金以斤兩為單位。

可考的西漢金貨不少，重量雖有差別，大致在二百五十克左右，約即漢代的一斤。1968 年河北滿城一、二號墓出土金餅共六十九塊，重量平均在十五點六二克左右，約當漢一兩，[1] 一斤即約二百四十七克餘。近年江西南昌海昏侯劉賀墓出土馬蹄金四十八枚，平均每枚約二百四十克，但也有重達 250、264.62 克者（圖1-2）；麟趾金二十五枚，每枚約八十克。但這些明顯並不用於日常一般的交易。百姓日常是否和如何以小單位金貨交易，其實還需要更多證據。

圖 1　海昏侯墓出土金餅，2015 焦天然攝於首都博物館。

圖 2　金餅稱重《南昌漢代海昏侯國考古專輯》南昌：江西畫報社 2016

漢承秦曾以金為通貨。問題是金與銅錢間的比價。過去大家受王莽貨幣改制的影響，通說以金一斤當萬錢。近年已有學者指出此說不確，認為終西漢一代，黃金與銅錢之間「沒有法定的比價」。[2] 這一說法現在須稍作修正：不是沒有「法定的」比價，而是比價並不固定。〈金布律〉簡四二七至四二八.190：

　　有罰、贖、責（債），當入金，欲以平賈（價）入錢，及當受購、
　　償而毋金，及當出金、錢，縣官而欲以除其罰、贖、責（債），及

1　林甘泉主編，《中國經濟通史—秦漢經濟卷下》（北京：經濟日報出版社，1999），頁 630-631。
2　林甘泉主編，《中國經濟通史—秦漢經濟卷下》，頁 635-645。

為人除者，皆許之。各以其二千石官治所縣十月金平賈（價）予錢，為除。

《金布律》這一條表明漢代金與銅錢之間有比價，比價時時不同，隨地有異而已。各地百姓以金繳納罰金、贖金、償債或政府以金為單位發放購賞時，不論發放是金或換算後的錢，是以各郡治所所在縣之十月平價為準。所謂平價，固然須依市場狀況，因涉及罰金、贖金和發放購賞等官方行為，這個平價必得為官方所認可或公布。因此，說它是「法定的」也未嘗不可。如果沒有法定比價，張家山《二年律令》中那麼多有關罰金的規定將根本無法施行（如簡四三三.191、四三四.191 都提到毀壞縣官器，「令以平賈（價）償。」）。《漢書·食貨志》說王莽時「諸司市常以四時中月實定所掌，為物上中下之賈，各自用為其市平，毋拘它所。眾民賣買五穀布帛絲綿之物，周於民用而不讎者，均官有以考檢厥實，用其本賈取之，毋令折錢。萬物卬貴，過平一錢，則以平賈賣與民，其賈氏賤減平者，聽民自相與市。」（頁 1181）王莽這個由諸司市以四時中月（中月也就是二、五、八、十一月）官定平價，以防物價波動的辦法，並不完全出於儒經，而與漢家舊典有淵源。

金與銅錢比價浮動，一方面是符合經濟學的市場原理，一方面也和漢初幣制混亂，幣值波動有關。高祖初定天下，曾令民鑄莢錢，造成通貨膨脹，物價騰貴。據王獻堂研究，高祖即又曾禁民私鑄。[3]惠帝三年（前 192）和高后二年（前 186）都曾重申禁令。高后二年更行八銖錢，錢文仍為半兩，希望挽救幣值。但八銖與莢錢輕重不等，政府發行的八銖反被熔化，鑄成三銖重的莢錢。高后六年

3　王獻堂，《中國古代貨幣通攷》（濟南：齊魯書社，1979），頁 661-667。

（前 182）不得不再改行五分錢。[4]幣制混亂，幣值不穩，其與金的比價當然不得不變動。

拙文在《燕京學報》發表時只說了以上這些。一個沒有解決的問題是金與錢比價如果不是固定的黃金一斤值萬錢，而是隨十月平價而浮動，那麼漢初金價如何？拙文沒有討論，彭先生大作也沒談。在張家山的《算數書》裡有些可以參考的線索。《算數書》剛好有標為「金賈（價）」的一條：「金賈（價）兩三百一十五錢。今有一朱（銖），問得錢幾何？曰：得十三錢八分〔錢〕一。朮（術）曰：直（置）兩朱（銖）數以為法，以錢數為實，實如法得一錢。廿四朱（銖）一兩，三百八十四朱（銖）一斤，萬一千五百廿朱（銖）一鈞，四萬六千八十朱（銖）一石。」（簡四六至四七.255）由金一兩等於三一五錢，一兩廿四銖，三八四銖一斤，可換算出金一斤等於五千四十錢。

張家山《算數書》中的金、錢比價不會是漢初的，更不可能是呂后二年的，因為《算數書》的目的在以舉例的方式提示演算的方法，不在於即時反映現實的物價。漢初的《算數書》只可能是反映較早的秦代，甚至是秦統一前某一時期的金、錢比價。彭先生在其

圖 3　江西南昌海昏侯墓出土成串的五銖錢，2016 年施品曲攝於首都博物館。

4　以上參林甘泉主編，《中國經濟通史：秦漢經濟卷（下）》，頁 609。

大作《張家山漢簡《算數書》註釋》中考證成書時代，認為有些算題應屬西漢初，有很多出自戰國時期的秦地，其說有理。[5]按嶽麓書院藏秦簡《數》82/0957：「☑貲一甲直（值）錢千三百卅四，直（值）金二兩一垂……」，83/0970：「馬甲一，金三兩一垂，直（值）錢千九百廿，金一朱（銖）直（值）錢廿四，贖死，馬甲十二，錢二萬三千卅」，[6]金、錢比價換算後為金一兩值五七六錢，一斤值九二一六錢。嶽麓書院藏秦簡《數》的時代不明。從金錢比價相差甚多看，《算數書》和《數》的寫作時代不同，應可斷言。

　　要知道秦和漢初的金、錢比價，有待更多的材料。《數》和《算數書》的算題雖然是假設性的，但正如同《九章算數》提到的各種物價、折算或制度，常反映實際的狀況。例如《九章算數》「均輸」條曾提到：「車載二十五斛，重車日行五十里，空車七十里。」又說：「今有程傳委輸，空車日行七十里，重車日行五十里。」這和張家山《二年律令》〈徭律〉：「傳送重車重負日行五十里，空車七十里」完全一致。[7]可見《九章算數》所說空重車日行距離，確有事實根據，而且這樣的規定（秦漢時應稱為「程」），最少在習算的教科書裡歷數百年未變。張家山〈徭律〉沒有提到一車之標準載量，由《九章算數》可知應該也是一車二十五石或斛。由此可以相信，嶽麓書院藏秦簡《數》金一斤值九二一六錢，張家山《算數書》金一斤等於五千零四十錢，應非憑空假設，而在一定程度上，反映出不同時代的金和銅錢比價的波動。

94.11.14/106.8.9

5　參彭浩，《張家山漢簡《算數書》註釋》（北京：科學出版社，2001），頁4-6。

6　參陳松長主編，《嶽麓書院藏秦簡釋文修訂本》，頁98。

7　參邢義田，〈張家山漢簡《二年律令》讀記〉，《燕京學報》，新15（2003），頁13。

西漢戶籍身分稱謂
從「大小男女子」變為「大小男女」的時間

　　自從湖南里耶秦戶籍簡出土後，戶籍簡牘上大男子、小男子、大女子和小女子的身分稱謂曾引起學者的注意和討論。我一度因為漢代資料中常見大男、大女、小男和小女的名稱用法，而推想里耶簡大男、大女、小男和小女後的「子」字是人名的一部分。王子今和劉欣寧認為不確，先後為文指出，應以大男子、大女子、小女子和小男子為是。[1]

　　經指正，我轉而贊同他們二位。不過，大小男女子稱謂最好的證據，我以為見於睡虎地秦律《封診式》和西漢初江陵張家山 247 號墓所出的《奏讞書》。《封診式》說：

> 封守　鄉某爰書……·子**大女子**某，未有夫。·子**小男子**某，高六尺五寸。·臣某，妾**小女子**某。……（簡 9-10）[2]

1　王子今和劉欣寧對身分稱謂曾有討論，舉證反對我早先對大男、大女、大女和小女稱謂的說法。參王子今，〈秦漢「小女子」稱謂再議〉，《文物》，5（2008），頁 70-74。劉欣寧，〈里耶戶籍簡牘與「小上造」再探〉，武漢大學簡帛研究中心，《簡帛網》（2008.4.20 檢索）。劉表示贊同王說。

2　睡虎地秦墓竹簡整理小組，《睡虎地秦墓竹簡》（北京：文物出版社，1990），頁 149。

「大女子」又見於《封診式》〈黥妾〉和〈出子〉爰書，不俱錄。《封診式》都是爰書的「式」，也就是文書範本，措辭用語必須合於當時行政和法律中的正式用語，準確和可信度都較高。〈封守〉爰書中同時出現「大女子」、「小男子」和「小女子」三詞，可證它們確實是秦代身分稱謂的正式名稱；如果和里耶戶籍中女子名稱互證，可以證明「子」字不是人名的一部分。[3] 王子今和劉欣寧在討論這個問題時，沒有引用以上資料。在此略作補充，以證明他們的說法是對的。

和「大女子」相對，「大男子」見於張家山漢簡《奏讞書》十一年八月甲申朔己丑蠻夷大男子和八年十月己未舍匿無名數「大男子」兩個案例。[4] 八年、十一年據考是漢高祖八年和十一年。我在另一篇論文中提到：「由此可知以上的身分稱謂似從秦代一直沿用到漢初。其後於何時開始改稱為大男、大女和小男、小女值得進一步察考。」[5]

最近看到一些新公布的材料，對改稱的時間可以有了進一步的限縮。第一個材料是湖北荊州紀南鎮松柏村一號墓出土的文帝二年（前 178）西鄉戶口簿牘。此牘文字極為清晰工整，其上大男子、大女子、小男子和小女子已明確改稱「大男」、「大女」、「小男」、「小女」。[6] 這件牘的內容已由彭浩先生在武漢大學簡帛網上介紹，不再

3　這批戶籍簡中最少有兩件（編號 K1/25/50, K17）登記小女時只稱小女而非小女子。為何如此？仍不可解。

4　彭浩、陳偉、工藤元男主編，《二年律令與奏讞書》（上海：上海古籍出版社，2007），頁 332-333、351。

5　邢義田，〈從出土資料看秦漢聚落形態和鄉里行政〉，收入黃寬重主編，《中國史新論：基層社會分冊》（臺北：聯經出版公司，2009），頁 66。

6　荊州博物館編著，《荊州重要考古發現》（北京：文物出版社，2009），頁 211。

重複。因此目前可以視文帝二年為改稱的下限。那麼大小男子和大小女子的用法延續最遲到何時呢？

《文物》2009 年第四期公布了湖北荊州謝家橋一號漢墓發掘簡報，刊出第一號竹牘的彩圖，同年《荊州重要考古發現》也刊布了第一號竹牘及相關二牘的彩色圖版。第一號牘毫無疑問是一件常見的告地下丞書或策。內容如下：

> 五年十一月癸卯朔庚午，西鄉〔虎〕敢言之：郎中大夫昌自言：母大女子恚死，以衣器、葬具及從者子婦、偏下妻、奴婢、馬、牛、物乙人一牒二百九十七枚。昌家復，毋有所與。有詔令謁告地下丞以從事，敢言之。

此牘文字也極為清晰完整。其母稱為「大女子」，可以確認無誤。如此策中的年月日為我們提供了極好的線索。該策年代「五年十一月癸卯朔庚午」，據徐錫祺《西周（共和）至西漢歷譜》，也就是呂后五年十一月二十八日（西元前 184 年 12 月 26 日）。[7]

換言之，由此可以推知最少在西元前 184 年 12 月 26 日以前，漢戶籍用語仍然沿襲秦以來的大、小男子和大、小女子；改稱大、小男和大、小女，省去「子」字，似乎應在此之後和西元前 178 年之前的五、六年間。

98.1.9

原刊武漢大學簡帛研究中心《簡帛》網（2009.11.13 檢索）

7　荊州博物館，〈湖北荊州謝家橋一號漢墓發掘簡報〉，《文物》，4（2009），頁 42。

補記

最近讀到新出版的《里耶秦簡牘校釋（第二卷）》（武昌：武漢大學出版社，2018），赫然發現大、小男女子和大男、大女、小男、小女稱謂竟然同時並存，沒有所謂稱謂前後改變的問題。第二卷相關資料如下：

1. ☑伍長　　　　　　　　　　　　　　　　　（頁 322 簡 9-1530A）

   大女二人

   小男一人

   小女一人　　　　　　　　　　　　　　（頁 322-323 簡 9-1530B）

   四人　　　　　　　　　　　　　　　　（頁 322-323 簡 9-1530C）

2. 不更興里臂它☑

   厚□夫☑

   大女二人　　　　　　　　　　　　　　（頁 345 簡 9-1667A）

   廿六年繇（徭）☑　　　　　　　　　　（頁 345 簡 9-1667B）

3. 不更興里□豕

   □大女三人　　　　　　　　　　　　　（頁 350 簡 9-1707A）

   …繇（徭）☑七日…☑　　　　　　　　（頁 350 簡 9-1707B）

4. ☑大女一人　　　　　　　　　　　　　（頁 397 簡 9-1936A）

   一人☑　　　　　　　　　　　　　　　（頁 397 簡 9-1936B）

5. ☑小男二人☑

   ☑□□□人☑　　　　　　　　　　　　（頁 518 簡 9-2720）

由簡 9-1315 提到「興里戶人不更□☑」（頁 289），可以推知以上可能是興里或其他里戶人的戶籍和／或繇役登記資料，所用詞語為大、小男女。

可是同屬第九層的簡中出現了大男子（頁 202 簡 9-765、頁 342 簡

9-1647、頁 471 簡 9-2318），大女子（頁 50 簡 9-43、頁 108 簡 9-328）和小男子（頁 337 簡 9-1622）。更關鍵的是第九層還出現了比較完整的戶籍簡用詞為大男子、小男子、大女子、小女子（頁 408 簡 9-2037＋9-2059、頁 409 簡 9-2045＋9-2237、頁 465 簡 9-2295）。可見過去隨時代有用詞變化的看法已難成立。新的假設或應調整為：(1)大、小男女為大、小男女子之省；或(2)大、小男女子和大、小男女可通用，非必有十分嚴格的用詞規定。本文原應刪除，但因簡體版（中西書局，2019）已刊，為使讀者有機會看到這一補記，不刪並誌自己的錯誤。

108.7.23

乘車、乘馬吏再議

在〈《二年律令》讀記〉一文中我曾指出秦漢吏有「乘馬」和「乘車」之別，不夠格乘車者，可乘馬：[1]

> 《二年律令》的《傳食律》中即有一段和官員休沐有關：「**諸吏乘車以上及宦皇帝者，歸休若罷官而有傳者，縣舍食人、馬如令。**」（簡二三七.165）諸吏乘車以上和宦皇帝者分別言之，則所謂「諸吏乘車以上」似是指漢廷中服務於皇帝以外的一群具有「乘車」資格的吏。他們如果歸家休假或罷官，都允許使用傳置設備，沿途各縣並要依規定提供其人馬應有的供應。

> 既有「諸吏乘車以上」，似應另有不夠格乘車，次一等的吏，這是前所未知的制度。有乘車之吏秩最少一百六十石，有秩無乘車之吏秩則為一百二十石：簡四七〇.202-203「都官之稗官及馬苑有乘車者，秩各百六十石；有秩毋乘車者，各百廿石」；簡四七一至四七二.203「縣道傳馬、候、廄有乘車者，秩各百六十石；毋乘車者及倉、庫、少內、校長、髳長、發弩、衛將軍、衛尉士吏、都市亭廚有秩者及毋乘車之鄉部，秩各百廿石。」

> 「都官之稗官及馬苑有乘車者」、「縣道傳馬、候、廄有乘車者」、「有秩毋乘車者」、「毋乘車之鄉部」這樣的措詞方式意味著都官之稗官、馬苑、縣道傳馬、候、廄這些單位也有無乘車之吏，

1　邢義田，《地不愛寶》，頁 153-154。

有秩吏和鄉部嗇夫中也有可乘車者。有乘車或無乘車成為一個區分吏身分的指標。

無乘車之吏是否可以乘馬呢？《置吏律》簡二一三.161 有「屬尉、佐以上毋乘馬者，皆得為駕傳」，既有所謂「毋乘馬」之吏，應即另有「乘馬」之吏。疑「乘馬吏」較「乘車吏」下一等。湖南博物館收藏有常德石門出土屬西漢中期以前的「乘馬翠□廏」銅印一枚和出土不明的西漢中期「乘馬汎印」銅印一枚。西漢初有將軍乘馬絺（《史記·絳侯周勃世家》，但《漢書·周勃傳》作「乘馬降」），成帝時有將作大匠乘馬延年。孟康曰：「乘馬，姓也。」（《漢書·溝洫志》）。疑此複姓乘馬即由乘馬之吏而來。[2]以爵級來說，公乘以上乃夠格乘公家所備之車，為吏則可能是所謂的乘車吏。《漢書·百官公卿表》顏師古說明公乘之義，曰：「言其得乘公家之車也。」[3]公乘以下為吏也可乘車，或須自備，或僅騎馬而已。

當時提出此說，主要以《二年律令》為據，實無把握。欣喜最近《里耶秦簡博物館藏秦簡》和《嶽麓書院藏秦簡（伍）》相繼刊布，[4]資料增加，應已可證明乘車作為某一等級或類別官吏的身分

2　陳松長，《湖南古代印璽》（上海：上海辭書出版社，2004），頁 23、72、75。同書另有穿帶兩面銅印「臣乘馬」、「高乘馬」（頁 79）。此乘馬亦當為人名。

3　中華書局點校本《後漢書·百官志》注引劉劭《爵制》有一句謂：「然則公乘者，軍吏之爵最高者也。雖非臨戰，得公卒車，故曰公乘也。」（頁 3632）王先謙集解本字句相同。其中「得公卒車」一句不辭；現在二年律令中雖有「公卒」一詞，但公卒身份甚低，甚至在公士之下，以此公卒仍無以解「得公卒車」之義。頗疑卒應作乘，形近或字壞而訛。「得公卒車」實應作「得乘公車」；果如此，文句即通，也和顏師古注之義相合。

4　里耶秦簡博物館、出土文獻與中國古代文明協同創新中心中國人民大學中心編，《里耶秦簡博物館藏秦簡》（上海：中西書局，2016）；陳松長主編，《嶽麓書院藏秦簡（伍）》（上海：上海辭書出版社，2017）。

名稱確實曾經存在，乘馬之為某等級或類別之吏名則仍只見蛛絲馬跡，猶待更明確的證據。

一 嶽麓書院藏秦簡中的新證據及若干旁證

《嶽麓書院藏秦簡（伍）》（以下簡稱《嶽麓簡（伍）》）相關資料有以下兩條：

1. 簡 1142-126「所執濩；印不行郡縣及**乘車吏以下**，治者輒受，以治所令、丞印封印，令吏□」

2. 簡 1903-134「〔●〕令曰：吏歲歸休卅日，險道日行八十里，易道日行百里，**諸吏毋乘車者**，日行八十里，之官行五十里∠吏∠告當行及擇（釋）」

因我曾參加嶽麓簡校讀，得知還有如下一條：

3. 簡 1866+J71-3「諸吏有詐，以免去吏者，卒史、丞、尉以上，上御史；屬、尉佐及**乘車以下**，上丞相；丞相、御史先予新地遠譬害郡，備〔以〕」[5]

　　簡 1866+J71-3 的諸吏是一總稱，泛指下文提到的卒史、丞、尉以上以及屬、尉佐及乘車以下。其中「諸吏……屬、尉佐及**乘車以下**」以及簡 1142-126「印不行郡縣及**乘車吏以下**」云云的措詞方式和《二年律令》「諸吏**乘車以上**」異曲同工。「諸吏毋乘車者」、

5　此簡已刊佈於《嶽麓簡（陸）》，釋文見頁 178。乘車以下另見《嶽麓簡（陸）》簡 0176-138、2131-139、2024-140，不贅。

「諸吏乘車以上」和「乘車以下」這樣的措詞必須從官吏身分等級或類別的角度去理解才容易說得通。《嶽麓簡（伍）》注八十一引《二年律令・秩律》「有乘車者，秩各百六十石，有秩毋乘車者，各百廿石」，指出：「乘車，指吏的級別待遇」（頁155），與敝意正合。此注簡略，我感覺還可以補充一些論證。

先說幾個旁證。第一，為吏者是否會因身分高下而有僅能騎或乘馬而不夠格乘車者？尤其在秦代，仍待證明。一個旁證是嶽麓書院藏秦簡《數》的算題簡950提到「大夫、不更、走馬、上造、公士共除米一石」，《嶽麓書院藏秦簡（參）》奏讞書案例七中有「里人大夫快、臣、走馬拳、上造嘉、頡」（簡113 張家山《奏讞書》案例十七中有「為走馬魁庸（傭）」（簡111）一句。據研究，「走馬」乃爵稱，其等級相當於次公乘五級，或次不更一級的簪裊，高於最低的上造和公士。走馬和簪裊文義相通，原為驅馬疾馳之義。[6]如走馬即馳馬或騎馬一說可從，是否可以推定秦爵走馬這一級以及這級以上的人才夠格騎或馳馬？

第二個旁證是漢高祖八年春三月曾下令「賈人毋得衣錦繡綺縠絺紵罽、操兵、乘、騎馬。」（《漢書・高帝紀》）所謂乘、騎馬，顏師古注：「乘，駕車也。騎，單騎也。」乘、騎分指乘車和騎馬，也就是說商賈之人既不得乘車，也不可騎馬。顏注如確，從高祖之令可以推知：第一，乘和騎分言，可見乘、騎有別；第二，在秦代乘車或騎馬的確關乎身分等級，商賈不夠資格，不得乘或騎。如此

6　陳松長等著，〈走馬為秦爵小考〉，《嶽麓書院藏秦簡的整理與研究》（上海：中西書局，2014），頁239-242；周海峰，〈岳麓書院藏秦簡《置吏律》及相關問題研究〉，《出土文獻及法律史研究》，第六輯（北京：法律出版社，2018二刷），頁139-140。

吏曾有乘馬和乘車之別也就可想而知。當然秦楚之際天下大亂，禁令鬆弛，商人衣絲乘車和騎馬的必多，漢高祖才不得不重申禁令。

　　第三個旁證是居延漢簡中凡提到有秩候長或某某塞有秩士吏，又有爵稱可考的，一無例外其爵全為公乘：

57.6　　　　張掖居延甲渠塞**有秩士吏公乘**段尊中勞一歲八月廿日能
　　　　　　書會計治官
　　　　　　民□頗知律

160.11　　　張掖居延甲渠候官塞**有秩候長**觻得長秋里**公乘**趙陽令成
　　　　　　紀尉　年卅
　　　　　　一代□□

185.10　　　□□居延甲渠候官塞**有秩候長公乘**王憲勞十月一日

484.76　　　**有秩候長公乘**王憲

EPT4:55　　**有秩候長**昭武高昌里**公乘**鞏

EPT50:14　　張掖居延甲渠塞**有秩候長公乘**淳于湖中功二勞一歲四月
　　　　　　十三日能
　　　　　　書會計治官民頗知律令文年卅六歲長七尺五寸觻得□□
　　　　　　里…

EPT50:18　　張掖居延甲渠塞**有秩候長公乘**樊立　鴻嘉三年以令秋試
　　　　　　射發矢十二
　　　　　　中峯矢十二

EPT51:11　　居延甲渠塞**有秩候長**昭武長壽里**公乘**張忠年卅三河平三
　　　　　　年十月庚戌
　　　　　　除　史

73EJT21:62　張掖肩水候官塞**有秩候長公乘**殷禹　元康三

73EJT31:153　　　　　　初元年十月廿九日　四月卅日

□□□□□□有秩候長公乘□福日迹簿

　　　　　閏月卅日　　　　　五月廿九日
　　　　　十一月廿九日　亥　六月卅日
　　　　　十二月卅日　　　　　七月卅日

　　這種現象使我隱隱然感覺不是偶然，而是公乘這一爵級最少一度應與乘車資格有關。所謂乘車很可能真的像顏師古注所說乃指可乘公家之車。不過，爵稱和刑徒名稱一樣，其名稱和實質往往因時變化，甚至脫鉤無涉。爵名為公乘，實際上卻不一定有公家之車可乘；走馬也不一定有馬可騎，如同城旦不一定登城任候望。

二 《里耶秦簡博物館藏秦簡》中的有秩乘車

　　以上不論如何解釋乘馬和乘車，都只能說是旁證，證據力有限。但如果在標示祿秩身分的文書上注明「有秩乘車」，又與佐、令佐和斗食等秩級名稱並列，此外更有「乘車以上」或「乘車以下」的提法，我感覺這些才足以說明乘車具有一定的身分等級意義。近讀《里耶秦簡博物館藏秦簡》發現一條較確切有關秩級「乘車」的直接證據：

　　□□（第一欄）

　　凡□□□□

　　為官佐六歲

　　為縣令佐一歲十二日

　　為縣斗食四歲五月廿四日

為縣司空有秩乘車三歲八月廿二日

守遷陵丞六月廿七日

凡十五歲九月廿五日凡功三乙三歲九月廿五日（第二欄）

（圖1.1-1.2）

（略）（第三欄）

　　這是一枚登記功勞的殘牘。先前出版的《湖南出土簡牘選編》未釋乘車二字。今查《里耶秦簡博物館藏秦簡》彩色及紅外線圖版，釋作「有秩乘車」四字可以說確切無誤（圖1.1-1.3）。有秩乘車四字如果連讀，又與佐、令佐和斗食等秩級名稱並列，可證這裡的乘車二字是一種身分名稱而非指實質上乘坐用的車。最近刊布的《里耶秦簡牘校釋（第二卷）》頁343簡9-1656「敢言之，牒書乘車有秩〔官〕」云云，乘車二字出現在有秩之前，無論如何，有秩和乘車有關，幾乎可以確言。

　　如果「有秩乘車」四字不連讀，有秩是有秩，乘車屬下讀，則成「為縣司空有秩，乘車三歲八月廿二日」。如此，文句的意思仍然指當事人任有秩等級之縣司空若干年月日。因為有秩者可乘車，「乘車三歲八月廿二日」實即指其任職之年月日，與省去乘車二字意思相同。這枚牘登記功勞特別仔細，有意或

圖1.1-1.3　簡10-15全簡及局部，採自《里耶秦簡博物館藏秦簡》。

無意多寫了乘車兩個字，因此使我們有機會得知了有秩和乘車的關係。果如此，不論讀成「有秩」或「有秩乘車」，乘不乘車都應關乎身分等級。

現在回頭斟酌前引《二年律令》簡四七〇：「都官之稗官及馬苑有乘車者，秩各百六十石；有秩毋乘車者，各百廿石」的文句構造，頗疑前句「有乘車者」相對於後句的「有秩毋乘車者」，前句或省或漏一「秩」字。如不省，則作「都官之稗官及馬苑有秩乘車者，秩各百六十石；有秩毋乘車者，各百廿石」，意即都官之稗官及馬苑的有秩乘車吏，秩一百六十石；都官之稗官及馬苑的有秩毋乘車吏，秩僅一百廿石。如果以上的分析可以成立，一個自然的結論是：秦及漢初有秩吏可分為乘車和無乘車兩個等級或類別，祿秩分別為一百六十和一百二十石。後來可能因為有秩吏都有車可乘，秩級簡化，但言有秩，不再提乘不乘車了。

又從乘公家之車的特權看，秦和西漢初「比有秩者」爵為不更，可乘車。到西漢中晚期，有秩吏爵級已變成高出一大截的公乘，誠如許多學者指出，爵從秦、漢初到西漢中晚期曾因賜爵過濫而大幅貶值。[7]

三 乘馬吏存在嗎？

接著不免要問：如果乘車和吏的身分等級有關，那麼是不是可

---

7 參柳春藩，《秦漢封國食邑賜爵制》（瀋陽：遼寧人民出版社，1984），頁 129-145；朱紹侯，《軍功爵制研究》（上海：上海人民出版社、1990），頁 73-97。

以推想在乘車吏之下有「乘馬」這一等級或類別的吏？目前完全沒有比較直接的證據。據《二年律令》西漢初爵不更比吏有秩，次不更一級的簪裊比斗食。換言之，走馬當比斗食，可騎馬，斗食以下的佐僅能步行了。爵秩走馬或斗食以上的公大夫、官大夫、大夫和不更都可乘車，唯須自備，不一定有公家之車可乘，如財力不足則難免無車可乘。

秦漢做官為吏須符合最低貲產的規定。最低貲產或財產規定的一個作用似乎在保證為官者能自行負擔一些做官必要的費用，例如衣冠車馬。景帝六年五月詔：「夫吏者，民之師也，車駕衣服宜稱。吏六百石以上，皆長吏也，亡度者或不吏服，出入閭里，與民亡異。今長吏二千石車朱兩轓，千石至六百石朱左轓。車騎從者不稱其官衣服，下吏出入閭巷亡吏體者，二千石上其官屬，三輔舉不如法令者，皆上丞相御史請之。」（《漢書‧景帝紀》）。景帝規定，不論長吏、下吏，其車駕衣服應合乎「吏體」，也就是合乎各級官吏該有的體面或威儀。車駕衣服，除偶爾由皇帝賞賜，一般概由官吏自行準備。《史記‧田叔列傳》有這樣一個貧窮舍人無力自備鞍馬衣裝的故事：

> 於是趙禹召衛將軍舍人百餘人，以次問之，得田仁、任安。曰：「獨此兩人可耳，餘無可用者。」衛將軍見此兩人貧，意不平。趙禹去。謂兩人曰：「各自具鞍馬新絳衣。」兩人對曰：「家貧無用具也。」將軍怒曰：「今兩君家自為貧，何為出此言？鞅鞅如有移德於我者，何也？」將軍不得已，上籍以聞。（頁 2780-81）

此外，《鹽鐵論‧貧富》大夫提到為官積蓄致富，是要懂得如何在「車馬衣服之用，妻子僕養之費」上，「量入為出，儉節以居之」。可見車馬衣服是一項主要的開支。同書〈地廣〉篇大夫又

曰:「夫祿不過秉握者不足以言治,家不滿儋石者,不足以計事。儒皆貧羸,衣冠不完,安知國家之政,縣官之事乎?」貢禹家訾不滿萬錢,為供車馬,曾賣田百畝(《漢書·貢禹傳》)。張釋之以貲為騎郎,十年不得調,久宦減產,欲免歸。(《漢書·張釋之傳》)減產顯然是入不敷出。居延邊塞上貧寒罷休的吏,大概也是遭遇入不敷出的困境。

在漢代被定為「貧」的一個標準似乎即在是否備得起車馬衣服。例如《漢書·胡建傳》說胡建「守軍正丞,貧亡車馬,常步與走卒起居」;〈蔡義傳〉謂蔡義「以明經給事大將軍莫府,家貧,常步行」,常步行意即無車馬,故好事者合資為他代備犢車。再來看幾段《嶽麓簡(伍)》中的新資料。簡1924-261正和1920-262正:

> ●令曰:叚(假)廷史、卒史、覆獄乘傳(使)馬ㄥ,及乘馬有物故不備、若益騶駒者。議:令得與騶乘ㄥ。它執濃官得乘傳(使)馬覆獄,行縣官及它縣官事者比。·內史旁金布令第乙九

又1917-263、1899-264正:

> 令曰:叚(假)廷史,諸傳(使)有縣官事給也,其出縣界者,令乘傳(使)馬,它有等也。卒史、屬、廚佐
> 乘比叚(假)廷史、卒史覆獄乘傳(使)馬者,它有等比。 ·內史旁金布令第乙十八

又簡1663-257、1779-258、1913-259正:[8]

> ●令曰:諸乘傳、乘馬、傳(使)馬傳(使)及覆獄行縣官留過十

8　斷句參陳偉,〈《岳麓書院藏秦簡〔伍〕》校讀(續二)〉,武漢大學簡帛研究中心簡帛網。

日者，皆勿食縣官，以其傳稟米，叚（假）鬵甗炊之，其
〔有〕走、僕、司御偕者，令自炊。其毋（無）走、僕、司御者，
縣官叚（假）人為炊。而皆勿給薪采。它如前令。‧內史倉曹令第
丙卅六

簡 1920-262「驂乘」二字之後有勾識符號，可見與其下文不連讀。
接著的「它執灋官得乘傳馬」云云，與驂乘無關。驂乘之吏可坐或
立於車上，而其他所謂「得乘傳馬」的執灋官、卒史、屬、尉佐、
廷史等等是不是可以視為一種夠格乘馬或騎馬的吏呢？不禁令人十
分好奇。

執灋常見於嶽麓秦簡，此處的「它執灋官」似非指某一特定職
銜的官吏，而是通指其他與執法工作有關的官吏。這樣的吏從嶽麓
秦簡看，最少存在於中央和郡，負責協調、監督法律執行或審查官
吏是否合規等等工作。[9]執灋官「得乘傳馬覆獄」，其他「行縣官事」
者也可比照。這幾條行於內史轄區並附屬或補充《金布令》的規定
似乎意味著這些官吏原本不得乘傳馬，現在因為此令而可以乘傳馬
了。

傳馬是什麼馬？陳松長認為傳即使。事、吏二字不分，里耶秦
更名木方已曾明確規定改事為吏。《二年律令》簡 425 提到「傳馬、

9　參陳松長，〈岳麓秦簡中的幾個官名考略〉，《湖南大學學報（社會科學版）》，3
（2015），頁 8-9；陳松長主編，《嶽麓書院藏秦簡（肆）》（上海：上海辭書出版
社，2015），頁 78 注 77；彭浩，〈談《岳麓書院藏秦簡（肆）》的「執法」〉，《出
土文獻與法律史研究》，第六輯，頁 84-94。《漢書‧高帝紀》高帝十一年二月詔
曰：「……御史大夫昌下相國，相國酇侯下諸侯王，御史中執法下郡守……。」晉
灼曰：「中執法，中丞也。」漢初中央「御史中執法」一職顯係承秦而來，值得注
意。

使馬、都廄馬」（圖 2.1-2.2），使字明確從人從吏。但什麼是使馬呢？和其他的馬有何區別？它除了和乘馬並提，可知和乘馬有別，其性質目前仍不清楚。

不論如何，從這裡應可窺見執灋官「得乘傳（使）馬覆獄」，意味著原本無權乘馬的執灋官在執行覆獄任務時卻得享有乘傳（使）馬的待遇。又《嶽麓簡（肆）》249「……御史言：『令覆獄乘恒馬者，日行八十里∠。』請，許。如」，《嶽麓簡（肆）》133：「‧田律曰：『吏歸休，有縣官吏（或釋讀為事），乘乘馬及縣官乘馬過縣，欲貸芻稾禾粟米及買菽者，縣以朔日……』」，無論乘哪一種馬，在乘車之下，看來應曾存在某一等級的吏夠格乘馬，或以乘馬為一種身分標示或等級待遇才對。乘車、乘馬是一種身分標示也反映在以下這樣的規定中：

圖 2.1-2.2 《二年律令》，簡 425 傳馬、使馬、都廄馬。

●令曰：諸有乘馬者，毋敢步遠行衝道，行衝道過五日〈百〉里，[10] 貲一甲。吏及守吏六百石以上已受令，未有乘車、僕、養、舍人、毋傳（使）召車馬，舍所官令人為召車馬，其行宮中、寺中或將徒卒行衝道及有它故 行 衝 道 若 謁

（《嶽麓簡（伍）》簡 1874-293、1861-294）

令曰：守以下行縣，縣以傳馬，吏乘給不足，毋貸黔首馬。犯令及乘者，貲二甲，廢。‧郡卒令己十二

（《嶽麓簡（伍）》簡 1674-136）

---

10 日或百字可疑。原簡字跡清晰，唯疑抄寫或有誤。很難想像步行五百里才有爵，原或應作五里，多書一日字；或原應作五十里，十字誤書成日。

「諸有乘馬者」顯然是指夠格並有乘馬的官吏,就應騎馬(或乘馬車)而不應在衝道(整理者注:大道)上長程步行,如步行超過五百里,罰一甲。凡已受令擔任六百石以上吏職的官員,沒有乘車、僕、養、舍人的,要由其任職單位負責車馬。由此可以明白,官吏有車馬不僅僅是車馬問題,還牽涉到照管車和馬的僕役、跟班,這是一筆不小的負擔。為了維護所謂的「吏體」,公私都得付出相當的代價。如果郡守巡行屬縣,縣的傳馬不夠用,不得以租賃百姓的一般馬匹代替,凡違背的,縣和乘坐的官吏都要罰二甲。由此也可窺見民間私馬很可能在外觀、訓練或強弱,甚至品種上都不及官方畜養並評定過類別和用途的官馬。

東漢何休《公羊傳解詁》在「什一行而頌聲作」下描述他心目中理想的鄉里制度時說:

> 里為校室,選其耆老有高德者名曰父老,其有辯護伉健者為里正,
> 皆受倍田,得乘馬。父老比三老、孝弟官屬,里正比庶人在官。[11]

父老和里正原本不具備乘馬的資格,為尊顯之如吏,「得」乘馬;乘馬無疑是基層社會裡被看重的一種身分標章或符號,因此如前文所引,有人甚至以乘馬為姓氏和名字。

最後舉一個不同性質的旁證——漢代畫像石中的官吏出行圖。漢代畫像石多屬東漢,為時甚晚,但出行隊伍除有各種車,在所謂的「前導」和「後從」中依制度有步行和騎馬者。《續漢書・輿服志》謂:

> 公卿以下至縣三百石長,導從置門下五吏:賊曹、督盜賊、功曹,

11　《春秋公羊傳注疏》,卷十六宣公十六年條(北京:中華書局,阮刻十三經注疏本,2009),頁4965。

皆帶劍，三車導；主簿、主記兩車為從。縣令以上，加導斧車。公乘安車，則前後并馬、立乘。長安、雒陽令及王國都縣加前後兵車。亭長設右騑，駕兩（疑有闕文）。璪弩車前伍伯，公（闕字，疑為侯）八人，中二千石、二千石、六百石皆四人，自四百石以下至二百石，皆二人，黃綬。武官伍伯、文官辟車、鈴下、侍閣、門蘭部署、街里走卒，皆有程品。

安車可供坐乘，所謂前後並馬、立乘，是指前後都有並排的騎馬和供站立而乘的乘車，又有所謂的伍伯、走卒等，他們應僅有步行的份。[12]這種情況清楚反映在漢墓壁畫和畫像石的出行場面中（圖3-7）。場面或繁或簡，要之步行、騎馬和乘車三者身份等級判然有別。東漢畫像這樣由步行、騎馬和乘車者顯示的身分等級應早有淵源，很可能即源自秦。秦爵一度有「走馬」一級，又和騎馬特權有關，即可略見其跡。今後材料增加，說不定「乘馬」這一等級吏的存在也有明朗的一天。

後記

本稿修改過程中多承唐俊峰兄和學棣高震寰博士提示意見，謹表謝忱。

---

12 河北望都一號漢墓前室東壁有壁畫榜題「伍伯」、「辟車伍伯八人」，其旁有步行者八人，可證伍伯、辟車僅屬步行之流。參北京歷史博物館編，《望都漢墓壁畫》（北京：中國古典藝術出版社，1955）；或徐光冀主編，《中國出土壁畫全集》河北卷（北京：科學出版社，2011），圖18。有榜題可證的騎馬吏見於畫像者，參傅惜華，《漢代畫像全集》初編（巴黎：巴黎大學北京漢學研究所，1950-51）圖197的「鉤騎四人」、「騎倉頭」，圖225的「門下小吏」、「門下書佐」、「鈴下」等屬吏。圖中主簿亦乘馬，可疑。因主簿地位甚高，應乘車，如武氏祠畫像中主簿即乘車，有「主簿車」榜題。

圖 3　山東嘉祥漢畫像石局部,《山東畫像石全集 2》,圖 132。

圖 4　山東嘉祥隋家莊漢畫像石局部,採自《山東省博物館館藏精品》(濟南:友誼出版社,2008)。

圖 5　河北安平逯家莊東漢墓壁畫局部,採自《河北古代墓葬壁畫》(北京:文物出版社,2000)。

圖 6　山東沂南北寨漢墓畫像石,導車部分局部　《山東畫像石全集 1》,圖 206。

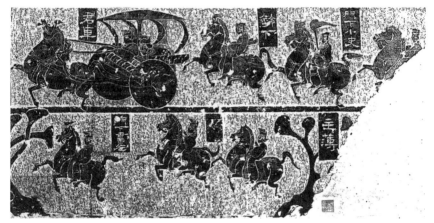

圖7　傅惜華,《畫像石全集初編》(巴黎:巴黎大學北京漢學研究所,1950-51),圖225。

補後記

　　陳侃理 2014 年在《文物》第 9 期發表〈里耶秦方與「書同文字」〉,曾以木方中「圂如故,更事」句,參以睡虎地、龍崗秦簡、天水放馬灘秦簡、里耶秦簡(壹)、嶽麓秦簡質日、為吏治官及黔首等篇,指出「由此看來,里耶木方中『吏如故,更事』的意思,應是將原來經常通用的『吏』、『事』二字(主要是用「吏」表示)根據詞義作了區分,記錄官吏之『吏』仍用『吏』字,記錄事務之『事』改用『事』字。」(頁 77-78)鄔文玲也有類似的意見,謂「明確規定凡表示官吏之『吏』者、仍然寫作『吏』,凡表示事務之『事』者均寫作『事』,不再寫作『吏』。」[13]他們所說的都有道理。

　　果如此,我們似乎應該檢討一下,在秦始皇推行書同文字以前,「使」字是如何書寫的,是否曾和其他字混用。粗查《睡虎地

13　鄔文玲,〈秦漢簡牘中兩則簡文的讀法〉,《出土文獻研究》,第十五輯(上海:中西書局,2016),頁 218。

文字編》和《張家山漢簡文字編》,「使」字從人從吏,完全沒有例外,也不和其他字混。里耶秦簡「使」字不少,也從人從吏(如8-197 正)。郭沫若《商周古文字類纂》(文物出版社,1991,頁 127)收金文「使」字一例,作「吏」形。金文中「吏」、「事」、「史」幾乎無別。又睡虎地《法律答問》簡 144:「郡縣除佐,事它郡縣而不視其事者,可(何)論?」原簡兩「事」字書寫清晰,字形和「吏」無別,《秦簡牘合集(壹)上》頁 253 注 1 已經指出並主張應釋為「吏」。此外,羅福頤《古璽文編》所收「事」、「史」相通之例極多,甚至有「史」寫作「郼」的。[14]

　　這就產生一個問題。嶽麓簡書寫的時代如已明確有「使」字,為何不用?反要將使字寫成傳?因此不免令我疑心:「使」字是否原曾一度存在不同寫法,右旁可作「吏」、「史」或「事」?鄔文玲在前引文中已指出里耶簡有傳、使混用情形。[15]其實嶽麓秦簡也見混用,如簡 1150:「……令曰:郡及中縣官吏千石以繇『傳』(使),有事它縣官而行」云云,「傳」和「事」字同時存在,可見二字應曾一度有別。按傳另有「立」的意思。錢繹,《方言義疏》卷十二云:

> 《釋名》曰:「事,傳也。傳,立也。凡所立之功也,故青徐人言立曰傳也。」《周官‧太宰》注:「任猶傳也。」《釋文》云:「猶立也。」《疏》云:「東齊人物立地中為傳。」《史記‧張耳傳》「莫敢傳刃公之腹中。」《集解》:「東方人以物插地皆為傳。《漢書》「傳」

14　參吳振武,《古璽文編校訂》(北京:人民美術出版社,2011),頁 1870-1873,「附錄」頁 357。

15　鄔文玲,〈秦漢簡牘中兩則簡文的讀法〉,頁 218。

則作劙。」[16]

錢繹所謂「《漢書》傳則作劙。」有誤，此非出自《漢書》，而是出自《漢書・溝洫志》「隤林竹兮楗石菑」句師古曰及王先謙補注。唯劙字又見《文選》張衡〈思玄賦〉「丁厥子而劙刃」句。「劙刃」即《張耳傳》之「傳刃」。傳字常見於先秦典籍如《管子》等書，這裡暫不多論。

此外，是不是還有一個可能？即里耶木方中「『吏』如故，更『事』」的意思除了陳侃理所說，似乎也指凡字偏旁從「吏」的保持如故，但從「事」的更改為「吏」，也就是說例如「傳」這樣的字，偏旁「事」應更作「吏」，「傳」字於是須寫成「使」字。為區別清楚，更名木方中涉及偏旁的字還有陳侃理補釋的「者和諸」、「酉和酒」、「賞和償」。[17]這些都屬增加偏旁，以改善先前字無偏旁而難分的情況。換言之，陳侃理提示「A 如故更 B」句式的意義是說 A 在某些場合保持不變，而在某些場合變更為 B。他理解中的 A 或 B，如我理解無誤，都指完整的一字。現在從「傳」、「使」之例看來，或可稍作補充，即所謂 A、B 有時並不是指完整字而僅指偏旁，也就是說僅更某字之偏旁而已。當然，要這麼說，還需要找到更多的例證。無論如何，從現有之例，或可證明嶽麓秦簡抄寫的年代應在里耶更名木方的相關規定出現以前。

105.11.6/107.5.18

16　錢繹，《方言義疏》（北京：中華書局，1991），卷十二〈箋疏〉，頁 434。

17　關於者和諸，另可參郭永秉，〈讀里耶 8:461 木方札記〉，《古文字與古文獻論集續編》（上海：上海古籍出版社，2015），頁 390-392。

「雀」手足與「刑」手足
長沙走馬樓三國吳簡讀記

一 雀手足

　　長沙走馬樓三國吳戶籍簡登記戶人資料有一個要項是戶人是否有肢體殘疾或疾病。例如「踵（腫）足」、「刑」、「盲」、「闇」、「聾」、「眇」，或如「腫病」、「腹心病」、「風病」、「風矢病」、「狂」、「惠狂」等等。另有稱之為「雀左手」「雀左足」、「雀右足」或「雀兩足」者。據于振波先生列表，《長沙走馬樓三國吳簡》（壹）所收竹簡戶籍中，雀手有二例，雀足有十一例；[1]我注意到《長沙走馬樓三國吳簡》（參）有雀兩足和雀左、右足共三例。《長沙走馬樓三國吳簡》（肆）有雀右足和雀右手共兩例；《長沙走馬樓三國吳簡》（柒）有雀手或足共七例。[2]

1　于振波曾將《長沙走馬樓三國吳簡‧竹簡（壹）》所有戶籍資料列表，包括「殘疾」一項，可參。于振波，《走馬樓吳簡續探》（臺北：文津出版社，2007），頁167-218。

2　《長沙走馬樓三國吳簡‧竹簡（參）》（北京：文物出版社，2008），簡3369、5644、5784；《長沙走馬樓三國吳簡‧竹簡（肆）》（北京：文物出版社，2011），簡153、3090；《長沙走馬樓三國吳簡‧竹簡（柒）》（北京：文物出版社，2013），簡487、865、888、922、1132、1232、2452。

什麼是雀手、雀足？學者對此已提出多種不同的解釋。胡平生先生舉《說文》戈部：「戳，斷也。從戈，雀聲」為證，認為應將「雀」讀為「戳」，雀手、雀足即戳斷手、足，也就是「截去四肢某些部分的專用語。」[3] 近見李均明和宋少華先生解析《長沙走馬樓三國吳簡》竹簡（肆）中的戶籍資料，有「雀（戮）兩足」一項。[4] 李、宋在雀字後將戮字置於括弧中，應是認為「雀」讀為「戮」，不過沒有進一步解釋。《說文》戈部：「戮，殺也。」揣測他們的意思和胡先生相似，也是砍斷或截去手或足之意。

這樣理解有一個困難，即吳簡中曾出現「斷足」一詞（《長沙走馬樓三國吳簡·竹簡（貳）》簡 2939。以下簡稱《長沙走馬樓三國吳簡·竹簡（貳）》為《貳》，簡稱《長沙走馬樓三國吳簡·竹簡（壹）》、《長沙走馬樓三國吳簡·竹簡（參）》為《壹》、《參》，其餘《肆》、《柒》亦同）。《貳》簡 2939 雖中間裂開，簡仍完整，筆劃尚清晰，釋為「斷」，基本沒問題。同一批公文書中既有「斷足」一詞，為何還要假借「雀」字書作「雀足」，表達和「斷足」相似的意思？雀足之義是不是該和斷足有所不同？

「雀」字或應讀如本字。雀原簡多書作「隹」。說文卷四上「隹」：「鳥之短尾總名也。」雀手或雀足意即人的手足因某些先天或後天的原因，如鳥雀足之拳曲。漢武帝的鉤弋夫人，「兩手皆拳，上自披之，手即時伸，由是得幸，號曰拳夫人。」（《漢書·外戚傳》）這是大家都知道的故事。這個故事看似神奇，但可證明當

3　胡平生，〈《長沙走馬樓三國吳簡》第二卷釋文校證〉，《出土文獻研究》，第七輯（上海：上海古籍出版社，2005），頁 117-119。

4　李均明、宋少華，〈《長沙走馬樓三國吳簡》竹簡〔四〕內容解析八則〉，《出土文獻研究》，第八輯（上海：上海古籍出版社，2007），頁 183。

時有些人的確因某些原因，手掌不能伸開而拳曲。《太平御覽》卷二七〇引《春秋元命苞》曰：「蚩尤虎捲威文。」宋均注曰：「捲手也，手文威字也。」捲手即手掌拳曲。古人又形容拳曲的足掌為雀足，蓋因鳥雀站立枝頭，其足即如手之拳握。北宋陸佃《埤雅》卷十八〈蕨〉條：「《爾雅》曰：『蕨，虌。』初生無葉，可食，狀如**大雀拳足**，又如其足之蹶也，故謂之蕨。」這是說蕨類植物新生葉芽捲曲的形狀如同雀足一般拳曲。手或足部都可因先天畸形或後天疾病發生這樣的現象。[5]《柒》簡 865、922 另提到「雀右手指」，簡 888「雀左手指」，可見除手掌拳曲，也有手指捲曲不能伸直的情形，症狀明顯較為輕微。另吳簡中還有「雀病」（《捌》簡 1451）或「苦雀病」（《捌》簡 1555）的紀錄，但沒有明確說肢體的什麼部位，待考。這裡的雀字明顯不能讀作截。

手腳捲曲的病在古代甚多，頗疑或即《嶽麓書院藏秦簡（肆）》中所說的攣：

> 黔首居貲贖責（債），其父母妻子同〔居責（債）〕□／　（216）
> 許之。不可貲，令自衣食，亦許。隸臣妾老、病、攣、毋疕、眑、
> 毋賴，縣官□／　（217）

又《史記 范睢蔡澤列傳》：

> 蔡澤者，燕人也。游學干諸侯小大甚眾，不遇。而從唐舉相，

5　《莊子·德充符》曾有寓言涉及多位畸形的高人，其中一位叫「闉跂支離」，據成玄英《疏》：「闉，曲也；謂攣曲企踵而行。」陸德明《經典釋文》之《莊子音義》引「司馬曰：闉跂支離，言腳常曲，行體不正捲也。」這是比較早提到腳攣曲捲縮的例子。據香港中文大學藏「序寧」簡、居延漢簡敘述死者形貌和宋代宋慈《洗冤錄》，人死手腳也會有拳曲的現象，劉樂賢，〈東漢「序寧」簡補釋〉，《戰國秦漢簡帛叢考》（北京：文物出版社，2010），頁 174-175 有十分詳細的討論。

曰：「吾聞先生相李兌，曰『百日之內持國秉』，有之乎？」曰：「有之。」曰：「若臣者何如？」唐舉孰視而笑曰：「先生曷鼻，巨肩，魋顏，蹙齃，膝攣。（《集解》攣，兩膝曲也。《索隱》謂兩膝又攣曲也。）吾聞聖人不相，殆先生乎？」

手或足攣曲或拳曲和足腫等等疾病古代應常見，也是三國時代吳國減免百姓賦役的條件，因此必須在戶籍中註明。將雀手、足理解為如雀之手、足拳曲的一個優點是可以和胡平生將戶籍簡中的「刑」讀作「創」，釋為傷，更明確合理地區別開來。因為將雀讀作截，指截斷某部分手足，固然有文字學上的理據，這和胡先生理解的「刑（創）手足」不是指「一般小傷，而是肢體有毀壞之傷」，不免難於區分。

　　但拙說也有解釋上的困難。先前讀李均明先生對出版中的長沙走馬樓三國吳簡卷四有關人口管理的討論，[6]文中提到戶籍對居民健康狀況的登記，其中除有「雀右足」、「雀兩足」，另有「□從兄侯年七十三屈兩足」（《肆》簡853）、「庾（？）陽里戶人公乘烝辣年卅五屈兩足　訾　五　十　」（《柒》簡3863）二例。《肆》、《柒》現在都已出版，「屈兩足」兩例文字清晰，釋文正確。什麼是屈兩足？是指兩足有不正常的彎屈？是否也有屈兩手或屈左右手、足的情形？倘使將「雀」解作如雀足之拳曲，則屈手、屈足和雀手或雀足又有何不同？目前還不好回答。[7]因此以上所論，不過是姑妄言之。以下談談「刑手足」的問題。

6　李均明，〈走馬樓吳簡人口管理初探〉，《簡帛研究二〇〇六》（桂林：廣西師範大學出版社，2008），頁267。

7　《孔子家語・辯政》謂「昔童兒有屈一腳，振訊（迅）兩肩而跳。」屈一腳而跳，屈兩足將如何？這和雀足不同何在？仍有不明。

　今塵集：秦漢時代的簡牘、畫像與文化流播
　　　　　　——卷二　秦至晉代的簡牘文書

二 「刑」手足

　　關於吳簡中的「刑」字，目前有幾種釋讀，參酌《長沙走馬樓三國吳簡‧竹簡（壹）》和《長沙走馬樓三國吳簡‧竹簡（貳）》和時賢諸說以後，私意以為胡平生先生讀為創，似較可取。

　　最初有不少學者將「刑」讀為「刑」。[8]這一讀法在字形上有根據，毫無問題。因為多數簡上的刑即清楚明白寫作「刑」，雖也有一些寫作「荆」或「荆」，其皆為刑字應無問題。古代刑本指肉刑，但這樣理解顯然有困難。漢末主張恢復肉刑的聲音高漲，曹魏時鍾繇甚至曾三度主張恢復，都沒有實現。在吳簡中迄今能找到的肉刑證據，大概只有髠和黥。如《貳》簡7189：「□□言□緒丘大男黃楫（？），大女黃員，罪應**髠頭**，笞二百，**黥面**送大屯事 嘉禾三年五月十二日 書 佐 丞頓（？）具」。髠頭是去髮，髮去可再生，算不得真正肉刑。除此以外，在吳簡中不見因罪而受劓、刖、宮或腐等肉刑的例子。有趣的是吳簡有「刑 盧 （顱） 頭 」（《貳》簡7638）一例。將「刑顱頭」解為頭顱受肉刑，顯然不好理解，只宜解釋成頭顱有創傷。另外楊小亮先生指出，《壹》還有「刑右眉」、「刑歐背」的例子，也是同理。[9]

　　其次，如果「刑」指肉刑，吳簡中有太多十歲以下即遭肉刑者，這顯然不合理。于振波先生已指出這一點。他曾統計在《壹》中，十四歲以下受刑者有六例，五例在十歲以下，更有二例只有五

8　這一讀法有多家，楊小亮先生已提及，此處不贅。參楊小亮，〈走馬樓戶籍簡「刑（創）」字性質與成因簡析〉，《出土文獻研究》，第七輯，頁151注2。

9　楊小亮，〈走馬樓戶籍簡「刑（創）」字性質與成因簡析〉，頁150。

歲。于先生認為即使在肉刑實施的時代，十四歲未成年的也在優容的範圍內。[10]在《貳》中有更多未成年的例證。我算了一下，十歲以下者即有十例（《貳》簡 1638、1774、1779、1813、2109、2312、2353、2385、2392、2591）。其中有五、八、九歲的；《參》有四歲的一例（《參》簡 947）；《肆》有七歲（《肆》簡 845、1927）、四歲（《肆》簡 863、3090）之例；《柒》有十歲一例（簡 5814）、九歲一例（簡 981）、八歲一例（簡 4885）、六歲一例（簡 5720）、五歲一例（簡 2441），甚至有一歲一例（簡 939）！除非能夠證明孫吳刑律極其嚴酷，連坐及於如此幼小的嬰兒，否則肉刑說確實難以成立。

　　于先生因此提出苛政導致自殘說。[11]現在從《壹》、《貳》、《參》、《肆》、《柒》刊布的資料看，此說也有困難。基本困難在於要自殘到何種程度才能帶來免除賦役的好處？才形成足夠的誘因促使百姓甘願自殘？並不清楚。如果自殘手或足如于先生所說，即可「復」或免徭役，在例如《壹》、《貳》、《參》的資料裡卻有這樣的事實：(1)戶人確定殘疾，卻不能完全減或免筭；(2)殘手或殘足者也並不都能免除徭役，(3)一個人除了刑手或足，又同時有其他的殘疾，甚至有刑兩足或兩手的情形，為何須自殘至此地步？

　　先說第一點。有些戶人註明殘疾，但同時注明「筭一或若干」，筭的數字常和無殘疾者相同。可見殘疾或可減免其他徭役，但不能減或免筭。這種例證太多，隨手翻查即見，不須多說。

　　第二點，戶籍中殘手足者或註明「復」，也有很多沒有註明「復」，甚至註明所服之徭役。例如《貳》簡 2011：「民男子蔡指

10　于振波，《走馬樓吳簡初探》（臺北：文津出版社，2004），頁 160。
11　同上，卷七，頁 153-174。

（？）年六十四，刑左手，養官牛」；《貳》簡2448：「民男子張客年五十二，刑右足，養官牛……」。男子蔡指（？）和張客或刑左手或刑右足，仍要養官牛。如果說養官牛屬於較輕鬆的役，自殘一手或一足仍不足以免之；那麼，要多嚴重的傷殘才能免除養官牛這類的役呢？再看《貳》簡2492：「兄公乘桐，年卅五，給<u>習射</u>，刑右<u>手</u>…」，這要如何解釋？如果自殘了右手，或右手受肉刑截去，如何能「給習射」？射箭須用雙手，再明白不過。[12]因此，刑右手只能說是右手有創傷，但尚堪射箭，還必須「給習射」，無法完全免除徭役或職役。無論如何，這幾例表明，並不是有殘疾即可徭役全免。

第三點，有些例子表明戶人有多樣的殘疾在身，例如

《壹》簡2580：「☒☒年六十七腫兩足，刑右手 ☒」、

《壹》簡9159：「顏從兄奇年八十二刑左手，盲左目」、

《貳》簡2053：「☐從弟公乘張，年卅四，盲右目，刑☐☐……」、

《貳》簡2422：「民男吳（？）馮，年卅☐，刑左足及（？）左手……」、

《貳》簡2927：「☒☐父〔手☐〕年七十<u>刑左</u>手，<u>腫</u>兩足」、

《貳》簡2989：「大成里戶人公乘烝豨，年九十七，刑左手，<u>腫</u>兩足」、

《參》簡55：「得兄箱年卅二，盲左目，刑左手」、

12 關於「給習射」的意義，請參李均明，〈走馬樓吳簡人口管理初探〉，《簡帛研究二〇〇六》，頁266；〈長沙走馬樓吳簡所反映的戶類與戶等〉，《華學》，第九、十輯（2008），頁271。

《參》簡 1640：「□從兄□年廿三，踵左足，聾兩耳」、
《參》簡 3076：「□子男□年廿二，踵左足，聾兩耳」。

在上述例子裡，有些是「刑手、足」記錄在前，盲或腫足記錄在後，也有些順序相反。記錄順序和發生先後有無關係？不可知。如果無法說清疾病和自殘發生的先後，又假使疾病在先已可除復徭役，又何須再進一步自殘？

其次，資料中也有刑兩手或刑兩足的例子（例如《壹》簡 3397、《貳》簡 2113、2532、2591）。如果說這些都是為避苛政而自殘，必須先弄清楚到何種程度才符合免徭役的條件。因為在戶籍中可以找到很多單單刑一足或刑一手的即註明「復」（例如《壹》簡 2880：「雷寡□大女杷年卅三筭一刑右足復」、《壹》簡 3017：「…刑左手復」、《壹》簡 3071：「……刑左手復」、《壹》簡 3328：「刑右足復」、《壹》簡 3372：「……刑左手復」）。可惜從戶籍紀錄看不出到底是自殘發生在前，或盲、聾、腫足等發生在前。如盲、聾、腫足發生在前，即滿足免役的條件，為了避役，應無須進一步自殘肢體。

一般來說為避徭役，人們比較可能只自殘到符合條件的最低程度，不會作超過條件的事。減免徭役的條件應曾有極明確的規定，否則地方政府難以執行，百姓也無從遵守。傷殘程度的標準必須先澄清，否則自殘說就少了說服力。

近日讀到王素先生對胡平生說提出商榷。通讀其文，王先生除了表示不同意胡先生之說，又表示「基本贊同張榮強氏與福原啟郎先生關於『刑』是肢體斷傷的解讀。」王說較特殊之處是認為「吳簡戶籍所見的『刑』應是一種特指的『殘疾病症』。這種特指的『殘疾病症』的『刑』，應類似《三疾令》中的『一目盲』、『二目盲』的『盲』，『一肢廢』、『兩肢廢』的『廢』，有著可以查驗和界定的

專門含義。」[13]揣摩王說，發現不論他所贊同的張榮強和福原啟郎說，或他對比《三疾令》中的盲、廢，其實和胡平生之說沒有真正的不同，都認為「刑」是指某種程度肢體的傷或殘。胡先生指出：「『創』訓作『傷』，且不是一般的小傷，而是肢體有毀壞之傷。」[14]關鍵在於所謂「毀壞」，到底是什麼？到那種程度？程度如不明確，會帶來鑑別傷勢輕重和核定減免徭役的困難。王素先生提出必須能夠「查驗和界定」，這有道理。法律上必須有較明確的規定，戶役管理者才有可依循的標準。從前文提到的例子看，例如「給習射，刑右手」，傷殘應該不太嚴重，似乎還不到雙手毀壞的程度，否則如何當射手？

　　歸結而言，「雀」手、足或指手、腳因先天或後天原因而拳曲，不是斷手足或截去手或足。可是這麼理解，應如何和「屈」手、足區別？還待進一步研究。刑手足比較可能是指某種程度手或足的傷殘，程度的輕重到底如何，還待更多的材料，才能進一步澄清。以上兩個問題，目前似乎還沒有誰能一口咬定。

13　王素，〈關於長沙吳簡「刑」字解讀的意見〉，《簡帛研究二〇〇六》，頁280-281。

14　前引胡平生文，頁118。

後記

　　本文初稿完成後，曾呈胡平生和侯旭東兄指教。因仍多不安，遲遲不敢發表。日前讀到《簡帛研究二〇〇六》所收李均明〈走馬樓吳簡人口管理初探〉一文引走馬樓簡卷四有「屈兩足」之例，又見王素〈關於長沙吳簡「刑」字解讀的意見〉大作對胡平生之論有所商榷，遂先行刊布，以求教高明。

97.4.9/100.6.9

　　原刊武漢大學簡帛研究中心《簡帛》網（2011.6.10）　107.5.5 訂補

校讀史語所藏居延漢簡的新收穫
（民國 102.3-103.7）

邢義田、簡牘整理小組

一 工作概況

　　停擺十年的史語所簡牘整理小組（以下簡稱整理小組）終於從民國 102 年 3 月 15 日起恢復工作。恢復的關鍵在於前一年底，本所考古學門自日本 IMEASURE 公司購進紅外線掃描器（IR-6000），解析度可高達 2400dpi。[1]二十幾年前我們雖也曾用紅外線建立新的圖檔，奈何那時能找到最好的設備僅能建立 75 dpi 的圖檔，又沒有較便捷的圖檔後製軟體，因而《居延漢簡補編》（以下簡稱補編）以分段拍攝，手工剪貼出來的圖版品質很不理想。為此一拖十多年，沒有正式出版全部釋文和圖版。近十幾年來，電腦軟硬體已飛躍進步，印製較符理想的圖版不是問題，工作沒有再停擱下去的理由。

　　民國 101 年年底邢義田陸續徵得老班底林素清、劉增貴、顏世鉉的同意，又獲得新完成學位的劉欣寧首肯，新舊伙伴組成的簡牘

1　甘肅省文物考古研究所自 2011 年起至今陸續出版《肩水金關漢簡》（一）～（三）、甘肅簡牘博物館出版《敦煌馬圈灣漢簡集釋》，都是利用同一型紅外線設備，圖版效果遠遠超過以往所有的邊塞簡圖集。

整理小組得以重新出發。這時所方適時提供經費，請到台大歷史研究所博、碩士生高震寰、石昇烜和洪尚毅、中文研究所博士黃儒宣為助理，幫忙釋文和紅外線掃描建檔，台大歷史研究所博士游逸飛則從旁協助。本所庫房林玉雲、施汝瑛和楊德禎小姐不辭辛苦，協助提件、查找資料和操作電腦。漢字資料庫的莊德明先生大力幫忙解決造字問題，攝影室楊永寶先生拍攝最新彩照，數位典藏計劃的溫子軍先生細心處理圖檔的後製工作。自 102 年 3 月 15 日開始，整理小組每星期五（後改為星期二）上下午工作五小時，有時一星期工作兩天，到 103 年 7 月 31 日，重新校訂釋文至簡 210.34，完成 5,974 簡紅外線檔，共建立圖像檔 12,095 個（包括有字、無字簡正背面、帛書、器物等）。

掃描建檔的原則是為每一枚簡，不論有字無字，一律建立正背面，甚至側面電子圖檔；如為觚或封檢，則掃描多面。新建圖檔的清晰細緻度遠遠超過以往。不過因為掃描器載台為一平版，少數過

102.3.15 攝於庫房提件室，自左至右：林玉雲、劉增貴、邢義田、石昇烜、顏世鉉、林素清、劉欣寧、施汝瑛。

於彎曲的簡，因不能緊貼平面，會失焦而稍見模糊。其中有一部分尚可分段調整簡面位置，多次掃描後拚接以取得較佳影像。但仍有少數取像不如理想，需要另行攝影。

因掃描一件並登錄相關訊息須時五六分鐘，掃描正背面或多面，就是雙倍或雙倍以上的時間，一天工作下來不過建檔數十件。除了掃描建檔，另須測量並登記每簡的長、寬、厚、重量以及簡上其他值得注意的現象（例如朱墨書寫的字、符號或痕跡、刀刻痕、指紋、刻齒……）。因為以紅外線取像無法反映朱墨，除了發表紅外線圖版，必要時會同時附上彩色照片。所有測量數據，今後會陸續隨冊列表並於最後完整刊布。因工作量較大，全部一萬三千餘枚簡，外加其他簡（如國家圖書館及故宮博物院藏簡、本所藏羅布淖爾簡、敦煌小方盤城簡、武威剌麻灣簡）及出土遺物，完成掃描並登記數據，估計仍須兩年左右。

為縮短時程，整理小組決定一邊整理，一邊出版。原預計出版三冊圖版和釋文，實際工作以後發現，如果將以前未曾發表過的簡牘和其他出土物品悉數納入，須增至四或五冊。目前正在準備第一冊的圖版和釋文稿，收錄包號 100 以前的簡牘及其他出土遺物共 2,810 件。103 年底已出版第一冊，書名為《居延漢簡》（壹）。

二 初步收穫

民國 92 年 5 月整理小組即曾完成本所藏居延漢簡的新釋文稿。這次以這份釋文稿為底本，根據新的紅外線照片，參校勞榦《居延漢簡：釋文之部》（以下簡稱勞；勞榦，《居延漢簡：圖版之部》，

以下簡稱勞圖)、《居延漢簡甲乙編》(以下簡稱甲乙編)、《居延漢簡釋文合校》(以下簡稱合校)諸本,並盡可能吸收前輩學者如裘錫圭、謝桂華等的校改成果,校讀後作出新釋文(以下簡稱小組新釋)。因為新建圖影清晰甚多,所釋頗多不同於以往。以下依校釋日期和簡號順序,將目前成果略述如下:

1. 102 年 3 月 22 日

簡 4.14B：

勞	戊寅己卯庚辰
甲乙編	戊寅己卯庚辰
合校	戊寅己卯庚辰
整理小組	□□己□□□☒
小組新釋	**甲戌乙亥丙子☒**

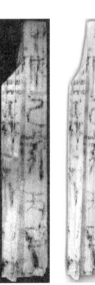

彩　　　反　　　舊紅　　　新紅　　　EPT52.115AB

按：因勞圖不明，甲乙編和合校只得從勞釋。整理小組當初也僅根據不甚清楚的紅外線圖檔和勞釋，作出保守的釋文。大家都釋出的「己」字其實應作「乙」；因過去釋成「己」，由此推算其他干支，造成全盤皆誤。又過去以為此簡僅有一行字，都只釋一行。新紅外線簡影較清晰，可知簡上有兩行，左側一行不明，右側尚清楚可辨，釋文應修正。此簡以篆字書寫，和其他居延、敦煌所出《六甲》簡使用篆或近隸篆字情況相同（參 EPT52.115AB）。[2]《六甲》就是六個以甲（甲子、甲戌、甲申、甲午、甲辰和甲寅）起頭的干支表。按順序，本簡左側一行應作「甲申乙酉丙戌丁亥戊子」，唯筆劃甚殘又太過模糊，難以確認。

2. 102 年 3 月 29 日

簡 8.2：各家未釋，補編收錄

補編：

	常〔韋〕二兩	
	□紅襲一領 ∇	緹行勝一□ ∇
戍卒淮陽	皁布複袍一領 ∇	布三編橐一
苦閻宜里	□布複綺一兩 ∇	黑布□一 ∇
□	皁布章衣一兩 ∇	布絑二兩 ∇
處賢	□一領	□□□ ∇
年廿四	犬絑二兩 ∇	葛絑二兩 ∇
	枲屨一兩	・右卒私裝
	・右縣官所給	
	緹績一 ∇	誠北

2　《六甲》簡使用篆或近隸之篆字，詳參邢義田，〈漢代《蒼頡》、《急就》、八體和「史書」問題——再論秦漢官吏如何學習文字〉，《治國安邦》（北京：中華書局，2011），頁 643-648。

小組新釋：

常〔韋〕二兩

□紝襲一領下　　　　緹行縢一□下

戍卒淮陽　皁布複袍一領下　　布三緉橐一

國圉宜里　□布複絝一兩下　　黑布□一下

□　皁布章衣一兩下　　布絑二兩下

處賢　□一領　　　　□□□下

年廿四　犬絑二兩下　　葛絑二兩下

枲屨一兩　　　・右卒私裝

・右縣官所給

緹續一下　　　　誠北

彩　　　　　舊紅　　　　新紅及局部　　　戍卒淮陽國圉宜里

按：補編原釋「淮陽苦閨宜里」。謝桂華指正錯誤，今據謝釋。[3]又《肩水金關漢簡》（一）新刊布簡 73EJT4:109 有「淮陽國圉□□里公乘孟漢年卅一」云云一枚。

3　謝桂華，〈居延漢簡補編釋文補正舉隅〉，《中國社會科學院歷史研究所學刊》，第二輯（北京：商務印書館，2004）。

3. 102 年 5 月 3 日

簡 19.3：

勞	□□肩水侯官城尉
甲乙編	馳□記□肩水侯官城尉
合校	馳□記□肩水侯官城尉
整理小組	馳□記□肩水侯官城尉
小組新釋	**馳詣肩水侯官城尉**

新紅 19.3 及局部　新紅 113.12A 局部

按：原簡右半斷裂，「馳詣」二字，過去各家只釋左側偏旁「馬」、「言」。
我們據簡 113.12A 詞例補釋。「馳詣」為公文書常用語，其例可參
EPT56.88A、EPS4.T1.32B、敦（敦指《敦煌漢簡》，中華書局，1991，下
同）1438、敦 2183。

4. 102 年 5 月 31 日

簡 35.3AB　各家未釋，補編收錄。

補編	簡 35.3A	使移茭尉史□在□釒□□□即□
	簡 35.3B	史□〔事〕□□□

小組新釋	簡 35.3A	使將茭尉史□在□鉼庭部即□□□□□
		封□
	簡 35.3B	使安事□□令史□

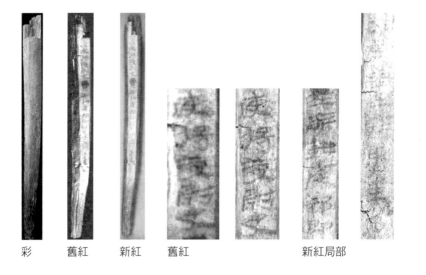

彩　　舊紅　　新紅　　舊紅　　　　　　新紅局部

5. 102 年 7 月 13 日

簡 49.9：

勞　　　　　　……□□能書會計治官民頗知律令文年五十一歲長七

尺五寸□

□□里□去官千六十三里□□□□和百□……

甲乙編	平日能書會計治官民頗知律令文年五十一歲長七尺五寸□□□
	里家去官千六十三里□□□□和百□
合校	半日能書會計治官民頗知律令文年五十一歲長七尺二寸□□□里家去官千六十三里□□□□和百□
整理小組	半日能書會計治官民〔頗知律〕令文年□十一歲長七尺二寸□
	□□□里家去官千六十三里屬張掖郡□百□
小組新釋	□半日能書會計治官民〔頗知律〕令文年〔**五**〕十一歲長七尺**六寸櫟得博厚**里家去官千六十三里屬張掖郡〔**積**〕百□

| 彩 | 新紅 | 半日 | 年五十一 | 七尺六寸 | 櫟得博厚里 | 積百 | 新紅 228.11 |

按:「櫟得博厚里」另見簡 228.11:「櫟得博厚里公☒」

6. 102 年 7 月 18 日

簡 49.31＋49.13：

勞　　　　　　日病四日官予□毋亭□後三日萬歲 長弘
　　　　　　　當曲卒屈樊子
　　　　　　　四□久背二所勑起後數日府賈季卿飲藥一齊四百一十
　　　　　　　六

甲乙編　　　　正月　□日病四日官不□□□□後三日萬歲隊長☑
　　　　　　　當曲卒屈樊于
　　　　　　　久背□□二所□□後數日府醫來到飲藥一齊□☑

合校　　　　　正月　□日病四日官不□□□□後三日萬歲隊長☑
　　　　　　　當曲卒屈樊子
　　　　　　　久背□□二所□□後數日府醫來到飲藥一齊置□☑

整理小組　　　正月□／日病四日官予□廿〔食〕□後三日萬歲隧長
　　　　　　　□
　　　　　　　當曲卒屈樊子
　　　　　　　久〔背〕二所□起後數日府賢來到飲藥一齊置十□

小組新釋　　　正月☑日病四日官予**藥廿齊**□後三日萬歲**隧**長**刺**
　　　　　　　當曲卒屈樊于
　　　　　　　久〔背〕二所**刺**起後數日府賢來**刺**飲藥一齊置十
　　　　　　　〔六〕

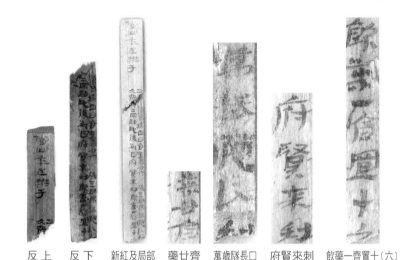

反上　　反下　　新紅及局部　藥廿齊　萬歲隧長□　府賢來刺　飲藥一齊置十〔六〕

按：「刺」指針刺，「久」指「灸」，馬王堆《五十二病方》「灸」皆書作「久」。「久背二所」指在患者背部兩處灸治。這是漢代針灸醫病的實例。居延簡中與針灸有關的還有簡 159.9A：「久脛，刺廿鍼」、《肩水金關漢簡》73EJT5:70：「欲發□四□□□□之此藥已□十箴（鍼）欵良已識／□□□□久五椎下兩束」。又簡 EPT52.320 有字跡清晰的「當曲卒屈樊于」。

7. 102 年 7 月 18 日

簡 50.9

勞	野馬除
甲乙編	☑野馬除☑
合校	☑野馬除☑
整理小組	野馬除□
小組新釋	野馬隧□

彩　　　　　　反　　　　　　新紅　　　　　73EJT21:136 及局部

按：《肩水金關漢簡》（一）73EJT21:136：「橐佗野馬隧吏妻子與金關□門
為出入符」。

8. 102 年 7 月 18 日

簡 51.18　此簡晒藍本注：「字跡模糊」，各家未釋。

《補編》　　　戍卒潁川郡郏邑□□里石□擇年〔卅〕九

小組新釋　　戍卒潁川郡郏邑□□里石□擇年〔卅〕九

彩　　　舊紅及局部　　　　　　　新紅及局部

按:《漢書‧地理志》潁川郡有郟邑。簡上「郟邑」二字甚殘，唯據殘劃只可能釋為郟邑。參《肩水金關漢簡》（一）73EJT10:196：「罷戍卒潁川郡郟邑東」。

9. 102 年 7 月 18 日

簡 52.5

勞	東里公乘何莎年廿五
甲乙編	☑東里公乘何莎年廿五☑
合校	☑東里公乘何莎年廿五☑
整理小組	☐里公乘何莎年廿五
小組新釋	☐里公乘何步年廿五

彩 52.5	新紅	新紅 52.20	新紅 41.22　涉

　　按：過去都將「何」下一字「☐」釋成「莎」或「莎」。但原字沒有水旁，簡 90.63「昌邑國東緝莎里」的「☐」字有水旁；釋「☐」為「莎」，明顯不妥。釋作「莎」，僅是隸定字形，字無可考。如將此字和其他簡上明確的「步」字如簡 52.20 的「☐」、

「」，41.22 的「涉」比對，可知此字以釋「步」為宜。

10. 102 年 7 月 19 日

簡 52.37　此簡原簡幾乎看不出筆跡，各家未釋。整理小組原也缺釋。

小組新釋　　戍卒東郡發干富□里□□

彩　　　　新紅及局部　戍卒　　　　東郡發干　　　富□里

按：《漢書・地理志》東郡有發干縣。

11. 102 年 7 月 19 日

簡 52.46

勞　　　　　　十月四日米一石二斗二升

　　　　　　　出六升四日□入官

　　　　　　　出六升三日□□之食

甲乙編　　　　十月四日米一石二斗二升

　　　　　　　出六升四日□之食

	出六升三日□□之食
合校	十月四日米一石二斗二升
	出六升四日□之食
	出六升三日□□之食
整理小組	十月四日米一石二斗二升
	出六升四日□□
	出六升三日□□之食
小組新釋	十月四日米一石二斗二升
	出六升四日〔**夜食**〕
	出六升三日**朝莫食**

彩　　　　　　　　　　　　　　新紅及局部

按：「朝莫食」詞例見《敦煌漢簡》238B，又見《關沮秦漢墓簡牘》周家臺
三十號秦墓竹簡 245。「朝莫食」指朝食和暮食。

12. 102 年 7 月 19 日

簡 52. 60

勞	□錢六百如□□
甲乙編	☑□錢六百如□□☑
合校	☑□錢六百如□□☑
整理小組	□錢六百如〔長〕□
小組新釋	□錢**九**百如**氏畢**

彩　　　　舊紅　　　　新紅　　　　新紅 136.45

按：由於補釋出「九」和「如氏」，得以查知此簡和簡 136.45：「五百廿五
□□張掾取・如氏九百錢畢」內容有關，疑是相關文書的兩簡。

13. 102 年 7 月 19 日

　　簡 53.4

勞	置佐奈咸寧
甲乙編	置佐奈威　寧
合校	置佐夶咸　寧
整理小組	置佐夶咸　寧
小組新釋	置佐秦威　寧

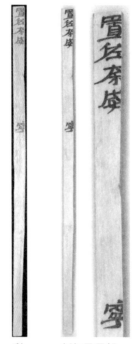

彩　　　新紅及局部

按：漢代「秦」字書作上「大」下「禾」的例證極多（例如居延簡 53.4、512.35B）。此字應可確定即為今字「秦」。

14. 102 年 7 月 19 日

簡 54.14

勞	（丁）（夘）（用）（迹）（盡）□毋（試）塞上□（迹）
甲乙編	丁亥甲渠□□□□塞出入□☑
合校	丁亥甲渠□□毋越塞出入迹☑
整理小組	丁亥甲渠□□毋越塞出入迹
小組新釋	丁亥**日迹盡界**毋越塞出入迹

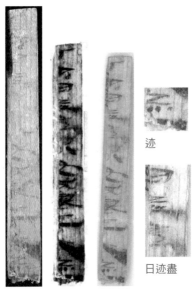

迹

日迹盡

彩　　　反　　　新紅及局部

按：此簡左側剖去，上端筆劃尤殘。勞榦原釋「（用）（迹）」反較甲乙編等所釋「甲渠」為正確。據詞例和字形可知，此簡第四字和末一字皆為「迹」字殘筆。又第五字為「盡」，也可由極常見的「迹盡」詞例確定無疑。「界」字《居延漢簡》（壹）出版時未釋出，近日劉欣寧據詞例補釋。

15. 102 年 7 月 25 日

　簡 55.12B　　各家缺釋。

　小組新釋　　　□服□已時遣具奏李掾
　　　　　　　　□□□□□□□□

彩　　　新紅

16. 102 年 7 月 25 日

　簡 56.27：

　勞　　　　　　更公□肩作□甲渠候長代□

　甲乙編　　　　◰□□□虜隧補甲渠候長□

　合校　　　　　◰□□□虜隧補甲渠候長□

　整理小組　　　□□□虜隧補甲渠候長代□

　小組新釋　　　**士吏**□**霸**徙補甲渠候長代□□

| 彩 | 反 | 舊紅 | 新紅及局部 | 士吏□霸 | 新紅 70.12 霸 |

按：「霸」字字形可參簡 70.12。「徙補」某職詞例很多，不贅舉。

17. 102 年 7 月 25 日

簡 57.2A：

勞	東郡清狟涂君欲留杜良明
甲乙編	東郡清狟涂君欲留杜良明
合校	東郡清狟游君欲留杜良明
整理小組	東郡清狟游君欲留杜良明
小組新釋	東郡清狟游君欲留杜良明

57.2B：

勞	東郡潘栢
甲乙編	東郡清狟
合校	東郡清狟

整理小組　　　東郡清狛

小組新釋　　　東郡清狛

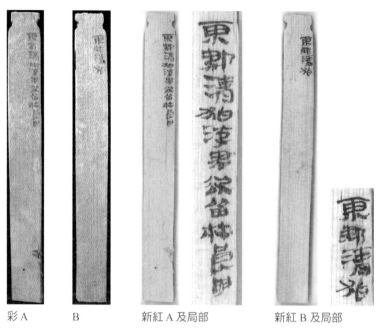

彩 A　　　　 B　　　　　　新紅 A 及局部　　　　　新紅 B 及局部

按：「東郡清狛」四字十分清晰完整，無誤。合校等釋文同。《漢書・地理志》東郡條有清縣，「莽曰清治」。莽改地名加「治」字者頗多，疑「狛」或為書手誤書，本應作清治。《漢書・地理志》地名和簡牘材料所見，因形近而訛的也不少，例如《地理志》東海郡有「祝其」，連雲港尹灣西漢牘作「況其」。[4]

4　詳參趙平安，〈尹灣漢簡地名的整理與研究〉，《尹灣漢墓簡牘綜論》（北京：科學出版社，1999），頁 148-153。

18. 102 年 7 月 26 日

簡 57.5：

勞	上雒里王聖年廿六	
甲乙編	上雒丞王聖年廿六	□□□□□卅
合校	上雒丞王聖年廿六	□□□□□卅
小組新釋	上雒里王聖年廿六 ·	**庸安君里呂可**卅

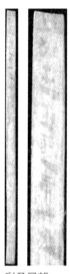   

彩及局部	反及局部	新紅及局部

19. 102 年 7 月 26 日

簡 58.20：

勞	明君年卅一賦老不□		女小女來
		二	
	□王□□年□□□□		子小□利

甲乙編	☑明君年卅一□老不□		女小女來
	二		
	☑□王□□年□□□□		子小□利
合校	☑明君年卅一□老不□		女小女來
	二		
	☑□王□□年□□□□		子小女利
小組新釋	明君年卅一睆老〔不〕□		□小女來□
	二		
	□公士□□□□□□□□		子小女利□

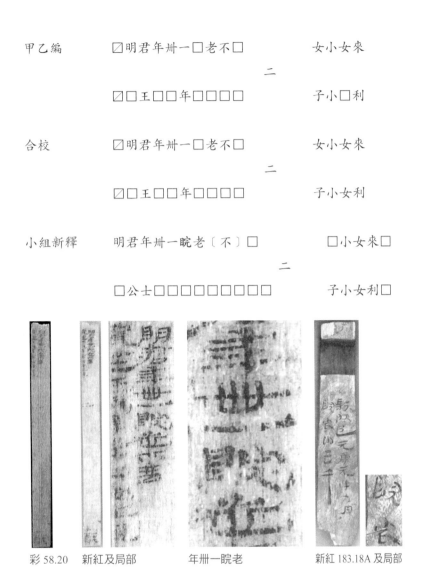

彩 58.20　　新紅及局部　　　　年卅一睆老　　　　　新紅 183.18A 及局部

按：這是第一次在居延簡中釋出「睆老」一詞。「睆老」見江陵張家山漢初墓出土《二年律令・傳律》簡 357「不更年五十八，簪裊五十九，上造六

十，公士六十一，公卒、士五（伍）六十二，皆為睆老。」此外 183.18A 封檢上也有「睆老」。因這一封檢上有宣帝元康元年紀年，可確知「睆老」一詞從漢初最少一直沿用到宣帝時期。其所指涉的年齡如何從 58～62 變化成 41，值得進一步研究。簡上「卌」一字左半部似有一不完全的豎筆，不無可能應作「五十」。睆老年齡由 58～62 降為 51，似乎較為合理。但漢世從不見「五十」有這樣的寫法、又這一豎筆如確為筆劃，整個字在行氣上就會顯得有點偏左。又此筆不全，從上下存在的其他木紋墨漬痕跡看，這筆也可能根本不是筆劃而是因運筆，墨順縱向木紋暈開所造成。因此仍釋作「卌」。

20. 102 年 7 月 26 日

簡 59.22：

勞　　　　　　二□□□通渠□□□

甲乙編　　　　二候史淳□通渠□□□

合校　　　　　□候史淳于□□□□□

整理小組　　　□候史淳于〔通槧以手書〕

小組新釋　　　〔二〕候史淳于良〔槧〕以手書

新紅 74.9 良

新紅 52.46 食

彩 59.22 新紅及局部　　　　新紅 53.22 食　　新紅 267.27　　新紅 55.5 槧

今塵集：秦漢時代的簡牘、畫像與文化流播
—— 卷二　秦至晉代的簡牘文書

按：勞、甲乙編和整理小組原釋的「通」字，「甬」部分中間豎筆未貫通上下，應非是。參酌漢簡中「食」（見第 11 條，簡 52.46、14 條，簡 53.22 的「食」字）和「良」下半部「艮」（簡 74.9）的書法，改釋為「良」。又簡 267.27 有第廿三候史淳于良，與此簡候史淳于良很可能是同一人。「槧」字可參簡 55.5。

21. 102 年 8 月 30 日

簡 63.12+188.21+194.11：

勞	校渠去　　　（流水號 2603）
	・橄臨木出（流水號 10153）
甲乙編	・校臨木十一月
合校	・校臨木十一月
整理小組	・校臨木十一〔月〕
小組新釋	・校臨木十一月郵書二封張掖居延都尉十一月壬子夜

食當曲卒同受收降〔卒〕

彩 63.12　　舊紅 188.21＋194.11　　新紅 63.12＋188.21＋194.11　　新紅 78.8

按：勞榦曾作兩種相異釋文。裘錫圭指出此簡和簡 188.21 可綴合。我們發現也可和 194.11 相綴。又此簡內容、筆跡與簡 78.8：「校臨木十一月郵書□」極相似，疑為同一人所書。

22. 102 年 8 月 30 日

簡 63.29：各家未釋。

補編 　　　　　□□□□□□□□食入

小組新釋 　　　〔官稟七月〕丙戌夜食入

彩　　　　舊紅　　　新紅及局部 官稟　　　七月丙戌　夜食

按《居延新簡》E.P.T65:154：「長辛詡詣官稟」。本簡上端殘，或在另一簡末端曾有「某長某某詣」字樣，可與本簡接讀。

23. 102 年 8 月 30 日

簡 67.4：

勞 　　　　　□□□□□　　不告理

甲乙編 　　　□□□□　　　·不告理

合校	□□□□	不告理
整理小組	□□□□□□	不告理
小組新釋	☑〔民〕頗知律令文	不告歸

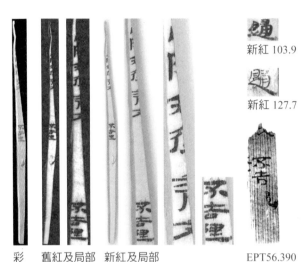

彩　舊紅及局部　新紅及局部　　　　　　EPT56.390

新紅 103.9

新紅 127.7

按「不告歸」詞例見居延簡 EPT56.390、敦煌懸泉簡 IT03093:49A。又「歸」字字形可參簡 103.9、127.7。

24. 102 年 8 月 30 日

簡 68.34+68.44：

勞	項子君餘
	錢□
甲乙編	項子君餘錢
	餘粟
合校	項子君餘錢
	餘粟

整理小組	□鴻子君餘□
	□餘粟□
裘錫圭	項子君餘錢三百六十
	餘錢百廿
小組新釋	□鳰子君餘錢三百六十
	□餘錢百廿
	□

新紅 68.34 上　　新紅 68.44 下

按：這兩片削衣確如裘錫圭所說可以完全綴合。各家所釋的「頃」或「項」
字，其右側更像「鳥」，以釋「鳰」較妥。陳侃理先生賜告北大簡「鴻鵠」
作「鳰鵠」。

25. 102 年 8 月 30 日

簡 68.60+68.51：各家分作兩簡，分作釋文

小組新釋	里□
	里宋長子餘錢
	□〔宋〕長子餘錢二百廿

新紅 68.60 上　　　　新紅 68.51 下　　　新紅 68.60＋68.34＋68.44＋68.51

按：這兩片削衣木紋相合，筆跡相同，確如裘錫圭所說可以完全綴合。又顏
世鉉發現除 68.34、68.44，和 68.51、68.60 兩殘片也可綴合。

今塵集：秦漢時代的簡牘、畫像與文化流播
　　　——卷二　秦至晉代的簡牘文書

26. 102 年 9 月 2 日

簡 70.7：

勞	入茭十束	第七日任長君	□□
甲乙編	入茭十束	第十日付屯君	二百
合校	入茭十束	第十日付屯君	二百
整理小組		第七日付屯卿	
	入茭十束		二百
小組新釋		錢七已付毛卿[5]	
	入茭十束		三月

彩　　　　反體　　　新紅

27. 102 年 9 月 2 日

簡 71.1 與簡 71.3 筆跡極似，應出同一人之手，或屬同一簡冊（參 Michael Loewe 的簡冊復原）。小組新釋和各家相同。按：居延

5　按小組原釋「屯」，今從張俊民議，改釋作「毛」。

簡中趙匡、秦恭資料頗有一些，不贅舉。

71.1　第三隧長趙匡

71.3　第一隧長秦恭

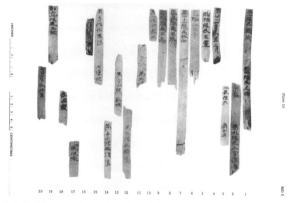

新紅　　新紅　　Michael Loewe, *Records of Han Administration*, Cambridge, 1967.
71.1　　71.3

28. 102 年 9 月 2 日

簡 71.25+71.15：各家視為二簡，
分別釋文

小組新釋　「□新始建國地皇上
　　　　　戊二年十月辛酉除
　　　　　故□」

按：這兩簡在「十月」二字間斷開，無
論斷口、字跡和簡的木紋、木色和厚薄
都相同，確如謝桂華先生所說可以完全
綴合。「新」字十分模糊，唯據筆劃殘
痕及大量詞例，可知為「新」字。

彩 71.15　　彩 71.25　　新紅
　　　　　　　　　　　　綴合後

29. 102 年 9 月 10 日

帛書 72.1：各家未釋。

補編　　　　　私書一封□〔多〕

　　　　　　　不〔復〕□□

　　　　　　　不　語事〔鳴橐〕□張時來□□

　　　　　　　所憙留□□□

小組新釋　　　私書一封□□多

　　　　　　　不復□□

　　　　　　　不□語事鳴橐急‧張時來□□

　　　　　　　所憙留□□□□☑

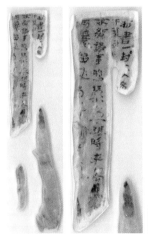

新紅 72.1 及局部　　　　新紅
　　　　　　　　　　　　4.36 急

按：此帛書背面黏貼一層紙，當是早年整理者所加。過去因圖版不清，以為
是一般木簡削衣，現經紅外線掃描、放大，見到帛的經緯織紋，方知其為帛
而非竹木。「急」字之釋，可參簡 4.36。

30. 102 年 9 月 10 日

簡 74.23：

勞	出粟□	廩□□□
甲乙編	一□□	廩□□□
合校	出粟□	廩□□□
整理小組	□□	□□□□□
小組新釋	出粟□	廩**寇虜隧卒**

彩　　　新紅及局部　出粟□　　廩寇虜隧卒

按：簡 273.27A 有「寇虜隧」。

31. 102 年 9 月 17 日

簡 75.12：各家未釋。

補編	食⊠
	食⊠

今塵集：秦漢時代的簡牘、畫像與文化流播
　　　——卷二　秦至晉代的簡牘文書

小組新釋　　　遣就家□□□□〔卅三石六斗〕

遣就家□□□□〔卅三石六斗〕

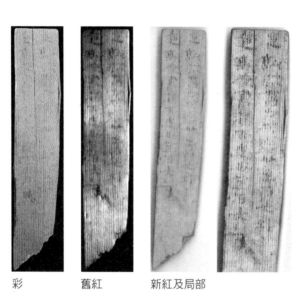

彩　　　　舊紅　　　新紅及局部

按：過去勞圖和甲乙編都未刊圖版，也無釋文。根據新紅外線檔，發現牘上左右有相同的兩行字，都由「遣就家」開頭，唯其下文太過模糊，「卅三石六斗」僅隱約可識。「遣就家」有詞例可參：

合 562.3A　　　永光元年五月戊子觻得守左尉奉移過所縣□詣肩水候往

為候之觻得取麥二百石**遣就家**昭武安定里徐就等

月丙戌赴肩水候官□行毋留止如律令

疑簡 75.12 或為寫妥，尚未對剖分判為二的別券。因尚未剖開，簡側也還沒有應該另外刻上的刻齒。

32. 102 年 9 月 17 日

簡 75.18A：

勞	宣耿
甲乙編	宣耿
合校	宣耿
整理小組	□□□　〔宣耿〕
	□
小組新釋	**張掖太守**耿
	□□　　□

彩　　　新紅　　　新紅 局部　　彩 局部

按：此簡「張掖」二字筆墨幾全殘，唯簡面仍存筆劃的清楚痕跡，故可確認
為張掖二字。

33. 102 年 9 月 28 日

簡 76.55：

勞	甲渠言今郡國□□檄□部
	‧
	具□辛可知治書□到
甲乙編	甲渠言今郡國□□檄□部
	‧
	具文章可起治書謹到
合校	甲渠言今郡國□□檄□部
	‧
	具文章可起治書謹到

彩　　　反　　　新紅及局部

整理小組	甲渠言今郡國吏民錢□□
	‧
	具文章可起治書謹到
小組新釋	甲渠言今郡國受民錢〔無郭〕
	‧
	具文章可知詔書謹到

無郭　　　知

按：漢錢有周郭（《史記‧平準書》）。此簡「無郭」二字不清晰，從上下文及殘筆推知。又舊釋「知」為「起」，不但字形不合，文義亦不可通。「文章」是漢世常詞，指錢文，「文章可知」詞例見張家山漢簡《二年律令‧錢律》：「錢徑十分寸八以上，雖缺鑢，文章頗可智（知），而非殊折及鉛錢也，皆為行錢」。舊釋「治書」二字，整理小組從之。按「治書」，

詔書

於文義欠通；此字字劃甚簡，實應釋作「詔書」。「詔」字類似寫法可參居延簡 161.9。又甲渠言某某事，後接「詔書」云云詞例，參居延簡 EPF22.162。「…詔書謹到」詞例見 EPT27.3。居延新簡中有光武年間甲渠候官回報吏民有無私鑄錢事（EPF22.37-41），此簡時代不明，或也與光武詔令民間如何用錢事有關。

34. 102 年 10 月 8 日

簡 90.33A：

勞	元康三年十月□□□
甲乙編	元康三年十月
合校	元康三年十月
整理小組	**元鳳三年十月戊子朔**

簡 90.33B：各家未釋

整理小組	□〔日〕□□□
小組新釋	**章曰酒泉庫**

按：此簡可和七枚其他殘簡綴合，已由石昇烜、高震寰和劉曉芸另撰專文〈居延漢簡 303.12 相關殘簡綴合〉。此外還有三十餘件新綴合，將由顏世鉉和石昇烜另撰專文發表。[6]由於掃描工作仍在進行中，相信還有不少可以綴合或進一步補綴。

6　初步成果已見顏世鉉，〈《居延漢簡（壹）》綴合補遺〉、〈《居延漢簡（壹）》綴合補遺三則〉、〈《居延漢簡（壹）》綴合補遺一則〉，武漢大學簡帛研究中心簡帛網（www.bsm.cn 2015.2.16）；石昇烜、顏世鉉、劉曉芸，〈居延漢簡 303.12 相關殘簡綴合〉，《古今論衡》，第 28 期（2015），頁 3-14；石昇烜、顏世鉉，〈居延漢簡綴合新成果選粹〉，《古今論衡》，第 29 期（2016），頁 57-111。綴合件數時時增加中，本文所及，僅為目前數字。

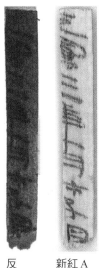

反　　　　　新紅 A　　　新紅 B　　　綴合後 A　綴合後 B

35. 102 年 10 月 8 日

簡 90.37：

勞	六月戊戌卒作□
	辛酉卒四人□
甲乙編	六月戊戌卒作范
	辛酉卒四人
合校	六月戊戌卒作范
	卒□□四人
整理小組	六月戊戌卒作范
	辛酉卒四人
小組新釋	六月戊戌卒作簿
	辛百五十四人　卩

彩

反體

新紅

36. 102 年 10 月 15 日

簡 90.85：

勞　　　　　出□□十兩

甲乙編　　　出□□十兩

合校　　　　出□□十兩

整理小組　　□□□□□□□□□□

小組新釋　　**出河內廿**兩□□□□□□

彩　　　　反　　　　舊紅　　　新紅　　　303.5 反及局部
　　　　　　　　　　　　　　　　　　　　　　「出河內廿兩帛八匹」

按簡 303.5：「出河內廿兩帛八匹…」可參。

37. 102 年 11 月 5 日

簡 100.19：

勞　　　　　☑□□米子之□□☑

甲乙編　　　☑□□米子□□☑

合校　　　　☑□□米子□□☑

小組新釋　☒

　　☒☒䑲得☒☒

彩　　　　反　　　　舊紅　　　新紅

38. 102 年 11 月 5 日

簡 101.4A：

勞	☒男女等取
甲乙編	叩男女等耳
合校	叩男女等耳
整理小組	☒男女等耳
小組新釋	☒男女等耳

簡 101.4B：

| 勞 | 以補一傳課 |

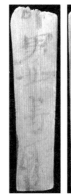

彩 A　　　　　B

	直平可以□張除
	時病不…
甲乙編	□以補一馬□
	直平可以補一馬□
	時病不□
合校	□以補一馬□
	直平可以補一馬□
	時病不□
整理小組	□以□一□□
	直平可以□一馬□
	時病不□
小組新釋	〔可〕以祠馬騍
	直平可以祠馬騍
	時病不☒

反A　　新紅A

反B　　新紅B
　　　　及局部

馬騍　　馬騍

按：此簡一面書寫一行，另一面三行，筆跡及字體大小不同，內容互不相干。「騍」即「祼」。「直平可以祠馬祼」是說直平日可以行與馬有關的祝禱。馬祼可參《睡虎地秦墓竹簡》・日書甲種：[7]

馬：

祼祝曰：「先牧日丙，馬祼合神。」・東鄉（嚮）南（嚮）各一馬□□□□□中土，以為馬祼，穿壁直中，中三服，

　　　　　　　　　　　　　　（簡156背）

7　睡虎地秦墓整理小組編，《睡虎地秦墓竹簡》（北京：文物出版社，1990），頁227-228。

　今塵集：秦漢時代的簡牘、畫像與文化流播
　　　　——卷二　秦至晉代的簡牘文書

四廄行:「大夫先敚兕席,今日良日,**肥豚清酒美白粱,到主君所**。主君

笱屏詷馬,毆(驅)其央(殃),去 （簡157背）

其不羊(祥),令其□耆(嗜)□,□耆(嗜)飲,律律弗御自行,弗毆(驅)

自出,令其鼻能槊(嗅)鄉(香),令耳悤(聰)目明,令

（簡158背）

頭為身衡勊(脊)為身剛,腳為身□,尾善毆(驅)□,腹為百草囊,四足善行。主君勉飲勉食,吾 （簡159背）

歲不敢忘。」 （簡160背）

肩水金關簡中也有「馬祱」祝詞:[8]

不蚤不莫得主君閒微肥□□乳黍飯青酒至主君所主君□方□□□

（73EJT11:5）

肖毋予皮毛疾以幣□剛毋予脅疾以成 （73EJT11:23）

又湖北荊州周家臺三十號秦墓出土的竹簡病方中有禱祝以去馬疾者,亦可參:[9]

‧〈馬心〉禹步三,鄉(向)馬祝曰:「高山高絲,某馬心天,某為我已之,并企侍之。」即午畫地,而最(撮)其土,以靡(摩)其鼻

---

8 馬祱相關研究可參王子今,〈居延「馬祱祝」簡文與「馬下卒」勞作〉,收入台大中文系主辦,《先秦兩漢出土文獻與學術新視野國際研討會論文集》(2013.6.25)、〈肩水金關簡「馬祱祝」祭品用「乳」考〉,收入金塔縣政府主辦,《居延遺址與絲綢之路歷史文化國際學術研討會論文集》(2013.8.23)、《秦漢稱謂研究》(北京:中國社會科學出版社,2014),頁231-236。

9 湖北省荊州市周梁玉橋遺址博物館編,《關沮秦漢墓簡牘》(北京:中華書局,2001),頁132;釋文參陳偉主編,《秦簡牘合集》(參)(武漢:武漢大學出版社,2015),頁66修改。

中。（簡 346）

39. 102 年 11 月 5 日

簡 101.5A：

勞	國都尉□都尉北部
甲乙編	都尉□□都尉北部
合校	都尉□□都尉北部
整理小組	☑
小組新釋	國都尉農都尉北部

彩　　　　反　　　　新紅　　　10.32

按：簡 10.32、65.18 有「屬國農都尉」指屬國農或農部都尉、屬國都尉。本
簡「國」和「農」字皆極殘，唯由詞例及殘筆推知，原應作「國」、「農」二
字。

40. 102 年 11 月 5 日

　　帛書 102.5：

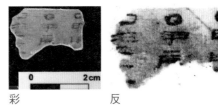

彩　　　　　　反

勞	甲申
	甲辰
	□□□

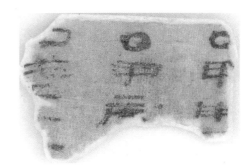

甲乙編	○	甲申
	○	甲辰
	○	甲寅
合校	○	甲申
	○	甲辰
	○	甲寅
整理小組	○	甲申
	○	甲辰
	○	**戊子□□**

新紅

按：過去或因圖版模糊，無人指出此件為帛。經察原件，由經緯織紋知其為絲帛殘片。又最末一行舊釋「甲寅」，據殘筆「甲」字實為一圓圈，「寅」字應為「戊」，實應釋為「戊子□□」。

41. 102 年 11 月 5 日

　　簡 103.46A：

勞	熹叩頭言
	□□足下曰目言敢具意因道□ 就買羊
甲乙編	叩〓頭〓言
	□□足下曰相見言敢具意因道□ 欲買羊
合校	熹叩頭叩頭言
	□□足下曰相見言敢具意因道意熹欲買羊

整理小組	熹叩=頭=言
	□敢具意因道熹欲買羊□（圖版上中下三段綴合有誤，上

段待查）

小組新釋	熹叩=頭=言☑
	三老足下日相見□敢具意因道憙
	欲買羊□

簡 103.46B：

勞	□□久負三老叩=頭=重叩頭□
	意既毋云
	□上三老
甲乙編	□□久負三老□意既毋云=叩=
	頭=重叩頭
	上三老

反 A   B

合校	□□久負三老□意既毋云云叩頭
	叩頭重叩頭
	上三老
整理小組	□意既毋云=叩=頭=重叩頭□
小組新釋	□□久負三老□意既毋言=叩=
	頭=重叩頭□
	□
	□三老

按：原簡斷裂為三截，勞圖部分拚接顛倒。重新調
整，作出新釋文。

新紅 A   B

今塵集：秦漢時代的簡牘、畫像與文化流播
　　——卷二　秦至晉代的簡牘文書

42.102 年 11 月 5 日

簡 104.42A：

勞　　　　　□亭補□搖

逢干□置毋益‧卅七隧卒商□□采十□‧第廿九隧長

王禹一□□曲□□‧第廿二隧卒□

甲乙編　　　即補□棰

蓬干□置毋益‧卅一隧卒商□毋采十六月‧第廿六隧

長

王禹□一曲完繕‧第廿二隧卒楊

合校　　　　即補□棰

蓬干□置毋蓋‧卅一隧卒商□毋采十六月‧第廿六隧

長

王禹□一曲完繕‧第廿二隧卒楊

整理小組　　□補□棰

□蓬干□置毋益‧卅一隧卒□□□〔粟〕十六月‧第

廿九隧長

□□□□曲□□‧第廿二隧卒□

小組新釋　　〔帛〕補〔緞〕撻

□蓬干□置毋蓋‧卅一隧卒□□□〔粟〕十六月‧第

廿九隧卒

王禹□□曲憲□‧第廿二隧卒□

簡 104.42B：

勞　　　　　□積薪東頃十四隧長房井塢上北面薪傷不補

甲乙編　　　積薪東頃—十四隧長房井塢上北面新傷不補

合校	積薪束頃─十四隧長房井塢上北面新傷不補
整理小組	□積薪束頃・十四隧長房□塢上北〔面新傷不補〕
小組新釋	□積薪束頃・十四隧長房拓塢上北〔面新傷不補〕

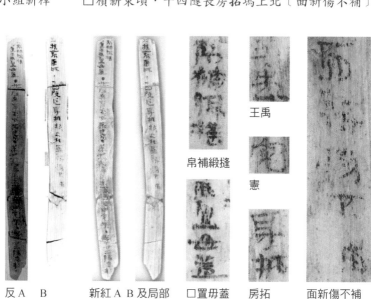

反A　B　　　　　新紅A B及局部　　□置冊蓋　　房拓　　面新傷不補

王禹

帛補緞撻

憲

按：簡 143.15，EPT51.344 有「十四隧長房拓」。肩水金關漢簡 73EJT21.262
有「緞」字。

43. 102 年 11 月 5 日

簡 109.9：

勞	印曰□□□
	元康元年九月乙亥士吏平以來
甲乙編	印曰□□□印
	元康元年九月乙亥士吏平以來
合校	印曰□□□印

	元康元年九月乙亥士吏平以來
整理小組	印曰□□□印
	元康元年九月乙亥士吏平以來
小組新釋	印曰鯥得令印
	元康元年九月乙亥士吏平以來

彩　　　反　　　新紅及局部

44.102 年 11 月 12 日

簡 110.1A+110.5A：

勞	更始三年二月癸丑朔□
甲乙編	建始三年二月癸丑朔☑
合校	更始三年二月癸丑朔☑
整理小組	更始三年二月癸丑朔第〔卅六〕隧長護敢言之謹移
小組新釋	更始三年二月癸丑第〔卅六〕隧長護敢言之謹移

簡 110.1B+110.5B：

勞　　　　　　詣官當教五十上
甲乙編　　　　詣官當教五十上　　下
合校　　　　　詣官當教五十上　　下
整理小組　　　詣官當教五十上　　下
小組新釋　　　詣官當教五十上　　下

反　上　　　下　　　　新紅 A 及局部　　　新紅 B

按勞圖缺 110.5B。又此簡出土於 A8 甲渠候官遺址，其他同地出土提到第卅
六隧的簡頗多（103.47、244.12、244.13、265.35、479.6、EPT40.151、
EPT65.67A、EPT65.322、EPF22.482）。本簡「卅六」二字極殘，卅、六二
字間有橫向裂紋，二字殘筆分在裂紋上下；依殘筆，較可能是「卅六」。又
各家所釋「朔」字當為「第」字。

45.102 年 11 月 12 日

　簡 110.38：各家未釋

　　整理小組　　　新始建國地皇上戊元年五月戊子〔日〕六〔分〕□

　　小組新釋　　　新始建國地皇上戊元年五月戊子日入八分□

　　　　彩　　　舊紅　　　新紅

46.102 年 11 月 19 日

　簡 112.23：

　　勞　　　　　　　　　　　　有方二破斧頭一破‧皆已易

　　　　　　　　第五隧長趙延年　　　　　　　積薪四小□

　　　　　　　　　　　　　　　蕉索一幣‧已易

　　甲乙編　　　　　　　　　　有方二破斧頭一破‧皆已易

　　　　　　　　第五隧長趙延年　　　　　　　積薪四小

　　　　　　　　　　　　　　　蕉索一幣‧已易

合校   有方二破斧頭一破·皆已易

            第五隧長趙延年   積薪四小

                        蕉索一幣·已易

整理小組   有方二破斧頭一破·皆已易

          □第五隧長趙延年   積薪四小

                        蕉索一幣·已易

小組新釋   **斧刀**二破斧頭一破·皆已易

            第五隧長趙延年   積薪四小□

                        蓬索一幣·已易

彩   舊紅及局部   新紅及局部

47. 102 年 11 月 26 日

簡 116.53：

勞	・□官大夫邟武□□里年廿八□□和□□□□
甲乙編	・□官大夫邟武□□里年廿八□□和□□□□☑
合校	・□官大夫邟武□□里年廿八□□和□□□☑
整理小組	・□官大夫邟武□□里年□八□□□□□□
小組新釋	・□官大夫**昭武長壽**里年〔**卅**〕八□□□□□□**初元**

初元

| 彩 | 新紅及局部 | 昭武長壽里 | 卅八 |

48. 102 年 11 月 26 日

簡 117.39：各家未釋

小組新釋　　〔**水**〕臨田隧長□□□

按：簡 239.102 有「水臨田隧長□」可參。

新紅

舊紅
239.102

49. 102 年 11 月 26 日

簡 118.5：

勞	□□□思換為橐他石南亭長
甲乙編	□史宜其官以令授為橐他石南亭長
合校	不宜其官以令授為橐他石南亭長
整理小組	□不宜其官以令授為橐他石南亭長
小組新釋	**能**不宜其官以令**換**為橐他石南亭長〔**代**〕

彩　　　反　　　舊紅　　　新紅

按：居延簡中「能不宜其官」、「換為某某」詞例甚多（203.33、213.54、
EPT50.18、EPT51.63、EPT51.236、EPT51.520、EPT52.7）。

50. 102 年 12 月 3 日

簡 119.9B+119.70B：各家缺釋

小組新釋　長安□□里〔王〕□〔年卅〕☑

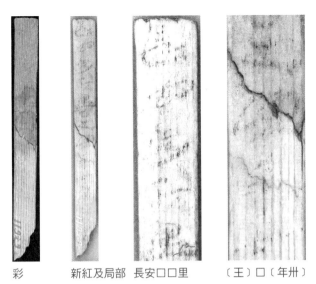

| 彩 | 新紅及局部 | 長安□□里 | 〔王〕□〔年卅〕 |

按：B 面字跡已完全不可見，當年很可能以為沒字而沒有攝影，無圖版，各
家因此也沒有釋文。使用紅外線才看見極為模糊的字跡。

51. 102 年 12 月 3 日

簡 119.11+350.56：

| 彩 | 反 | 新紅 | 誤綴處 |

按：原簡綴合錯誤，《合校》已正確指出。釋文應各自獨立。今後圖版將分別排列。

52. 102 年 12 月 10 日

簡 121.16：各家缺釋

補編　　　　從卒河東絳邑亭長枚〔段〕年〔冊〕

小組新釋　　從卒河東絳邑亭長枚段年冊

彩　　　舊紅　　新紅

53. 102 年 12 月 10 日

簡 121.12A：各家缺釋

整理小組　　地節三年九月甲寅朔丙寅都鄉佐建德敢言之
　　　　　　毋官獄徵事當得以令取傳謁移過所縣

小組新釋　　地節三年九月甲寅朔丙寅都鄉佐建德敢言之
　　　　　　毋官獄徵事當得以令取傳謁移過所縣

彩　　　舊紅　　　新紅

54. 102 年 12 月 10 日

簡 121.13A：各家缺釋

整理小組　　🔆乙亥視事以來□一卷

小組新釋　　🔆乙亥視關以來傳〔卷〕

簡 121.13B：

甲乙編　　　🔆□

合校　　　　🔆□

整理小組　　🔆□□

小組新釋　　🔆□□□

A彩　　　新紅及局部　　　B彩　　　新紅

55. 102 年 12 月 10 日

簡 121.29：

勞　　　　田卒魏郡□陽北□□

甲乙編　　田卒魏郡□陽北□□

合校　　　田卒魏郡□陽北□□

補編　　　田卒魏郡〔犁〕陽北市〔里〕大〔夫〕

小組新釋　**田卒魏郡犁陽北市里大夫**

彩　　舊紅　新紅

按：原簡字跡褪色嚴重。利用紅外線，方得補釋若干字。

56. 102 年 12 月 17 日

簡 122.27：各家缺釋

補編　　　萬年隧長〔虞〕□　　□□□□

小組新釋　萬年隧長**虞章**　　**二月奉帛□□**

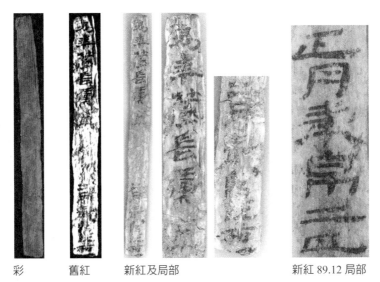

彩　　　舊紅　　新紅及局部　　　　　　新紅 89.12 局部

按：原簡字跡幾乎不可見。居延新簡 EPT65.522 有「萬年隧長虞章」。「奉帛」詞例見簡 89.12。

57. 102 年 12 月 24 日

簡 124.9：各家缺釋，補編也未收。

小組新釋　　　□〔先〕以證不言請律□

新紅及局部　　先以證不言情律　證不言情律

按：「證不言請」即「證不言情」，漢世法律常詞，例證甚多，不贅舉。

58. 102 年 12 月 24 日

簡 124.15A：

勞	三寸□二丈七尺□
甲乙編	□□寸□二丈七尺□
合校	□□寸裒二丈七尺□
整理小組	□□一寸裒二丈□尺□
小組新釋	**尺三寸裒二丈七尺問**

簡 124.15B：

勞	丈二尺問□□□毋積
甲乙編	丈二尺問□□□日積
合校	丈二尺問□□□日積
整理小組	丈二尺問□□□日積□
小組新釋	**丈二尺問積幾何曰積□**

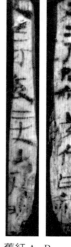

彩 A　B　　舊紅 A　B

按：因為釋出「問積幾何」等字，遂得肯定這是算術書的
殘文。現在出土的算術書已不少，此簡內容屬於哪本算術
書，待考。《九章算術》卷五〈商功〉有以下算題句式可
供參考：

今有垣，下廣三尺，上廣二尺，高一丈二尺，裒二
十二丈五尺八寸，**問積幾何**？答曰六千七百七十四
尺。

此外，簡 126.5：「六斗二升廿七分升廿六**術曰**
并上下」有「**術曰**」二字，這和嶽麓書院藏秦簡
《算書》、北京大學藏秦簡《算書》甲種和丙

新紅 A　B

種、[10]張家山漢墓出土《算數書》用語相同，無疑也是某種算術書的殘文。

59. 102 年 12 月 24 日

簡 125.29：各家未釋，補編未收

小組新釋　　力諷誦

新紅

按：此簡極殘，唯殘筆清晰，原為《蒼頡篇》「勉力諷誦」句後三字「力諷誦」無疑。這一簡是由適巧來參觀的上海復旦大學郭永秉釋出。在同地出土，同一包號簡中另有兩面書寫「子承詔力謹慎 力」（125.38B）云云重複書寫《蒼頡篇》的習書殘句。

10　參韓巍，〈北大秦簡《算書》土地面積類算題初識〉，《簡帛》，第八輯（上海古籍出版社，2013），頁 29-42。

60.102 年 12 月 24 日

簡 126.43：各家未釋，補編收錄

補編　　　　　□□隧長〔常〕賢
　　　　　　　□

小組新釋　　　**臨渠隧長常賢**
　　　　　　　□□〔隧長〕□□

臨渠隧長常賢

彩　　　　　舊紅　　　新紅及局部　臨渠

按：曬藍本注：「字跡模糊不可釋」。沒有反體照片。原簡目前的確字跡難
辨。

臨渠隧資料甚多（例如簡 75.17、183.10、502.3），屬肩水候官。隧長常賢
資料也不少（例如 562.21、EPT51.89、EPT53.293）。

61. 103 年 1 月 7 日

簡 135.18：各家未釋，補編未收

小組新釋　　十月旦見折傷牛車十二

按：甲乙編甲附 30「掖甲渠正月盡三月四時出
折傷牛車二兩失亡以□□□」

補編錄國家圖書館藏簡 C30：「掖甲渠正月盡三
月四時出**折傷牛車二兩失亡以**赦令除」。

62. 103 年 1 月 7 日

簡 135.35：

新紅　　　舊紅 C30

勞　　　　　甲渠言邊款

　　　　　　　●

　　　　　　就封府

甲乙編　　　甲渠言遣

　　　　　　　•

　　　　　　就書府

合校　　　　甲渠言遣掾

　　　　　　　●

　　　　　　就書府
　　　　　　甲渠言遣掾

補編　　　　•

　　　　　　輸錢府
　　　　　　甲渠言遣掾

小組新釋　　•

　　　　　　輸錢府

| 反體 | 舊紅 | 新紅 | 新紅 30.15 局部 |

按：「輸錢府」詞例見簡 30.15（勞圖版 241）。

63. 103 年 1 月 14 日

簡 136.5：勞無圖版，各家未釋

補編　　　　□養馬二匹積廿四日

小組新釋　　**世**養馬二匹積廿四日

| 彩 | 舊紅 | 新紅 |

64. 103 年 1 月 21 日

簡 137.11：各家及補編未收

小組新釋　　書□券別

居延圖202
112·28

居延圖159　居延圖216　居延圖12
203·47　　133·23　　310·19

居延圖227　居延圖344　居延圖313
113·18　　224·5　　266·19

居延圖307　居延圖311　居延圖115
225·3合　188·21合　455·11

彩　　　新紅　　「書」字例　木簡字典　「別」字例

65. 103 年 1 月 21 日

簡 139.35A：

勞　　　　　入六月賦用錢三百六十檄之　　□和二□

甲乙編　　　入六月賦用錢三百六十檄之　　□ 二□

合校　　　　入六月賦用錢三百六十檄之　　□ 二□

補編　　　　入六月賦用錢三百六十檄之　　□□二□

小組新釋　　入六月**財**用**札**三百六十檄**廿**　　**綏和**二年

按：居延新簡 EPT52.135：「八尺財用五百枚」，額濟納漢簡
2000ES7SF1.6B：「☑省卒趙宣財用檄到召□□詣官毋後司馬都吏」有「財
用」一詞。「財」通「材」，指用為札和檄等之材木。舊釋「之」字，實為

「廿」，其例可參居延簡 89.9、104.34B、262.8、270.18。「札三百六十檠廿」指札三百六十枚，檠二十枚。簡 EPT52.726 所記札、檠可與此簡對讀：

兩行

☑月輸　　　札三百☑

檠廿☐

又「綏和」二字草書筆劃甚簡，類似書法見簡 121.3。

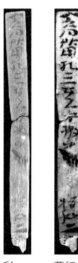

| 彩 | 舊紅 | 新紅及局部 | 財用札 | 綏和 | 新紅 121.3 局部 綏和二年 |

66. 103 年 2 月 11 日

簡 140.26：

勞	☐☐☐國☐☐里公乘☐☐☐年廿八
甲乙編	☐☐☐國☐☐里公乘☐☐☐年廿八
合校	☐☐☐國☐☐里公乘☐☐☐年廿八
補編	☐☐☐〔國〕☐☐里公乘☐☐☐八
小組新釋	**戊辛淮陽國陳☐里公乘☐☐☐☐八**

今塵集：秦漢時代的簡牘、畫像與文化流播
──卷二 秦至晉代的簡牘文書

 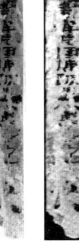  

彩　　　　反　　　　舊紅　　　新紅及局部　戍卒淮陽國

按：反體照片曾被塗描。居延簡中來自淮陽國之戍卒甚多。本簡字跡甚殘，「戍卒淮陽」四字據殘筆推定。

67. 103 年 2 月 11 日

簡 141.2B：

勞	未釋	
甲乙編	鄭光　　　　　置□灺□□	
	戍卒倡鄭光　　君前	
合校	鄭光　　　　　置□灺□□	
	戍卒倡鄭光　　君前	
補編	鄭光□印　　　　　　置□□發	
	□□午候長鄭光□□□　君前	
小組新釋	鄭光私印　　　　置佐〔**輔**〕發	
	□戍午候長鄭光**以來**　君前	

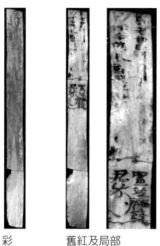

彩	舊紅及局部	新紅及局部

按：合校編號作 X141.2，實為 141.2 簡背。

68. 103 年 2 月 18 日

簡 142.21：各家未釋

小組新釋　　毋定出

新紅 142.21 及局部	反 511.35	反 512.33

按：「毋定出」詞例見簡 511.35、512.33。

69.103 年 2 月 18 日

簡 142.27：

勞	常便不如隧陽命直簿不
	相□同其□卿毋奇心內
	傷俱變□頭□□篤傳六
	致黃□詳
甲乙編	常便不如房陽命直簿不
	相當同其□難其卿毋奇
	袁內傷俱變□頭痛驚傳
	六致黃護詳
合校	常便不如房陽命直簿不
	相當同其□難其卿毋奇
	袁內傷俱變□頭痛驚傳
	六致黃護詳
小組新釋	常便予如陰陽命直簿不
	相當同其父離其鄉毋可
	告心內傷願變化□□驚
	傳六設黃鵠詳

願變化□□　毋可告

彩　　　反　　舊紅　　新紅及局部

按：此簡內容為三字一句韵文，應為某失傳典籍殘文。其句讀如下：「常便予，如陰陽；命直薄，不相當；同其父，離其鄉；毋可告，心內傷；願變化，□□驚；傳六設（舍），黃鵠詳（翔）」。

70. 103 年 2 月 18 日

簡 143.27+143.32+143.33：

勞	壽自言候長處賜隧長忠〃自傷憲不傷忠言府□一事一封
甲乙編	□壽自言候長憲傷隧長忠〃自傷憲不傷忠言府‧一事一封
合校	□壽自言候長憲傷隧長忠忠自傷憲不傷忠言府‧一事一封
小組新釋	史輔自言候長憲傷隧長忠〃自傷憲不傷忠言□‧一事一封

彩　　　反　　　舊紅　　　新紅及局部　史輔　　　EPT51.228

51.228
候史輔

按：各家所釋「壽」字明顯有誤，據字形應作「輔」。居延新簡 EPT51.228

今塵集：秦漢時代的簡牘、畫像與文化流播
——卷二 秦至晉代的簡牘文書

有候史輔，是知此簡第一字雖僅存下半字，實即「史」字。簡 EPT51.228 內
容涉及臨木候長憲、候史輔和隧長忠，和本簡內容明顯有關。

71. 103 年 2 月 18 日

簡 145.7B：

勞	尉史赦之
甲乙編	尉史赦之
合校	尉史赦之
小組新釋	尉史赦之

| 彩 | 新紅及局部 | 吏谷漢受 5428 | 吏殷連受 3179 | 掾孫儀受 8595 |

按：此為簡背書寫者尉史的署名，「尉史」二字連筆，「赦之」二字雖筆劃各
自獨立，但筆劃也交疊在一起，頗具特色。這樣的署名特色，在長沙走馬樓
吳簡中似進一步發展成連筆字「漢受」、「連受」、「儀受」等。[11]「尉史赦之」
又見簡 173.15B。

11　例證詳見邢義田，〈漢至三國公文書中的簽署〉，《文史》，第 3 輯（2012），頁 163-
198。

72.103 年 2 月 18 日

簡 145.17：

勞	□□□　　□□　里□□□
	莫山
甲乙編	□
	莫山
合校	□
	箕山
補編	□
	□□□□□□□□里
	箕山
小組新釋	**戍卒河東絳邑□□里□**
	箕山　　　　　　　**卞**

彩　　　　反　　　　舊紅　　　　新紅

73. 103 年 2 月 25 日

簡 146.11：

勞　　　　　首塞虜□□□

甲乙編　　　首塞虜□□□

合校　　　　□塞虜□□□

小組新釋　　食塞虜隧長趙□□

彩　　　反　　　舊紅　　新紅

按：《肩水金關漢簡》73EJT23.497 有「塞虜隧」。

74. 103 年 3 月 4 日

簡 149.30：

勞　　　　　從高中□

甲乙編　　　後亭中☑

合校　　　　後□中☑

小組新釋　　從虜中

虜字例		木簡字典
居延圖165 145·20	居延圖216 133·11	
居延圖529 276·8	居延圖225 206·3	
居延圖111 155·2A	居延圖22 149·30	
居延圖426 73·23	居延圖437 303·31	
居延圖117 170·5A	居延圖63 118·1A	
居延圖85 502·2	居延圖448 214·116	

彩　　反　　舊紅　　新紅　　虜字例　木簡字典

按：《居延新簡》EPT27.20「☐詰寧從虜中來毋所☐」。

75. 103 年 3 月 11 日

簡 154.29：

勞	第四隧卒高☐
甲乙編	第三十隧卒高☐
合校	第三十隧卒高☐
小組新釋	第十三隧卒萬☐

按：EPT59.273、EPF22.119、
EPF22.439 有第十三隧。勞榦舊釋
一「四」字，「四」字之上，「第」
字之下應有一已殘的「十」字；
「四」字書作「亖」，為王莽時期
簡的特徵。EPF22.439 簡有始建國
天鳳五年紀年。

彩　　反　　舊紅　　新紅

今塵集：秦漢時代的簡牘、畫像與文化流播
——卷二　秦至晉代的簡牘文書

76. 103 年 4 月 1 日

簡 159.11：

勞	幸二甚二始春
	□昜□卬□□
甲乙編	□幸二甚二始春□
	□昜□卬□□□
合校	□幸甚幸甚始春□
	□昜□卬□□□
小組新釋	幸二甚二始春
	□數御酒食

| 彩 | 反 | 舊紅 | 新紅 |

居延圖438
458・1A

居延圖167
174・11

數字例
木簡字典

按：「御酒食」詞例見 EPT54.18。原釋出「御酒食」，劉增貴又補釋出「數」字。

77. 103 年 4 月 8 日

簡 161.4：各家未釋

小組新釋　　第七隧卒覆賀　十二月食三石三斗三升少　十一月丙寅卒馮喜取　▽

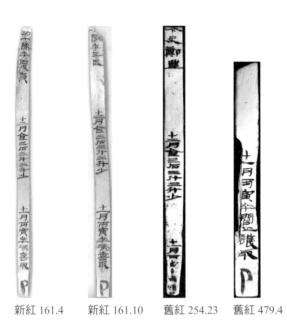

新紅 161.4　　　新紅 161.10　　　舊紅 254.23　　　舊紅 479.4

按：勞圖誤刊此簡無字簡背，以致各家未釋有字正面。又此簡與簡 161.10、254.23（下端殘）、479.4（上端殘）書法、墨色、內容同，原應屬同一簡冊。Michael Loewe, *Records of Han Administration*, plate11 MD8 曾復原此一殘冊，共列二十一簡，未收簡 161.4。其所列簡是否皆屬同一冊，部分可商，暫不多論。

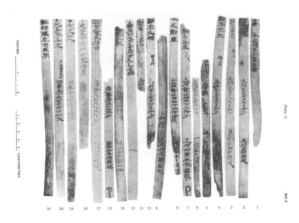

78. 103 年 4 月 8 日

簡 163.4：

勞	・四時行塞候自吏以揳言字好人入將人□每忘
甲乙編	・匈奴人入塞候尉吏以檄言匈奴人入犯入□
合校	・匈奴人入塞候尉吏以檄言匈奴人入犯入□
小組新釋	・匈奴人入塞候尉吏以檄言匈奴人入犯人**數都尉**

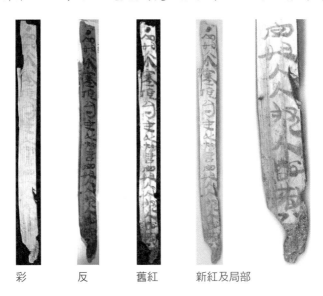

彩　　　　反　　　　舊紅　　　新紅及局部

按：類似詞例見 EPF16.12：「・匈奴人入塞候尉吏甌以檄言匈奴人入烽火傳
都尉府毋絕如品」。

79. 103 年 4 月 15 日

簡 169.2A：各家未釋

小組新釋：不雜廁☐

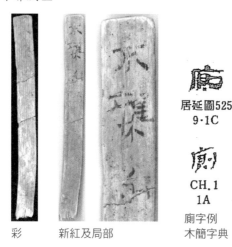

居延圖525
9·1C

CH.1
1A

廁字例
木簡字典

彩　　新紅及局部

按：此為《急就篇》「分部別居不雜廁」殘句。本簡「廁」字甚殘，唯據殘

筆仍可確認其為廁字。

80. 103 年 4 月 15 日

簡 171.2A：

勞	☐一月五日廩☐南塞☐裏	☐☐☐
	☐得	言☐☐
甲乙編	☐一月五日廩☐與塞☐裏	☐☐☐
	☐得	言☐☐
合校	☐一月五日廩☐與塞☐裏	☐☐☐
	☐得	言☐☐
小組新釋	☐一月壬申橐佗守候塞尉義　☐	
	☐	

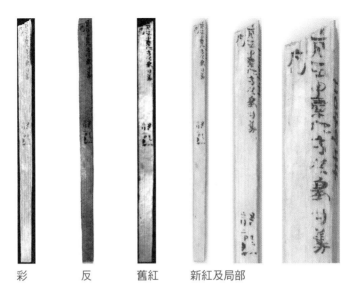

彩　　　　反　　　　舊紅　　　新紅及局部

81. 103 年 4 月 15 日

　　簡 173.15B：

勞	餘錢千八十□	餘七千六百九十人
	出一千四百……校之輔各二月奉	
	出……交為午奉	
	出……簿隧長邢尚奉	
甲乙編	餘錢千八十□	餘七千六百九十七
	出二千四百校□之輔各二月奉	
	出交為午奉	
	□七十□虜隧長邢尚奉	
合校	餘錢千八十□	餘七千六百九十七
	出二千四百□□之輔各二月奉	
	出□□□奉	
	出七十□歲隧長邢齊奉	

小組新釋　　　餘錢千八十七萬　　　　　餘七千六百九十□

出二千四百**尉史赦之輔**各二月奉

□

出六百**候史多牛**奉

出□□九十萬**歲隧長邢齊**奉

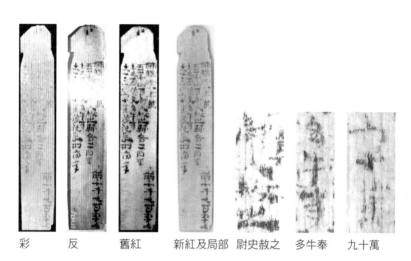

彩　　　反　　　舊紅　　　新紅及局部　尉史赦之　多牛奉　九十萬

按：候史「多牛」見肩水金關簡 EJT6.39。居延簡 8.6 有「邢齊」。

82. 103 年 4 月 22 日

簡 173.21：

勞	者尤曰即小分毋出自乘小子化之□
甲乙編	者□曰即令分毋出自乘令子從之□
合校	者□曰即令分毋出自乘令子從之□
小組新釋	者尤曰即令分母出自乘令子從之□

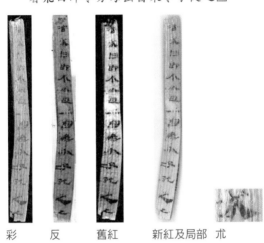

彩　　　反　　　舊紅　　　新紅及局部　尤

按：此簡為某種算數書殘文，可句讀為：「者。尤曰：即令分母出自乘，令
子從之□」。尤即術。周家臺三十號秦墓有算數簡殘文「求斗尤曰」（簡
243）云云。術曰、分母、子、自乘皆算數書常詞。江陵張家山竹簡《算數
書》可參。

83. 103 年 4 月 22 日

簡 174.7：

勞	□虜三隧長王鳳張封
甲乙編	萬歲隧長王鳳張□
合校	萬歲隧長王鳳□□

小組新釋　　　□殄北第三隧長王鳳張□

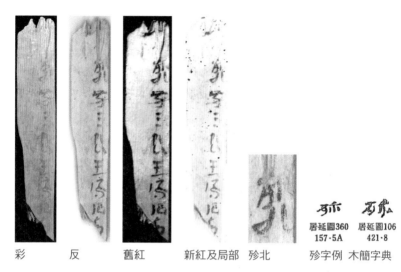

彩　　　反　　　舊紅　　　新紅及局部　殄北　　　殄字例　木簡字典

居延圖360　居延圖106
157·5A　　421·8

按：「隧長」二字書寫極簡且相連，細辨則知為隧長二字。

84. 103 年 6 月 17 日

簡 188.5：

勞　　　　　　二石牢其□□

　　　　　　　　　　　　　　　見

　　　　　□就多若干者月日

甲乙編　　　一石字其小公

　　　　　　　　　　　　　　　見

　　　　　□就多若干者月日

合校　　　　一石字其小公

　　　　　　　　　　　　　　　見

　　　　　□就多若干者月日

小組新釋　　□石字某公

　　　　　　　　　　　　見
　　　　　　　□視事若干歲月日

彩　　　反　　　新紅　　　新紅 61.2 某

按：「某」字字形可參簡 61.2。「歲月日」意即於某年某月某日。此簡為文書
「式」殘文。

85. 103 年 6 月 24 日

簡 190.28：

勞	□書毋受有
甲乙編	書毋可不有
合校	書毋可不有
小組新釋	□書毋忽有

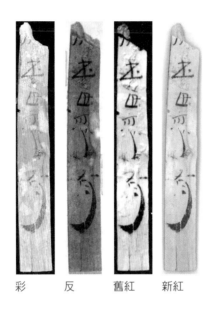

| 彩 | 反 | 舊紅 | 新紅 |

按：「毋忽」為簡中常詞，又 EPT52.572：「具會夕**毋忽**有教」。

86. 103 年 6 月 24 日

簡 192.25：

勞	書佐檪得辟非里趙通	已得代奉正月辛未除見　有父見
	年廿三長七尺四寸	能書會計（治）
甲乙編	書佐檪得傳圭里趙通	已得代奉正月辛未除見　有父見□
	年廿三長七尺四□	能書□□能　　畜馬一匹
合校	書佐檪得萬年里趙通	已得代奉正月辛未除見　有父見□
	年廿三長七尺四寸	能書會計治　　　畜馬一匹
小組新釋	書佐檪得萬年里趙通	元〔康〕四年正月辛未除見　有父□
	年廿三長七尺四寸	能書**毋它能**　　　畜馬一匹

今塵集：秦漢時代的簡牘、畫像與文化流播
——卷二　秦至晉代的簡牘文書

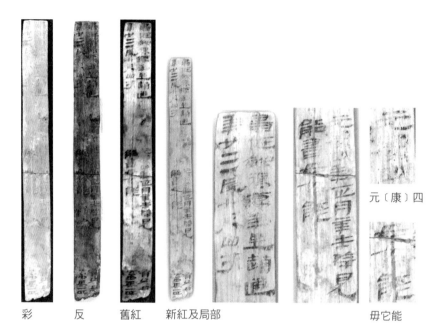

| 彩 | 反 | 舊紅 | 新紅及局部 | | 毋它能 |

元〔康〕四

按：「康」字極模糊，由筆劃殘痕推定。唯元康四年正月無辛未，待考。

87. 103 年 7 月 15 日

簡 193.26：

勞	再通大為行一通□
	足官□尊□□
甲乙編	再通□□□一□□
	足下三□十□
合校	再通□□□一□□
	足下三□十□
整理小組	再通大高□一通凡
	足官所商計□
小組新釋	再通**大守府**一通凡
	足官所商計**第**

| 彩 | 反 | 舊紅 | 新紅 |

88. 103 年 7 月 15 日

簡 199.11A：

勞	□尉一人秩二百石	書佐七人
	□尉三人秩各二百石	候史廿人
甲乙編	□尉一人秩二百石	書佐七人
	□尉三人秩各二百石	候史廿人
合校	□尉一人秩二百石	書佐七人
	□尉三人秩各二百石	候史廿人
整理小組	城尉一人秩二百石	官□七人
	〔縣〕尉三人秩各二百石	候史廿人
小組新釋	城尉一人秩二百石	**官佐十人**
	塞尉三人秩各二百石	候史廿人
	☑	

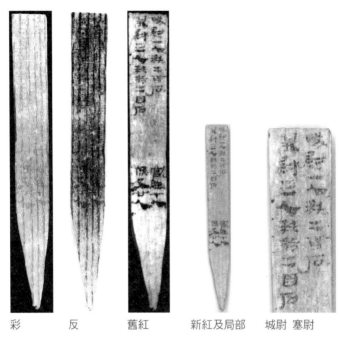

| 彩 | 反 | 舊紅 | 新紅及局部 | 城尉 塞尉 |

按：原簡及勞圖版（反體）極為模糊，幾不可辨讀。整理小組舊釋也有誤，據新外線照片，才釋出「城尉」和「塞尉」。參洪尚毅，〈張家山漢簡二年律令與邊塞漢簡所見漢代的塞尉與城尉〉（臺灣大學歷史研究所碩士論文，民國103年7月）。

89. 103 年 7 月 15 日

簡 200.9：

勞　　　　□不
　　　　　□印

| 反 | 舊紅 | 新紅（翻轉） |

小組新釋　　陘汝
　　　　　　印木

按：除勞榦，各家未釋此木印。

| 側面 | 上方 |

居延邊塞另出土木印一枚「馮建私印」，見 Bo Sommarström, *Archaeological Researches in the Edsen-gol Region Inner Mongolia*, 1956, pp. 281-282.

90. 103 年 7 月 15 日

簡 202.8：

勞	□尊延□
甲乙編	☒□尊延☒
合校	☒□尊延☒
整理小組	☒□尊延□
小組新釋	**史山**尊延□

新紅 202.8　　　舊紅 271.14A　　新紅 176.19　　EPT56.277

按：簡 271.14A、176.19 有「尉史山尊」或「山尊」，居延新簡 EPT56.277：「尉史山尊」四字跡清晰。由此可推簡 202.8 第一字殘筆應即「史」字，第二字殘筆應為「山」字。

91. 103 年 7 月 15 日

簡 202.22：

勞	□□中辨左破胡□□
甲乙編	□□中辨在破胡□
合校	□□中辨在破胡□
整理小組	□界中辨在破胡□ □□
小組新釋	**辨券**中辨在破胡□ □□

反　　　　舊紅　　　　新紅　　　新紅 7.31　　里耶秦簡
　　　　　　　　　　　　　　　　參辨券書　　8.436

按：一式分成左、中、右三份的三（參）辨券為秦漢別券形式之一，見於睡虎地、里耶、龍崗秦簡和居延漢簡（簡 7.31）。[12]整理小組舊釋「券」為「界」，誤。胡平生指出迄今未見參辨券實物，其形式尚不明。[13]本簡提到「中辨」，則其制有左、右辨而成三，似可推知。居延、敦煌邊塞簡中有左右對剖的符或券，然未曾見三辨券之左或右辨。三辨券「中辨」實物在走馬樓三國吳簡中有跡可尋。田家莂大木牘如胡平生指出是一種別券，其上時而可見剖分後，或在左行或在右行或在左右兩側的殘筆，可知目前所見之簡很可能是三辨券的中辨，其左右辨於剖分後，應各在其他持券者手中。相關例證很多，這裡僅舉左、右和左右皆有殘筆的各一件為例。里耶秦簡提到「不智器及左券在所未」（8.436），[14]其措詞「左券在所」云云與「辨券中辨在破胡」相類，可參。又由嶽麓書院藏秦簡：「上券中辨其縣廷」[15]，亦即上交券之中辨於縣廷，從而可以推知三辨券之中辨藏於官府之制，應自秦以來，已然如此。《二年律令·金布律》有一條說：「官為作務、市及受租、質錢，皆為缿，封以令、丞印而入，與參辨券之，輒入錢缿中，**上中辨其廷**。」這為漢承秦制提供了證據。[16]

---

12 中辨券見里耶秦簡 8-1452〔《里耶秦簡校釋》（武漢：武漢大學出版社，2012），頁 330〕，嶽麓書院簡 1411、1399、1403《金布律》〔《嶽麓書院秦簡》（上海：上海辭書出版社，2012），頁〕

13 券書相關研究參胡平生，〈木簡出入取予券書制度考〉、〈木簡券書破別形式述略〉，《胡平生簡牘文物論稿》（上海：中西書局，2012），頁 52-64、65-73。

14 宋少華等編著，《湖南出土簡牘選編》（長沙：岳麓書社，2013），頁 42。

15 《里耶秦簡校釋》，頁 331 校釋 4 引。

16 按此簡目前已進一步綴合成 202.11+202.15+202.22，詳參《居延漢簡（貳）》（臺北：中央研究院歷史語言研究所，2015）；邢義田，〈再論三辨券——讀嶽麓書院藏秦簡札記之四〉，《簡帛》，第十四輯（上海：上海古籍出版社，2017），頁 29-35。

右側有殘筆
3221

左側有殘筆
3380

左右側有殘筆
4635

左右側有殘筆
7344

簡牘整理小組成員：

林素清、劉增貴、顏世鉉、劉欣寧、邢義田
執筆：邢義田

102.7.27/105.6.14

附圖簡稱說明：

彩—民國 88 至 93 年所攝彩色照片
舊紅—民國 78 至 92 年所攝紅外線照片
反—史語所藏《居延漢簡：圖版之部》所據反體照片
新紅—民國 102 至 103 年所攝紅外線照片

後記

本稿完成得力於所有整理小組成員及協助工作的石昇烜、高震寰、洪尚毅、黃儒宣、游逸飛、林玉雲、施汝瑛、楊德禎、莊德明、溫子軍以及在釋文上提供意見的胡平生、李均明、郭永秉、陳劍、鄔可晶、陳侃理、田天。謹此敬誌謝忱。本文刊出後，張俊民先生又有所改正，其意見已斟酌納入，非常感謝。唯一切錯誤，概由整理小組負責。

邢義田作品集

今塵集：秦漢時代的簡牘、畫像與文化流播

卷二：秦至晉代的簡牘文書

2021年5月初版　　　　　　　　　　　　　　　　　　定價：新臺幣850元
有著作權·翻印必究
Printed in Taiwan.

著　　者	邢	義	田		
叢書主編	沙	淑	芬		
校　　對	王	中	奇		
內文排版	菩	薩	蠻		
封面設計	兒		日		

出　版　者	聯經出版事業股份有限公司	副總編輯	陳	逸　華
地　　　址	新北市汐止區大同路一段369號1樓	總編輯	涂	豐　恩
叢書主編電話	(02)86925588轉5310	總經理	陳	芝　宇
台北聯經書房	台北市新生南路三段94號	社　長	羅	國　俊
電　　　話	(02)23620308	發行人	林	載　爵
台中分公司	台中市北區崇德路一段198號			
暨門市電話	(04)22312023			
台中電子信箱	e-mail：linking2@ms42.hinet.net			
郵政劃撥帳戶第0100559-3號				
郵撥電話	(02)23620308			
印　刷　者	文聯彩色製版有限公司			
總　經　銷	聯合發行股份有限公司			
發　行　所	新北市新店區寶橋路235巷6弄6號2樓			
電　　　話	(02)29178022			

行政院新聞局出版事業登記證局版臺業字第0130號

本書如有缺頁，破損，倒裝請寄回台北聯經書房更換。　　ISBN　978-957-08-5758-0 (精裝)
聯經網址：www.linkingbooks.com.tw
電子信箱：linking@udngroup.com

國家圖書館出版品預行編目資料

今塵集：秦漢時代的簡牘、畫像與文化流播
卷二：秦至晉代的簡牘文書/邢義田著. 初版.
新北市. 聯經. 2021年5月. 384面. 14.8×21公分
（邢義田作品集）
ISBN　978-957-08-5758-0（精裝）

1.秦漢史　2.簡牘學　3.文化史

621.9　　　　　　　　　　　　　　110004283